APRENDIENDO A LIDERAR
a los Pies de Jesús

Endorsements

Un libro acerca del liderazgo de Jesús es sumamente necesario y creo que pocos líderes podrían escribir un libro de esta naturaleza con la autenticidad que Todd lo ha hecho. En todos mis encuentros con Todd en diversas situaciones y culturas de todo el mundo, la primacía de Cristo siempre ha sido evidente en su propio liderazgo y en su interacción con los demás.

Tenemos un saludo zulú "Sawubona" que significa "Te veo". En su día a día, Jesús siempre veía a las personas y este es uno de los rasgos que he observado en Todd: su capacidad, como la de Jesús, de ver a las personas y atenderlas adecuadamente, en un mundo ajetreado y roto. Hoy más que nunca, los líderes necesitan que se les recuerde "ver", vivir y liderar como Jesús, y creo que Todd tiene la perspicacia para ayudarnos a hacerlo.

REINHOLD TITUS (Namibia)
Director de Estrategia e Inclusión de los Barcos de OM

He estado esperando con gran expectativa leer este libro y compartirlo con otros. Todd ha sido la persona más impactante que he conocido en modelar y enseñar el liderazgo de Jesús. Integra carácter, conocimiento, experiencia y formas prácticas de aplicar lo aprendido. Este libro contiene sus reflexiones y experiencias como líder y maestro durante muchos años en contextos misioneros de todo el mundo. Todd expresa cuidadosamente lo que los líderes actuales de todas las culturas y generaciones necesitan para construir una vida y un ministerio sobre la mejor plataforma posible: a los pies de Jesús. Nuestro mundo clama por líderes así.

PASTOR DAVID CÁRDENAS, DMin (Colombia)
Director del área de las Américas de la Alianza Global Wycliffe
Expresidente de COMIBAM Internacional

"Hoy, como nunca antes, se hace necesario un libro así *Aprendiendo a liderar a los pies de Jesús*. Esto es cierto especialmente en este tiempo, donde al parecer los líderes en todo el mundo ansían convertirse en celebridades y el liderazgo basado en principios y en el sacrificio, ha pasado a un segundo plano frente al liderazgo impulsado por la personalidad y el poder. Aplicar fielmente los principios enseñados por Jesús y el ejemplo vivido por él puede ayudarnos a todos, pero especialmente a la próxima generación de líderes. El libro es una gran herramienta para ayudarnos en nuestro propio viaje de liderazgo.

He trabajado con Todd Poulter en varios proyectos y nos hemos encontrado a menudo en eventos globales. Su compromiso con el desarrollo de la próxima generación de líderes ha sido siempre una característica destacada de su ministerio. Su profunda pasión por Jesús es evidente y no se limita a hablar del liderazgo pastoral, ¡lo vive!. El libro que acaba de escribir será una contribución bien recibida para la iglesia global en un mundo que clama por un liderazgo auténtico."

PETER TARANTAL (Sudáfrica)
Director Internacional Asociados de Operación Movilización;
Presidente del Consejo de Liderazgo Mundial, Comisión de Misiones de la
Alianza Evangélica Mundial

Este libro ha sido el deseo y la búsqueda constante de Todd Poulter por casi dos décadas desde que lo conozco y he trabajado con él. Estoy muy feliz de que haya puesto a nuestra disposición su propio aprendizaje, pues los líderes cristianos de todo el mundo harían muy bien en poner en práctica las actitudes y prácticas ejemplificadas en el libro *Aprendiendo a liderar a los pies de Jesús*.

ALEX ARAUJO (Brasil/Estados Unidos)
Consultor de Alianzas Transculturales; primer director Ejecutivo de COMIBAM

Todd Poulter nos trae un libro que hubiera deseado haber leído décadas atrás cuando era un líder joven emergente. He conocido a Todd por casi dos décadas, como compañero de trabajo y amigo, y no puedo pensar en nadie mejor calificado para regalarnos este precioso tesoro. Este libro ha sido escrito por alguien con vasta y profunda experiencia en ministerio y liderazgo multicultural, que además, tiene la habilidad de discernir las mayores necesidades del liderazgo de hoy. Todd ha liderado, entrenado, sido mentor y personalmente interactuado con líderes emergentes y de gran autoridad de todo el mundo, por las últimas cuatro décadas. A lo largo de su vida, ha sido un líder que escucha activamente, reflexiona y atesora profundamente las lecciones de una vida entera de ministerio. Y ahora, para nuestro beneficio y el de las generaciones por venir, Todd comparte su corazón con nosotros. Luego de leer este libro, comprenderá lo que está en el corazón del verdadero y transformador liderazgo cristiano.

ROBERTO LAVER (Argentina/Estados Unidos)
Fundador/director de FIDES (ONG Anticorrupción)

Tuve la bendición de haber sido discipulado por líderes que se sentaban a los pies de Jesús. Líderes que no solo me enseñaron todo el consejo de Dios, también me impartieron sus propias vidas. Y cuando el tiempo correcto llegó, dieron un paso atrás para que aquellos a quienes ellos entrenaron pudieran asumir el liderazgo. Es maravilloso cuando los líderes creen en uno y nos inspiran aun antes de que nosotros creamos en nosotros mismos.

He conocido a Todd por 40 años, cuando él y Karla sirvieron como misioneros de Wycliffe enviados por nuestra iglesia. Como la generación de líderes que nos precedieron, él ejemplifica todo lo que ha escrito en su libro. Nunca conocí a un hombre más modesto, acogedor y humano que Todd; él me recuerda a Eugene Peterson en su mensaje y presencia. Aunque es un erudito de primera categoría, nunca lo sabrías: cuando le conoces por primera vez, su humildad y amabilidad te desarman, haciéndote estar totalmente atento a cualquier cosa que tenga que decir. Un líder así no busca impresionar, intimidar o coaccionar. Un líder así hace preguntas y escucha, descubriendo con delicadeza los motivos y anhelos ocultos bajo nuestras palabras. Es raro encontrar el modelo de liderazgo de Jesús en nuestro mundo actual, pero el autor de este libro lo ha captado y vivido.

BRIAN MORGAN (Estados Unidos)
Pastor de la iglesia Peninsula Bible Church Cupertino

Nos emocionamos al saber que Todd Poulter estaba escribiendo este libro. Aprendimos mucho de Todd en nuestras conversaciones sobre liderazgo bíblico. Las reflexiones de dichas conversaciones, han moldeado nuestra práctica y entrenamiento del liderazgo. Este libro, que profundiza la vida y enseñanzas de Jesús, capacitará a los líderes para integrar mejor su fe y liderazgo. Un líder jamás debe dejar de sentarse a los pies de Jesús, adquiriendo conocimiento e incorporándolo a su práctica. Este libro enriquecerá a los líderes de cualquier contexto en esa búsqueda.

RICHARD Y MARILYN SCHLITT (Canadá)
Director de OMF Canadá, Entrenador de Desarrollo de Liderazgo

Escuché las enseñanzas de Todd sobre el liderazgo bíblico en una conferencia internacional. Desde entonces, Dios me dio el privilegio junto a otros líderes de aprender de Todd sobre el liderazgo de Jesús. Las enseñanzas de Todd adquiridas a lo largo de sus años de servicio y de interacción con líderes de todas las edades y nacionalidades, junto con la perspectiva bíblica y contracultural contenida en el libro Aprendiendo a liderar a los pies de Jesús, han revolucionado mi vida profundamente y han transformado mi manera de liderar. Este no es solo otro libro acerca de cómo ser un líder exitoso; es un viaje al corazón mismo de Dios y a sus principios eternos para guiar a otros.

DEINIS MALL (Panamá)
Directora de Envío y Campo, PAAM (Panameños Alcanzando al Mundo)

Todd ha sido mi mentor de liderazgo por muchos años. Él tomó el tiempo para conocerme, hacerme preguntas, escuchar mis historias y crear un espacio seguro para compartir abiertamente sobre el dolor que estaba cargando. No me dio una clase sobre liderazgo o un consejo directo de cómo resolver mis problemas. Él simplemente me habló sobre el ejemplo de Jesús, oró conmigo y esperó pacientemente junto a mí delante de Dios. Luego de eso, supe que algo dentro de mí había cambiado y que había aprendido algo importante. Esa conversación con Todd sería la primera de muchas que me ayudarían a dar forma a la manera en que sirvo a las personas que lidero y con las que trabajo.

Este libro captura la experiencia de Todd al trabajar con líderes de muchas culturas, los valores por los que ha vivido y las reflexiones espirituales que ha obtenido al meditar en el liderazgo y la vida de Jesús. Es una guía esencial para los líderes que desean crecer personalmente y tener una influencia transformadora y santa en las personas a las que sirven en una variedad de contextos.

BAMBI CATALUNA (Filipinas)
Consultor y Entrenador de Misiones;
Desarrollador del curso Kairos para jóvenes

Dios ha usado a Todd para impactar el liderazgo en muchos lugares del mundo. Ha sido mi entrenador, mentor y amigo durante casi una década. Lo he conocido más de manera personal al interactuar y he observado su trabajo con nuestra organización.

Lo conocí poco después de unirme a Beyond como su director para China. Todd estaba brindando consultoría para la dirección de Beyond cuando estábamos pasando por un importante cambio de visión y dirección. Este tipo de cambios nunca son fáciles, así que me sorprendió lo relativamente bien que se desarrolló el nuestro. Estoy convencido de que el aporte de Todd desempeñó un papel importante en el éxito de la transición.

Durante ese tiempo, Todd se acercó a mí debido a su profunda estima por el liderazgo intergeneracional y su deseo de ayudarme a navegar por este extraño mundo del "liderazgo cristiano". Los libros de liderazgo de John Maxwell, Patrick Lencioni, Spencer Johnson y James Collins se aplican al ministerio cristiano, y, sin embargo, de alguna manera, no lo hacen. Su aplicación en la misión cristiana siempre parecía quedarse corta, en el mejor de los casos, y con demasiada frecuencia acababa llevándome por mal camino. Viniendo de un mundo corporativo, los principios populares de liderazgo me hacían tropezar y tropezar conmigo mismo.

De este modo, Todd y yo compartimos innumerables llamadas telefónicas, correos electrónicos y, últimamente, videochats, explorando el significado de ser un líder cristiano. Todd ha sido una persona a la que vuelvo continuamente porque siempre hay algo que aprender. Recientemente, estaba en una conferencia telefónica en la que alguien del sur global lo citó diciendo: "Dios, desde el momento en que creó a las personas, ha tratado de compartir su poder y autoridad con ellas". Me apresuré a tomar papel y bolígrafo para captar las palabras antes de que se evaporaran. Y así ha sido en varias ocasiones, sus palabras han sido exactamente lo que necesitaba para un asunto de liderazgo misionero, cristiano, multicultural, intergeneracional y espinoso. En resumen, estoy deseando que se publique el libro de Todd.

DEREK SEIPP (Estados Unidos)
Autor, Innovación en Misión; director de Beyond para el Este de Asia;
Coordinador Global de Plantación de Iglesias, KRIN Red de Corea del Norte

Todd Poulter aporta algo especial al campo de la literatura sobre liderazgo; he trabajado con él en varios equipos y en una amplia gama de proyectos durante las dos últimas décadas. En todos los contextos, en los momentos buenos y en los difíciles, he visto la creatividad y la inteligencia de Todd, y su sincero interés y amor por las personas. Sabe escuchar. Tiene un profundo compromiso con el Dios al que sirve y busca verdaderamente su dirección. He leído más libros de liderazgo de los que puedo contar y he servido con varios líderes ejemplares. Pero Todd, y lo que tiene que compartir, destacan por su disposición a ser vulnerable, su afán por hacer de cada experiencia una experiencia de aprendizaje, la integración de su fe con su liderazgo, y sus constantes esfuerzos por contribuir al crecimiento de nuevos líderes y líderes más jóvenes de todo el mundo. Muchas de las personas a quienes ofrece acompañamiento y mentoría no solo aprecian su liderazgo, sino que hablan de querer liderar como él, porque ven a Cristo en él.

SUSAN VAN WYNEN (Estados Unidos)
Consultora de Estrategia para la Alianza Global Wycliffe

APRENDIENDO A LIDERAR
a los Pies de Jesús
Encuentros con Gracia y Verdad

Todd Poulter

Available at missionbooks.org

Aprendiendo a Liderar a los Pies de Jesús: Encuentros con la Gracia y la Verdad
© 2025 por Todd Poulter. Todos los derechos reservados.

Ninguna parte de este libro puede ser reproducida, almacenada en un sistema de recuperación de datos ni transmitida en ninguna forma ni por ningún medio (electrónico, mecánico, fotocopia, grabación u otro) sin la autorización previa por escrito del editor, excepto las citas breves utilizadas en reseñas en revistas o periódicos.

Para obtener autorización, escriba a permissions@wclbooks.com. Para correcciones, escriba a editor@wclbooks.com.

Scriptures are taken from the Holy Bible, New International Version®, NIV®. Copyright © 1973, 1978, 1984, 2011 by Biblica, Inc.™ Used by permission of Zondervan. All rights reserved worldwide. www.zondervan.com. The "NIV" and "New International Version" are trademarks registered in the United States Patent and Trademark Office by Biblica, Inc.™

Publicado por William Carey Publishing
10 W. Dry Creek Cir
Littleton, CO 80120 | www.missionbooks.org

William Carey Publishing es un ministerio de Frontier Ventures
Pasadena, CA | www.frontierventures.org

Diseño de portada e interiorismo: Mike Riester

Pintura de portada: "New Jerusalem" by Dirk Walker, https://www.dirkwalkerfineart.com/

ISBNs: 978-1-64508-696-3 (paperback)
       978-1-64508-698-7 (epub)

Impresión mundial

29 28 27 26 25   1 2 3 4 5   IN

Número de control de la Biblioteca del Congreso: 2025948077

*A los hombres y mujeres de esta y futuras generaciones
que anhelan que su liderazgo esté marcado
por la inconfundible imagen de Jesús.*

Aun si hay otras cosas que sean ciertas, resulta erróneo afirmar que las enseñanzas de Jesús eran apropiadas en su época, pero no en la nuestra. Precisamente, el cuán apropiadas eran para su tiempo, se demuestra en cómo termina su historia.

—**G. K. CHESTERTON**, *El Hombre Eterno*

Contenido

Prólogo	xiii
Prefacio	xv
Introducción	xix
Antes de Iniciar este Viaje	xxix
Parte I: Jesús: Hijo, Pastor y Rey	1
1: Un Hijo Sumiso: Agradando al Padre	3
2: Un Pastor Anhelado: Revelando el Corazón del Padre	13
3: Un Rey Inesperado: Redefiniendo la Realidad desde la Perspectiva del Padre	23
Parte II: Jesús Creó una Comunidad y una Cultura Moldeadas por el Reino	35
4: ¿Cómo era el Clima Alrededor de Jesús?	37
5: Proximidad con Propósito	39
Parte III: Poder y Autoridad en las Manos de Jesús	51
6: Poder y Autoridad Positivos e Intencionales	55
7: Protegiendo a los Indefensos, Provocando a los Poderosos	67
8: El que Quiera Ser el Mayor	79
9: Reflexiones Sobre el Poder y la Autoridad	93
Parte IV: Líderes Emergentes Bajo la Influencia de Jesús	99
10: Jesús, el Principal Instrumento de Dios	103
11: ¿En qué Estaba Pensando Jesús?	107
12: Jesús Reeduca Nuestros Comportamientos	115
13: Jesús Comparte las Llaves	123
Parte V: Liderando a la Imagen y en la Autoridad de Jesús	135
14: La Postura que Transforma	137
15: Aprendiendo a Liderar a los Pies de Jesús	143
16: Ejerciendo Nuestro Poder y Autoridad a los Pies de Jesús	149
17: Pastores Conforme al Corazón de Dios	159
Parte VI: Líderes Que Caminan Juntos	167
18: Los Líderes Mayores Tienen las Llaves	169
19: Desarrollo de Liderazgo Sostenible: de Líder a Líder a Líder	183
20: Corriendo una Maratón Juntos	191
Continuando el Viaje	201
Epílogo	203
Reconocimientos	205
Bibliografía	207

Prólogo

En tiempos donde el liderazgo cristiano suele confundirse con visibilidad, carisma y resultados, Todd Poulter nos recuerda que el liderazgo genuino comienza en una posición muy particular: a los pies de Jesús.

Conocí a Todd Poulter en 2014, durante un taller de desarrollo de liderazgo interregional en Kenia, organizado por la Alianza Global Wycliffe. Fui invitado a facilitar una reflexión bíblica sobre colaboración, basada en la carta de Pablo a los Filipenses. Era mi primera vez enseñando en un contexto multicultural y en un idioma distinto al español. Un día antes de mi presentación, Todd se acercó tiernamente y me preguntó cómo me sentía. Le compartí mis inquietudes, y con amabilidad se ofreció a revisar mi propuesta. Por medio de sus preguntas, su experiencia en facilitación y su sensibilidad pastoral, logré no solo mejorar mi presentación, sino experimentar el regalo de una amistad que ha perdurado hasta hoy.

Desde entonces, he compartido con Todd diversos espacios regionales y globales, aprendiendo a facilitar y facilitando junto a él y otros colegas. Entre sus temas de mayor relevancia se encuentra "el liderazgo de Jesús". Cuando nos habló por primera vez de este proyecto en uno de nuestros encuentros interregionales, nos alegramos profundamente al saber que sus reflexiones estarían por fin disponibles en un libro. Su contenido es algo que todo líder en la misión de Dios necesita leer, meditar y aplicar.

Lo que usted encontrará en estas páginas no es un intento de "sistematizar" el estilo de Jesús ni una recopilación de principios efectivos. Este libro no da recetas. No ofrece atajos. Es una respuesta a una necesidad urgente y silenciosa en muchos líderes hoy: líderes rodeados—e incluso intoxicados—por la presión del éxito, el activismo frenético, el agotamiento y las técnicas que prometen resultados pero drenan el alma.

Este libro nace de décadas acompañando líderes alrededor del mundo, en encuentros marcados por la Gracia y la Verdad, donde las lágrimas se han compartido, los silencios se han reconocido como sagrados, y las conversaciones se han vuelto transformadoras.

Nos invita a algo mucho más profundo: a reencontrarnos con Jesús como nuestro modelo supremo de liderazgo. Su liderazgo no es una estrategia, sino una expresión de carácter. Es un estilo de vida donde servir vale más que brillar, y obedecer al Padre es más importante que agradar a las multitudes.

En estas páginas encontrarás verdades que confrontan y consuelan, historias que reflejan nuestras propias luchas, preguntas que abren espacio al Espíritu, y sobre todo, una visión clara y viva del Jesús que lideró desde la entrega. Este libro no suaviza las demandas del discipulado, pero tampoco abandona la ternura de la gracia. Nos conduce al lugar donde estas dos realidades—verdad y gracia—se encuentran: los pies de Jesús. Y allí, todo cambia.

No se trata de liderar bien para ser reconocidos. Se trata de reflejar a Cristo, de servir a otros, de crecer en carácter, de escuchar más y hablar menos, de aprender a amar, incluso cuando duele. Se trata de permitir que Jesús nos forme antes de que formemos a otros. De anclar nuestras decisiones, relaciones y visión, no en lo que funciona, sino en lo que honra a Dios.

He caminado junto a líderes de diversas generaciones, organizaciones cristianas y contextos culturales. Y estoy convencido: lo que más necesitamos no es un nuevo método de liderazgo, sino un nuevo encuentro con Jesús. Este libro ofrece ese espacio. Un lugar para volver a escuchar la voz del Maestro que llama, forma y envía.

Que cada capítulo te acerque más a Jesús. Que cada reflexión te sacuda con gracia. Y que al terminarlo, no solo hayas aprendido algo nuevo sobre liderazgo, sino que puedas decir con humildad y gozo: "He estado a los pies de Jesús. Y desde allí, quiero vivir, servir y liderar." No hay lugar más alto para liderar, que estar a los pies de Jesús.

Dr. David Cárdenas
Pastor de Misiones—Iglesia Vida en Acción Cruzada Cristiana
Bogotá, Colombia
Director del Área de las Américas—Alianza Global Wycliffe
Expresidente de COMIBAM Internacional

Prefacio

Las semillas de este libro se plantaron en Ciudad del Cabo, Sudáfrica, en el año 2006. Cientos de líderes eclesiásticos y misioneros de todo el mundo se reunieron en una Cumbre para hablar sobre Temas Mundiales organizada por la Comisión de Misiones de la Alianza Evangélica Mundial (WEA-MC, por sus siglas en inglés). Una mañana, un panel de cinco jóvenes líderes de Brasil, India, Irlanda, Kenia y Estados Unidos describieron su experiencia misionera y los retos a los que se habían enfrentado. A pesar de sus orígenes tan diferentes y de que ninguno de ellos sabía lo que iban a decir los demás, todos contaron una historia similar: "Sentimos una profunda y dolorosa desconexión con los líderes mayores. Todos estamos hambrientos, hambrientos de encontrar líderes mayores de corazón abierto que estén dispuestos a entablar amistad con nosotros e invertir en nosotros, a ser vulnerables sobre sus propias vidas y a crear espacios seguros para conversaciones incómodas y sobre temas difíciles".

Cuando terminó la sesión, el moderador dio las gracias al grupo y nos indicó que era tiempo de tomar un descanso, animando a todos a llegar puntuales al siguiente taller. La mayoría del grupo se levantó y salió por la puerta para tomar un café. Yo me quedé pegado a la silla. Estos jóvenes líderes habían abierto una parte de sí mismos que era profundamente personal y dolorosa. Los que escuchamos sus historias no sabíamos cómo responder a tal revelación, especialmente cuando reflejaba nuestros propios defectos como líderes. ¿Cómo es que nosotros, siendo hombres y mujeres mayores, habíamos ignorado y abandonado a líderes jóvenes como ellos?; como líderes, ¿no leíamos la misma Biblia y nos habíamos comprometido a seguir al mismo Jesús? ¿Cómo creamos semejante vacío relacional con los líderes más jóvenes que venían detrás de nosotros?

Volví a Sudáfrica cuatro años después para participar en Ciudad del Cabo 2010: El Congreso de Evangelización Mundial de Lausana. Éramos un grupo más numeroso e incluso más diverso que en 2006, con cuatro mil líderes de iglesias y misiones de 198 naciones. Me interesaba conocer los resultados de una encuesta mundial realizada por un grupo de trabajo de Lausana sobre el estado del liderazgo en la iglesia mundial.

La pregunta de la encuesta que más llamaba mi atención era la siguiente: *¿Por qué hay tanta escasez de líderes centrados en Cristo?*[1] La inmensa mayoría de los encuestados señalaron los fallos de los programas de entrenamiento formal, siendo la respuesta más común: "*Los programas de formación de líderes no preparan a la gente para dirigir en el mundo real*". La segunda respuesta más común, se centraba en nuestras propias fallas como líderes: "*El líder actual no permite que los nuevos se desarrollen*".

Miré alrededor de la sala de conferencias y me pregunté: *¿Cuántos de los que nos sentamos en las mesas de debate esta semana estamos implicados en estas dos respuestas? Seguramente, algunos de nosotros dependemos de los programas de formación de líderes para prepararlos para liderar en el mundo real y no está funcionando; otros, estamos más preocupados por consolidar nuestro poder que por compartirlo con los nuevos líderes.*

¿Y si pudiéramos mejorar drásticamente la calidad de nuestros programas de desarrollo del liderazgo? ¿O sustituir a todos los líderes actuales que no dejan sitio para los más jóvenes? ¿Aportarían nuestros nuevos programas resultados diferentes, y se comportarían mejor nuestros sustitutos?

Es muy probable que muchos de los que éramos líderes mayores en aquella sala de conferencias de Sudáfrica nos encontráramos en una situación similar cuando éramos más jóvenes. Aunque no hubiéramos sido capaces de articular nuestras necesidades de una forma tan relacional, habríamos agradecido el tiempo y la atención de nuestros líderes más veteranos.

Pero la mayoría de nosotros perdimos esa experiencia; teníamos pocos modelos, o ninguno, de los cuales pudiéramos aprender e imitar. Luego, cuando nos llegó el turno de ser amigos, alentadores y mentores de hombres y mujeres más jóvenes, no estábamos preparados para hacerlo, ¡No teníamos ni idea de por dónde empezar! y ni siquiera estábamos seguros de que fuera nuestro trabajo.

En los años transcurridos desde esos dos acontecimientos, en cualquier parte del mundo a la que llamemos hogar, he visto pocos

---

[1] Hasta donde sé, no se proporcionó ninguna descripción de "líderes centrados en Cristo", lo que deja a los encuestados la libertad de aplicar sus propias ideas sobre los atributos de dichos líderes.

cambios en la forma en que los líderes cristianos bien intencionados reciben formación, ejercen su liderazgo o se conectan entre generaciones. Como resultado, el panorama cristiano mundial sigue plagado de fracasos en el liderazgo y de potencial desaprovechado de mujeres y hombres jóvenes prometedores. Hace poco me reuní con un pequeño grupo de líderes mayores y jóvenes en una ciudad del mundo, para estudiar cómo crear un clima más propicio en los ministerios cristianos para que se desarrollen hombres y mujeres más jóvenes. Un participante de 29 años describió así su experiencia al involucrarse en su iglesia local: "Mi iglesia me falló. En lugar de podarme para ayudarme a crecer, los líderes me cortaron para quitarme de en medio". Mirando alrededor de la sala, estaba claro que su experiencia no era única. Esas prácticas tóxicas de liderazgo, que hoy se reconocen más fácilmente que en el pasado, pueden ser tan frecuentes en las iglesias y organizaciones cristianas como en las empresas y el gobierno[2]. Este preocupante fenómeno me ha hecho preguntarme: *¿Por qué la vida y las enseñanzas de Jesús no penetran de manera más profunda en nuestros corazones e impregnan nuestra práctica como líderes cristianos?*

Este libro está escrito para responder a esa pregunta. Es una invitación a sumergirse en una aventura de descubrimiento: refrescar nuestra visión de Jesús, permitirle que redefina radicalmente nuestro liderazgo, y así aprendamos a liderar a sus pies.

TODD POULTER
Holualoa, Hawái
18 de marzo de 2022

---

[2] La organización misionera Operación Movilización dedicó un número entero de su revista interna de liderazgo al tema del liderazgo tóxico.

Introducción

Este libro es sobre Jesús. También es un libro sobre la tarea sagrada del liderazgo, sagrada porque involucra las vidas de seres humanos hechos a la imagen de Dios. Y es un libro sobre liderazgo cristiano,[1] particularmente porque influye en otros frente a su relación con Dios, para descubrir, abrazar y cumplir Su Propósito.

Este libro es para mujeres y hombres que sienten que Dios les está invitando a servir a otros en roles formales o informales de liderazgo y que anhelan que su liderazgo sea caracterizado por la inconfundible presencia de Jesús. Es también, para aquellos que sirven en todas las esferas del liderazgo: política, civil, de negocios u organizaciones sin fines de lucro, y en ministerios explícitamente cristianos.

Escribo como líder, basándome en la vida y enseñanzas de Jesús y las experiencias que han moldeado mi propio liderazgo. También, escribo desde mi perspectiva muy particular de estadounidense, con un leve acento global, habiendo vivido 23 años de mi vida adulta fuera de los Estados Unidos, 12 de los cuales viví en África (Ghana y Kenia) y otros 11 años en Asia, en la Isla de Penang en Malasia.

Especialmente durante las últimas dos décadas, he tenido oportunidades para interactuar con líderes de todo el mundo en diversos foros: desde amistades espirituales de uno a uno, hasta consultas globales.

Solamente en el idioma inglés hay más de 40.000 libros impresos sobre liderazgo.[2] Se publican cuatro libros de bolsillo al día con la palabra "liderazgo" en el título. A pesar de todo el interés mundial por escribir o leer libros sobre liderazgo, hay pocas pruebas de una mejora en la práctica del liderazgo. De modo que me resulta aleccionador añadir un título más a la pila. Sin embargo, lo que me mueve es la esperanza de animar a hombres y mujeres a *liderar en maneras que traigan gozo al corazón del Padre, que den gloria a Jesús y que los capacite para servir mejor a sus organizaciones y a aquellos que están bajo su liderazgo.*

---

1 En nombre de la simplicidad y consistencia, he escogido la frase "liderazgo cristiano" como término de cobertura para muchos (por ejemplo: liderazgo bíblico, liderazgo espiritual, liderazgo del Reino y liderazgo piadoso). Escogí no utilizar terminología actual como liderazgo transformacional o liderazgo misional, dado que dichos términos, a menudo tienen significados específicos.

2 Buscar Amazon.com, https://www.amazon.com/Leadership-Management-Business-Investing-Books/b?ie=UTF8&node=2682.

¿Por dónde comenzamos?

¿Con recetas? Abundan las instrucciones sobre cómo convertirse en un gran líder cristiano, prometiendo éxito una vez que uno tome la medicina o cumpla con los "Siete secretos del liderazgo espiritual que cambiarán tu vida". Pero, las recetas no son capaces de estar a la altura de las afirmaciones. Jesús no es una medicina que tomamos en ciertas dosis de manera cuidadosa, y Él no siempre cae bien. Además, los que tomamos la medicina no somos máquinas bien engrasadas, sino seres humanos impredecibles.

¿Con principios? Pasé años extrayendo principios de liderazgo de pasajes bíblicos y organizándolos metódicamente en archivos y listas organizadas. Sin embargo, los principios abstractos, tan útiles como pueden ser, drenan la vida de las historias y experiencias de la gente real. Es posible, como he descubierto, compilar una lista excelente de principios, sin encontrar personalmente a Jesús en el proceso. Tales principios fallan en retener el rico contexto relacional en el cual fueron tejidos, y raramente hablan a aquellos cuyas personalidades, trasfondo o cultura es más relacional que analítica, que, por cierto, son la mayoría de las personas en el mundo.

¿Con modelos? Me encantan los modelos por su habilidad de ayudarnos a visualizar el mundo real y reducir la complejidad. Pero los modelos también pueden sobre simplificar la realidad e impedirnos ver lo que realmente existe. Consideremos el modelo del liderazgo servicial que se utiliza a menudo para describir el acercamiento de Jesús al liderazgo. Una búsqueda reciente en Amazon arrojó 911 resultados al introducir en la barra de búsqueda la frase "liderazgo servicial".[3] Obviamente, es un modelo popular y bíblico a la vez. Sin embargo, nuestra tendencia es intentar encajar todo lo que Jesús dice y hace, dentro de este modelo, y simplemente ignorarlo o explicarlo, cuando él no lo hace. ¿Cómo entender que Jesús, el siervo líder, reprenda a las autoridades religiosas, vuelque mesas o cuente tantas historias? Corremos el riesgo de reducir la naturaleza contra intuitiva del enfoque del liderazgo de Jesús a lo que es seguro, familiar y predecible. Jesús desafía esa reducción. Por el contrario, sigue invitándonos a buscarle de manera más profunda para entender sus caminos.

---

3 Buscamos en Amazon.com el 4 de septiembre de 2020. Dos meses después, la misma búsqueda dio 949 resultados, la misma búsqueda aumentó 38%.

Si Jesús no nos está pidiendo que sigamos una receta para convertirnos en un gran líder, que memoricemos una serie de principios bíblicos o que adoptemos un modelo de liderazgo concreto, ¿qué es lo que busca? Tengo dos sencillas premisas que sugerir y una promesa igualmente sencilla que ofrecer.

Mi primera premisa es la siguiente: *Cuanto más profundo valoremos a Jesús, más dispuestos estaremos a tomarnos en serio sus enseñanzas y modelo de liderazgo*. Muchos libros sobre el liderazgo cristiano se limitan a los pasajes clásicos sobre el servicio y la grandeza. Otros identifican una serie de cualidades de liderazgo deseables, como la humildad, el amor, el ánimo, la capacidad de enseñar y la responsabilidad, y demuestran cómo Jesús las ejemplificó. Otros libros se centran en las funciones de liderazgo que desempeñó Jesús: visionario, estratega, servidor y comunicador. Este libro adopta un enfoque totalmente distinto al centrar la atención en el propio Jesús: su íntima unión con el Padre, sus interacciones personales con la gente de su mundo, sus sorprendentes enseñanzas sobre una variedad de temas y su forma consistente de modelar los valores del Reino. A medida que exploramos la riqueza y amplitud de la vida y el ministerio de Jesús, salen a la luz múltiples facetas de su liderazgo que de otro modo no habríamos descubierto o reconocido.

Mi segunda premisa se desprende de la primera: *De la manera que Jesús ancló su vida y ministerio al Padre, él nos llama a anclar nuestras vidas y ministerio a Él*. Consideremos ambas afirmaciones.

Jesús ancló su vida y ministerio al Padre. Su prioridad fue agradar a su Padre, mediante el cumplimiento de los propósitos para los cuales el Padre le envió, es decir, revelar el Padre al mundo (Jn 1:18b). Todo lo que Jesús hizo fluyó de su sumisión al Padre, junto con su relación de unidad interna y profunda con el Padre, lo cual le capacitó para llevar adelante la misión del Padre.

A su vez, *Jesús nos llama como líderes a anclar nuestras vidas y nuestro ministerio en Él, de modo que nuestro liderazgo fluya de una correspondiente sumisión a Él y de nuestra unión interior con Él*. Esto parece tan obvio. Pero cuando se trata de aprender a liderar bien, nuestra primera inclinación rara vez es buscar a Jesús. Sabemos que es el Hijo de Dios y el Salvador del mundo, pero no estamos seguros de que tenga mucho que enseñarnos sobre el liderazgo del siglo XXI, aparte de animarnos a ser líderes servidores. Después de todo, ¿qué podría enseñarnos sobre el liderazgo de hoy día un antiguo rabino judío sin teléfono móvil, ni seguidores en las redes sociales?

Así que buscamos en otra parte y juntamos lo que encontramos. Observamos lo que hacen los líderes que nos rodean—tanto cristianos, como no cristianos—y adoptamos sus prácticas. Depositamos nuestra esperanza en autores de libros muy vendidos y conferencistas populares que afirman audazmente que poseen las claves de un gran liderazgo.[4] O simplemente hacemos nuestro propio camino como mejor nos parece. Nuestro enfoque individual del liderazgo puede ser contemporáneo y personal, pero no es necesariamente cristiano.

Si tiene alguna duda sobre la omnipresencia de los modelos empresariales en el ministerio cristiano, escuche el informe de un colega de América Latina en una conferencia telefónica:

> En una reunión de líderes cristianos la semana pasada, uno de los pastores más influyentes en mi país les dijo a todos los pastores que, para poder continuar siendo relevantes en el siglo XXI, necesitaban ser administradores, expertos en redes sociales y psicólogos. Que los líderes necesitaban comprender que *la iglesia es una corporación* (énfasis mío).

¡Esa no es la iglesia que encuentro en el Nuevo Testamento!

Ahora mi premisa, que es igualmente sencilla: Si dirigimos nuestra atención a Jesús, anclando nuestras vidas y nuestro ministerio en Él, descubriremos que *solo Él tiene la sabiduría y el poder para transformar radicalmente nuestra comprensión y nuestra práctica del liderazgo*, de un modo que ni nuestra cultura, ni el mundo empresarial, ni siquiera nuestra comunidad cristiana pueden hacer.[5]

La tesis de este libro es que *el liderazgo cristiano inicia y termina a los pies de Jesús*. Esta postura de sumisión reverente, nos ubica como líderes que reciben esperanza, inspiración y prácticas de estar en la presencia de Jesús, descubriendo y aprendiendo continuamente de Él. A los pies de Jesús nos enfrentamos cara a cara con Él y con

---

4 Ver Craig Hamilton, *Wisdom in Leadership* (Sydney: Matthias Media, 2015), 11. De la Introducción: "O eres una persona de Biblia o una persona de liderazgo. Lees libros de teología o lees libros de liderazgo . . . pero rara vez ambos".

5 Por el alcance limitado de este libro, debe leerse junto a literatura que contenga otros elementos críticos del liderazgo que no son abordados aquí.

nosotros mismos, con nuestras fortalezas y debilidades. Sin importar lo grande de nuestro título, estatus o renombre, *ningún líder podrá estar jamás más alto en el Reino que cuando está a los pies de Jesús*. Leer libros sobre liderazgo, o incluso sobre Jesús, puede ofrecer grandes ideas. Pero nunca pueden ocupar el lugar de observar atentamente a Jesús y encontrarse con Él personalmente en los Evangelios, donde su vida se basa en realidades terrenales y se enriquece con realidades eternas del Reino. Así pues, nuestro propósito al acudir a los Evangelios no es identificar principios bíblicos de liderazgo, sino participar de encuentros personales con Jesús.

En los Evangelios y en el libro del Apocalipsis, vemos al propio Jesús[6]. Oímos su voz. Le vemos en la playa, en el templo, en el camino y en su trono celestial. Caminamos con Él. Nos sentamos a sus pies. Nos encontramos con una presencia compasiva que acogía a los hermanos y hermanas perdidos, con un narrador convincente que envolvía la verdad en parábolas, y con un rey venidero que desafiaba la autoridad establecida. Jesús reveló al Padre a través de demostraciones prácticas en lugar de doctrinas abstractas: invitó a extraños a casa, tocó a leprosos intocables, bajó a la gente de los árboles, declaró verdades incómodas, afirmó a las mujeres, lavó los pies y preparó el desayuno.

Enfocarnos en Jesús en lugar de hacerlo en otros líderes bíblicos, y restringir la fuente de nuestra sabiduría, principalmente a los Evangelios, nos ayuda a concentrar nuestra atención en el propio Jesús y a ponderar la notable variedad de sus acciones e interacciones. Cuando el ministerio y las enseñanzas de Jesús van en contra de nuestra sensibilidad, somos menos propensos a discutir con Él que con otros personajes bíblicos.

Como observó un pastor keniano, "Jesús no es simplemente un ejemplo. Es—o al menos debería ser—nuestro indiscutible modelo de vida."[7]

---

[6] Comienzo con la suposición de que los textos del Nuevo Testamento proporcionan un registro confiable de la vida y el ministerio de Jesús.

[7] Limitarnos a los textos bíblicos también garantiza que los recursos esenciales para esta exploración sean accesibles a todos, sea cual sea su origen cultural, religioso o económico. En palabras del teólogo ghanés Kwame Bediako, la narración bíblica "permite al lector o al oyente acceder al mundo de la experiencia destinado a todos aquellos a quienes se dirigen las Escrituras". Todos podemos disfrutar de la misma oportunidad de encontrar a Jesús personalmente en la Palabra, sin necesidad de

A lo largo del libro ofreceré preguntas para la reflexión como puertas al descubrimiento, marcadas por el símbolo musical para hacer una pausa: ♫. No existe una clave de respuestas. Las respuestas correctas son únicas y personales y reflejan la realidad de su vida y contexto; las únicas respuestas incorrectas son aquellas en las que no somos sinceros.

El libro está diseñado como un viaje de exploración y descubrimiento que busca ver y oír a Jesús de maneras nuevas e inesperadas. Abordamos los Evangelios como una cantera de la cual podemos desenterrar tesoros ocultos, más que como un manual para el discipulado.[8] Comenzamos considerando la identidad de Jesús como Hijo, Pastor y Rey. A continuación, reflexionamos sobre el entorno que creó a su alrededor, la forma en que ejerció el poder y la autoridad, y su enfoque para convertir a sus discípulos en líderes. La sección final se centra en las implicaciones para nuestro propio liderazgo. Cada etapa sucesiva del viaje se basa en las anteriores, aunque de forma conceptual y no estrictamente lineal.

¿Qué puede esperar encontrar en el camino?

Parte I: Jesús: Hijo, Pastor y Rey
Jesús, Hijo de Dios e Hijo de hombre, se presentó sin credenciales. Aun así, su vida y palabras irradiaban autoridad divina. ¿Cuál era la fuente de su autoridad? Y ¿qué lo impulsó como hijo a someterse tan diligentemente a su Padre? *Pasar por alto las prioridades de Jesús, el vivir en la presencia de su Padre, servir para complacer a su Padre y someterse a la voluntad de su Padre, es perder de vista la esencia de su liderazgo.* Como afirma el autor Carlo Carretto: "Los Evangelios son bastante incomprensibles si excluimos el diálogo, la relación entre Jesús y su Padre".[9]

---

acceder a fuentes secundarias en lenguas que quizá no entendamos. Kwame Bediako, "Exégesis bíblica en África: "El significado de las Escrituras Traducidas", en *African Theology on the Way*, ed. Diane Stinton (Fortress, 2015), 10–20.

8 Ver Michael Horton, *The Gospel Commission: Recovering God's Strategy for Making Disciples* (Baker Books, 2011), 159–60. "Ni siquiera la Biblia es realmente un manual para el discipulado. Más bien, es la cantera para ello... La Biblia no es un programa de instrucciones, sino [una] historia única".

9 Carlo Carretto, *The God Who Comes (El Dios que viene)* (Orbis Books, 1976), 81.

La imagen del Pastor permea el Antiguo Testamento, pero el contraste entre el pastoreo divino y el humano era a menudo dramático y trágico. Jesús cumplió el anhelo de Israel de tener un Pastor verdaderamente bueno y, al hacerlo, modeló sus expectativas para los líderes de su Reino. Aunque Jesús era ciertamente un Siervo, era sobre todo un Pastor. Los pastores conocen a sus ovejas, y su reputación y éxito están ligados al bienestar de su rebaño, no a su propia fama o prosperidad.

Como Rey de un nuevo Reino, Jesús estaba decidido a que sus seguidores vieran su vida como realmente era, libre de fantasía, engaño o desilusión. Él perturbó las ideas e instituciones establecidas y desafió la hipocresía de la élite religiosa. En todo lo que Jesús dijo e hizo, Él redefinió radicalmente la realidad: "Ustedes escucharon que fue dicho . . . Pero yo os digo . . . " Su liderazgo trascendió las limitaciones culturales de su época, y de la nuestra. Y dejó de centrarse en los indicadores culturales o religiosos del éxito para sopesar la importancia desde una perspectiva eterna. Al hacerlo, preparó a sabiendas—y sin miedo—el terreno para su propia muerte.

Parte II: Jesús creó una cultura y una comunidad del Reino

Jesús creó cuidadosamente un ambiente alrededor de sí, que le permitió conocer y ser conocido, construyendo amistades y comunidad con sus discípulos. Él multiplicó el poder de su presencia a través de la "cercanía con propósito"[10] a sus discípulos y a los israelitas ordinarios. Su accesibilidad, cercanía y vulnerabilidad eran sorprendentes. Él creó un lugar de seguridad psicológica entre sus seguidores más cercanos, echando fuera el temor, inspirándolos. Este ambiente acogedor, pero exigente, fue la base sobre la que Jesús construyó su enfoque poco ortodoxo del liderazgo y del desarrollo de líderes. A Jesús no le interesaba simplemente tener discípulos. Por el contrario, el ambiente que creó a su alrededor estaba diseñado para el desarrollo de sus discípulos en seguidores comprometidos y líderes de confianza del Reino.

---

10 Boyd Bailey, *Learning to Lead Like Jesus* (Harvest House, 2018), 86. God "selected purposeful proximity as his strategy."

Parte III: Poder y autoridad en las manos de Jesús

Jesús ejerció poder y autoridad de formas inesperadas y asombrosas, protegiendo a los débiles y provocando a los poderosos. Rehusó la atención, el honor y el respeto que suelen exigir los poderosos y, en su lugar, los prodigó a los impotentes y marginados. Enalteció las tareas de servicio y degradó los atributos habituales de la grandeza. En lugar de exigir la obediencia que legítimamente merecía, ejerció una autoridad *resistible*, invitando pero no exigiendo su cumplimiento[11]. En lugar de ejercer su poder y autoridad para controlar a la gente que le rodeaba y salirse con la suya y satisfacer sus propias necesidades, Jesús utilizó su influencia para crear un entorno de aprendizaje y crecimiento que satisficiera las necesidades de sus seguidores.

Parte IV: Líderes emergentes bajo la influencia de Jesús

Jesús comenzó con un grupo improbable de galileos ordinarios y los convirtió en una comunidad valiente de seguidores y líderes. Él era el principal instrumento que Dios utilizaría para su desarrollo. El haber estado Jesús cerca y enfocado en sus discípulos, le permitió no solo entrenar sus mentes y corazones, también, reentrenar sus respuestas como parte de su preparación para el rol crucial de liderar la iglesia. La transformación progresiva de Pedro, de un pescador experto a un pastor confiable, ofrece un testimonio poderoso del acercamiento efectivo de Jesús. El amor inextinguible de Jesús hacia sus discípulos, creó un ambiente para que ellos pudieran florecer como seres humanos, como seguidores y eventualmente, como líderes. Su disposición para compartir su autoridad con ellos, reflejó la generosidad de Dios a lo largo de la historia, compartiendo su autoridad desde la creación hasta la eternidad.

Parte V: Liderando en la imagen y autoridad de Jesús

No hay mejor lugar para aprender a liderar en la imagen y autoridad de Jesús, que a sus pies. Esta posición sirve como un recordatorio constante de quién es Él y quiénes somos nosotros ante Él. A sus pies, en su presencia, nos preparamos para escucharlo hablar a nuestras vidas y liderazgo, especialmente por el impacto que tiene en nuestro propio poder y autoridad.

---

11 ¡Excepto por parte de los demonios!

¿Por qué es un tema tan crítico hoy en día? Se está librando una batalla por las almas de los líderes cristianos. Cuanto mayor es nuestro éxito, más seductoras son las atracciones de la prepotencia, y más vulnerables somos al autoengaño. No hay más que preguntar a quienes han sucumbido a tales tentaciones, o a quienes han sido víctimas involuntarias de tales líderes.

Parte VI: Líderes caminando juntos
El liderazgo, especialmente en el occidente, gira en torno al líder individual. Pero no tiene por qué ser así. Jesús construyó seguidores y líderes como una comunidad, centrándose en grupos de tres y doce. ¿Cómo sería para los líderes caminar juntos y servir dentro de una comunidad en lugar de hacerlo de forma aislada? ¿Qué papel podría desempeñar la amistad—a través de generaciones y culturas—en tales comunidades? Imaginemos líderes que invierten en líderes; el proceso es intrínsecamente sostenible: no requiere programas ni infraestructuras que mantener, y no hay límites en cuanto al número de líderes que pueden participar e influir.

Continuar el viaje
Cerramos con una serie de preguntas que debemos hacernos a nosotros mismos de forma contínua y así seguir nuestro viaje de descubrimiento en la presencia de Jesús.

Por lo tanto, este libro es una invitación para que redescubramos a Jesús y su acercamiento poco ortodoxo al liderazgo y permitirle que nos examine como líderes. Mi papel es guiar nuestra exploración, especialmente en considerar los aspectos de la vida y ministerio de Jesús, que tal vez no imaginamos que fueran relevantes para su liderazgo o el nuestro.

He aquí un desafío al iniciar este viaje. Ponga a un lado sus libros de negocios y sus programas de desarrollo de liderazgo por los próximos seis meses. En su lugar, comprométase a invertir tiempo extravagante, prestando atención, energía y tiempo en mirar a Jesús de forma intencional, aprendiendo de Él, junto a un grupo de personas con esa misma mentalidad. Imagine el impacto que esto pudiera tener en usted y en su grupo, en la calidad de su liderazgo y en el florecimiento de aquellos a quienes está liderando.

Mi esperanza es que este viaje de descubrimiento nos inspire a todos a acercarnos a Jesús con un asombro y aprecio crecientes, y aprendamos a liderar desde una postura de sumisión reverente y adoración delante de Él; *esta posición es el inicio y el fin de todo liderazgo verdaderamente cristiano.*

Una Nota para los Hombres y Mujeres en Liderazgo

Otros han escrito, de forma mucho más elocuente y apasionada que yo, acerca de las mujeres y los hombres en el liderazgo. He decidido a propósito no hablar de este tema en particular, porque es mi esperanza que sin importar su convicción sobre este asunto, usted pueda encontrar inspiración y desafío, mientras observa a Jesús liderar.

Antes de Iniciar este Viaje

Dondequiera que se encuentre en su viaje personal de liderazgo, Dios ha estado trabajando en usted. En el lugar donde su gracia y su verdad se cruzan con la personalidad, experiencia, carácter y dones del líder, Él ha ido modelando su identidad y sus valores como líder. Estos, a su vez, guían la forma única en la que el líder ejerce el liderazgo.

Para comenzar, las siguientes preguntas están diseñadas para ayudarle a identificar su propio punto de partida en este viaje:

- *¿Quién o qué ha influido de manera especial en su formación como líder? (Pueden ser personas, experiencias, las Escrituras u otras cosas).*
- *¿Qué valores intenta modelar conscientemente en su liderazgo?*
- *¿Cuáles de sus experiencias de liderazgo han sido especialmente satisfactorias y por qué?*
- *¿Cuáles de sus experiencias de liderazgo han sido particularmente difíciles o decepcionantes, y por qué?*
- *¿Qué espera aprender en este viaje de descubrimiento, observando, escuchando y aprendiendo de Jesús?*

Prestando atención a lo que importa

El erudito Warren Bennis señala que los líderes excelentes, "están intensamente atentos . . . a las cosas que importan." Continúa diciendo: "las fallas en el liderazgo están casi siempre relacionadas con lapsos en este tipo de atención."[1] Esta cualidad de intensa atención puede servirnos igualmente para observar y escuchar a Jesús y descubrir las cosas que le importan.

---

[1] De una entrevista con Warren Bennis, un erudito en liderazgo de quien he aprendido mucho a lo largo de los años. Bennis toma prestada la frase "a first-class noticer" (un notificador de primera clase) acuñada por Saul Bellow en su novela, *El Actual*, para describir a alguien con la habilidad de identificar información importante y detalles y filtrar lo irrelevante. Bennis continúa diciendo: "Debemos pensar en el liderazgo primeramente como arte, aventura, ciencia tal vez más importante, propósito... Sus componentes incluyen una capacidad adaptativa, una voz auténtica y la habilidad de involucrar a otros en un significado compartido . . . Un líder auténtico es un ser humano integral. James Nelson, "Una entrevista con Warren Bennis," anteriormente accesible en http://first.emeraldinsight.com/interviews/pdf/bennis2.pdf. Veo paralelos entre este último concepto y la relación entre convertirse en un líder y convertirse en un discípulo de Jesús.

"¿A qué quería que prestáramos atención?" Esa es una pregunta interesante cuando se trata del tema de liderazgo. Cualquier intento de escribir sobre el liderazgo cristiano está plagado de un defecto casi fatal; Jesús nunca utilizó la palabra¨líder¨para describirse a sí mismo, ni a ninguno de sus seguidores;[2] Tampoco utilizó la palabra liderazgo para explicar lo que hizo. En su lugar, se refirió más frecuentemente a sí mismo como el Hijo del Hombre,[3] identificándose a sí mismo con aquellos a quienes había venido a servir y contrastando sus acciones y actitudes con las de los gobernantes y altos oficiales de la época (Mc 10:35–45). De forma similar, se describió a sí mismo como el Buen Pastor, que conocía sus ovejas y llamaba a cada uno por su nombre, guiándolas a pastos y protegiéndolas del peligro, demostrándoles su amor al rendir su vida por ellas (Jn 10:11–18). En los casos limitados en los que Jesús utilizó el término *"Kyrios"*[4] (Señor), para referirse a sí mismo,[5] lo hizo para afirmar su identidad (Jn 13:13) o su derecho para hablar sobre un asunto como el Sabbath (Mt 12:8),[6] no para afirmar su importancia o demandar obediencia.

El hecho de que Jesús no se enfocara explícitamente en los líderes o el liderazgo, nos trae de vuelta a nuestra pregunta, ¿a qué quería Jesús que le pusiéramos atención? Sugiero que la atención primordial de Jesús para los Doce fue en desarrollarlos, para convertirlos en fieles seguidores y amigos, en primer lugar comprometidos con amar y servir a Jesús y luego para amar y servir a los demás. Quienes han sido entrenados en el costo del amor y el servicio son los más apropiados para confiarles el liderar a otros. *Si nuestro afán de liderar no está ligado a una sumisión total a Jesús y a un compromiso de amar y servir a los demás, estamos trazando un camino peligroso para nosotros mismos y para aquellos a quienes lideramos.*

---

2 Aparte de la referencia indirecta en Lucas 22:26: "Pero entre ustedes será diferente. El más importante de ustedes deberá tomar el puesto más bajo, y el líder debe ser como un sirviente."

3 Esta frase es utilizada 81 veces en los cuatro Evangelios.

4 De la raíz de una palabra que significa *supremacía*, y utilizada comúnmente en el Nuevo Testamento como título de respeto, como en "Señor" (por ejemplo, Mat 13:27). Aún cuando Pedro reprendió a Jesús, se refirió a él como "Kyrios" (Mat 16:22).

5 Menos de 10 de sobre 240 ocurrencias en los Evangelios.

6 Ver también Mt 21:3; 24:42; Mc 5:19; Jn 15:20.

🔍 Al acercarnos a los Evangelios con el deseo de ver y escuchar a Jesús de una nueva manera, todos somos capaces de ignorar información crucial, pero inconveniente, que nos lleva a cuestionar nuestras creencias y prácticas habituales. Recuerdo haber oído una vez al obispo anglicano ugandés David Zac Niringiye decir: "Me ha asombrado cómo la gente lee la Biblia para no encontrarse con Dios". Para reducir nuestros puntos ciegos, hacemos bien en observar y escuchar en compañía de otros cuyas experiencias y perspectivas sean lo suficientemente diferentes de las nuestras como para ofrecernos nuevas perspectivas y corrección mutua.[7]

- *¿A quién podrías invitar a acompañarte en este viaje?*

Los siguientes capítulos nos ofrecen esperanza y desafíos, a medida que echamos un nuevo vistazo al liderazgo de Jesús y aprendemos a reconocer dónde se cruzan o divergen su enfoque sobre el liderazgo y el nuestro.

---

[7] Ver Horton, 132. Horton anima a participar en "comunidades interpretativas lo suficientemente ricas como para ofrecer corrección mutua y comprensión de la Palabra de Dios desde los diversos contextos de tiempos y lugares diferentes."

Parte I

Jesús: Hijo, Pastor y Rey

Para profundizar nuestro aprecio por la expresión única del liderazgo de Jesús, nos enfocaremos en sus roles como Hijo, Pastor y Rey.

Jesús cumplió perfectamente la misión del Padre para su vida. No esperaríamos menos del Hijo de Dios. Pero no perdamos de vista lo que tal vez fue el elemento más crucial de su ministerio terrenal. Todo lo que Jesús hizo como Hijo de Dios, fue el resultado de su sumisión reverente y voluntaria al Padre. Él se ofreció por completo a su Padre, infaliblemente, atento y receptivo hasta la hora de su muerte. Su posición contínua a los pies de su Padre, día y noche, lo equipó, fortaleció, renovó y guió. Su sumisión y disponibilidad para seguir las indicaciones de su Padre fundamentaron y dieron fuerza a todo lo que hizo.

Remontándonos al Antiguo Testamento, la imagen de un pastor es la que refleja mejor el papel de Dios y su relación con su pueblo. Lamentablemente, el contraste entre el pastoreo sabio y benevolente de Dios y el imprudente pastoreo humano que caracterizó a muchos de los líderes de Israel fue a menudo dramático y trágico. Dios se afligía, y su pueblo era desatendido y maltratado. Cuando apareció Jesús, se cumplió el anhelo de Israel de un pastor verdaderamente bueno, que conociera y amara a sus ovejas, y cuyas ovejas reconocieran su voz.

Cuando Juan el Bautista y luego Jesús, declararon que el Reino de los Cielos se había acercado, estaba apuntando principalmente al mismo Rey Jesús. Él personificó el Reino y nos acercó a su presencia de autoridad. Como la Verdad personificada, Jesús redefinió, radical e implacablemente, la realidad para sus oyentes.[1] Él hizo realidad un tema ineludible y no negociable, obligando a sus seguidores a desprenderse de sus ilusiones, para ver las cosas como realmente eran. El profesor Ronald Heifetz de la Universidad de Harvard definiendo la esencia del liderazgo, muy bien pudiera estar describiendo a Jesús: "El liderazgo involucra tener el valor para enfrentar la realidad y ayudar a las personas a su alrededor a enfrentarla . . . Y movilizándolas hacia el cambio."[2] Esta es la verdad que hace libres a mujeres y hombres (Jn 8:31–32).

En conjunto, la sumisión del Hijo divino, el amor fiel del Pastor divino y la presencia de autoridad del Rey divino proporcionan modelos convincentes para inspirar y desafiar a aquellos de nosotros que estamos llamados a liderar en su Reino.

---

1 La palabra griega para verdad ἀληθής [aléthés], se refiere a una realidad innegable que no puede esconderse.
2 Ronald Heifetz, en una entrevista con William Taylor, "The Leader of the Future," *(El líder del futuro) Fast Company*, Edición 25, Junio 1999, 130, https://www.fastcompany.com/37229/leader-future. Max DePree, un cristiano profundamente comprometido y exitoso líder de negocios que lideró la compañía Herman Miller Furniture Company por muchos años, hace una declaración igualmente fuerte sobre los líderes y la realidad: "La primera responsabilidad de un líder es definir la realidad. La última es dar gracias. Entre ambas, el líder debe convertirse en siervo y deudor." Max DePree, *Leadership Is an Art (El liderazgo es un arte)* (Doubleday, 1989), 9.

Capítulo 1

Un Hijo Sumiso: Agradando al Padre

La visión de Jesús era ver cómo la verdad, tal como su Padre la mostraba, tocaba la vida de las personas, tal como Jesús la vivía. —Leighton Ford[1]

Imagínese a un periodista de hoy que pudiera retroceder en el tiempo y siguiera a Jesús por Galilea y Judea durante tres años. Lo primero que notaría es el poder inconfundible de su presencia. Era el "dueño de la sala"[2] o del lago, la ciudad o el templo, dondequiera que fuera. Su presencia y sus palabras atraían la atención de los demás. Era como un imán con carga positiva y negativa. Atraía tanto a amigos como a enemigos, y ambos lo encontraban irresistible, pero por razones muy distintas. Algunos se sentían atraídos por el peso de su personalidad, su compasión, su sabiduría e integridad, sus extraordinarias enseñanzas y su autoridad para curar y expulsar demonios. Otros, se enfurecieron por la audacia de sus afirmaciones sobre sí mismo y por sus implacables desafíos al arraigado sistema religioso controlado por los fariseos, saduceos y maestros de la ley.

Hoy en día, innumerables líderes buscan la manera de apropiarse de la audiencia en sus respectivos contextos: llamar la atención, comercializar sus mensajes y ejercer influencia sobre los demás. Hay libros y seminarios dedicados a enseñarnos técnicas para amplificar nuestra voz por encima de las muchas otras voces que existen. Numerosos líderes cristianos de alto perfil, o aquellos que aspiran a un perfil alto, han perfeccionado la técnica de proclamar a Jesús y promocionarse a sí mismos. Se convierten en la "marca" pública de su iglesia o agencia.

---

1 Leighton Ford, *Transforming Leadership (Liderazgo Transformacional)* (InterVarsity Press, 1991), 104.

2 "Adueñarse del espacio" significa captar la atención, el respeto y la acción de los demás en una situación, siendo lo suficientemente entretenido, reflexivo e intrigante como para que todos los presentes deseen prestar atención. Peter Khoury, "5 maneras sencillas de dominar el espacio", Magnetic Speaking, sin fecha, https://magneticspeaking.com/5-simple-ways-to-own-the-room/.

La forma en que Jesús se apropió de la audiencia no tenía nada que ver con tales técnicas, él no buscaba atención o poder. Tenía todo el poder que necesitaba, y a menudo recibía el tipo de atención que no necesitaba. Como líder, su presencia era simplemente inevitable dondequiera que estuviera, hiciera lo que hiciera: enseñar a las multitudes con una autoridad asombrosa (Lc 4:32), expulsar cientos de demonios al mismo tiempo (Mc 5:1–20), curar todo tipo de enfermedades (Mt 15:31), resucitar a hijas, hijos y amigos muertos (Lc 8:51–56; Lc 7:11–17), o debatir interminablemente con los fariseos (Lc 20:20–26).

Como líderes, podemos sentirnos tentados a poner nuestra atención y energía en aprender técnicas que nos ayuden a adueñarnos de cualquier lugar en el que nos encontremos. Pero intuyo que a Jesús le daría mucha más alegría si nos centráramos en desarrollar el tipo de carácter y espíritu interior que merecería el interés y la atención de los demás.

Jesús era claramente inmune a la necesidad de estar en el centro del escenario, disfrutando de la adulación de otros.

- *¿Qué hizo a Jesús inmune al deseo por la atención de otros?*

Al considerar sus propias motivaciones como líder:

- *¿Qué le atrae o repele de la oportunidad de apropiarse de la audiencia?*

- *¿Qué cualidades de su carácter le gustaría desarrollar para ser digno de la atención de los demás?*

¿Dónde estaban sus documentos?

Jesús no tenía certificado de nacimiento para probar su linaje judío, mucho menos su identidad mesiánica. En su lugar, tenemos el testimonio de los humildes pastores de las montañas y los adoradores generosos del Oriente, en los Evangelios de Mateo y Lucas. Tampoco tenía papeles de ordenación, para declararlo apto en el ministerio público. En su lugar, una voz del cielo habló: "Este es mi Hijo muy amado, quien me da gran gozo" (Mt 3:17). Él tenía muchos títulos, pero jamás tuvo una posición eclesiástica u organizacional. Él era el Rey de un Reino que era tan real como invisible.

Cuando Herodes encarceló a Juan el Bautista, Juan aparentemente tuvo dudas de si Jesús era realmente el Mesías. De modo que envió a dos de sus discípulos a preguntar: "¿Eres tú el que había de venir o debemos esperar a alguien más?" (Mt 11:1–6). En respuesta, Jesús envió a Juan su hoja de vida: "Los ciegos ven, los cojos caminan, los leprosos son limpiados, los sordos escuchan, los muertos son resucitados y las Buenas Nuevas son proclamadas a los pobres." Vale la pena notar que Jesús llamó la atención hacia los necesitados, quienes eran los beneficiarios de su ministerio, en lugar de hacia sí mismo y su importancia.

Él reclamó el derecho de perdonar pecados, dar vida eterna, juzgar la humanidad, regir sobre el Shabat, hablar y actuar de parte de Dios. Es difícil pasar por alto la certeza de su convicción al resumir su parábola contrastando la actuación del fariseo y su aparente oración piadosa con la súplica penitente de un recaudador de impuestos desesperado que se daba golpes en el pecho por la culpa. "Les digo que fue este pecador—y no el fariseo—quien regresó a su casa justificado delante de Dios." (Lc 18:14). ¡Sus palabras tenían una autoridad sin precedentes!

Para respaldar sus aseveraciones, él sanó a diez leprosos al mismo tiempo y envió a miles de demonios a una manada de cerdos. Hizo maravillas con los peces, llenando redes al punto de romperse, multiplicando unos escasos panes para satisfacer a la multitud hambrienta, e incluso conseguir la ayuda de un pescado para pagar el impuesto del templo. Él levantó muertos de sus lechos, de las procesiones funerales y de las tumbas. Y se paró frente a las tormentas, tan valientemente como lo hizo frente a las élites religiosas de su tiempo.

A diferencia de Jesús, muchos de nosotros hoy sí tenemos documentos que nos acrediten: diplomas de ministros o pastores, licencias ministeriales, créditos académicos, premios y fotos nuestras con personas más famosas que nosotros. Tenemos títulos que van con nuestros roles, ya sean sencillos como Presidente, Director General, Pastor u Obispo o más relevantes como "Muy Reverendo Doctor". Las esposas de los pastores a veces adoptan el título de "Primera Dama", aunque todavía no me he topado con un "Primer Caballero". Algunos de estos títulos nos fueron otorgados y otros nos los colocamos nosotros mismos.

Imagínese que se le pide que proporcione sus credenciales personales como líder.

- *¿Qué ofrecería como prueba tangible de su derecho a ser líder?*
- *¿Qué habilidades o atributos personales aportarías?*

Solo di la palabra

Un día Jesús entró en Capernaum, un centurión romano envió mensajeros para pedirle que viniera a sanar a su sirviente (Lc 7:1–10). El centurión no fue porque no se consideraba digno de hacerlo. Mientras Jesús iba de camino, el centurión envió un segundo mensaje: "No merezco tenerte bajo mi techo . . . Pero di la palabra y mi siervo sanará. Porque yo también soy un hombre bajo autoridad"

Esta es una observación sorprendente de un gentil: "Yo también" (de acuerdo con la traducción NTV) "soy un hombre bajo autoridad." De acuerdo al erudito bíblico Marvin Vincent, "Las palabras podrían parafrasearse así: 'Soy un hombre cuya vida y deberes diarios son arreglados y establecidos por una autoridad superior.'"[3] Hizo falta un militar romano temeroso de Dios para reconocer lo que los líderes religiosos judíos se negaban a reconocer: la autoridad que Jesús ejercía era el resultado directo de su contínua sumisión a la autoridad de su Padre.

Como declaró Jesús repetidamente a lo largo de sus tres años de ministerio, ni había venido por su propia autoridad (Jn 8:29)[4], ni hablaba de su propia autoridad (Jn 12:49). Él sabía que había venido de Dios y que estaba volviendo a Dios. Su identidad y destino eran claros: Él era el Hijo que había sido enviado por el Padre para hacer la voluntad del Padre. Él no tenía agenda propia. Su autoridad vino directamente de su Padre y de la vida que vivió en reverente sumisión a su Padre (Hb 5:7) ¡Su afirmación vino únicamente del Padre!

El elemento esencial que liberó y al mismo tiempo limitó la forma en que Jesús utilizó su poder y autoridad, fue su sumisión inquebrantable al Padre y a sus propósitos. Jesús, Hijo de Dios e Hijo de Hombre, estaba "asegurado por la confianza"[5] en el Padre,

---

3 Marvin Vincent, *Word Studies in the New Testament* (Scribner's, 1900), https://www.studylight.org/commentaries/eng/vnt.html.
4 Compare Juan 20:21
5 Boyd Bailey, 97.

enseñando, perdonando, sanando y echando fuera demonios bajo la dirección del Padre y en el poder del Espíritu Santo. Su presencia fue, igualmente, la presencia de Dios y la presencia de su Reino. En el contexto de la sumisión de Jesús, el Padre confió todas las cosas en sus manos (Mt 11:27) afirmando la reciprocidad de su relación.

Todo lo que Jesús hizo y no hizo, fluyó de su compromiso crucial, del indestructible vínculo de amor, confianza e intimidad entre Jesús y el Padre. Jesús sabía a quién pertenecía y en la misión de quién estaba. La misión de Dios era su misión. Como explicó el Escritor de Hebreos, Jesús no tomó por sí mismo el ministerio de Sumo Sacerdote, sino que el Padre se lo entregó por ser su Hijo (Hb 5:5). Jesús lideró a los pies de su Padre, viéndolo y escuchándolo diariamente para poder encontrar el valor y la dirección que necesitaba. *Para Jesús, el principal indicador de éxito de su ministerio, fue la medida en la que sus acciones agradaban al Padre y revelaban el carácter del Padre.*

El poder para Jesús era un atributo que no solo compartía con el Padre y el Espíritu Santo, también, era un atributo en el cual dependía de ellos. Tanto el Padre como el Espíritu Santo estaban presentes en su concepción[6] y bautismo. Fue el Espíritu Santo quien envió a Jesús al desierto para ser tentado (Mc 1:12). Cuarenta agotadores días después, Jesús regresa a Galilea en el "poder del Espíritu" (Lc 4:14), no en su propia fuerza. La habilidad de Jesús para sanar estaba sujeta al "poder del Señor" (Lc 5:17).

Las tres tentaciones de Jesús en el desierto tenían la meta de hacer que abandonara su dependencia del Padre, que usara su poder por sí mismo para su beneficio personal y postrarse a los pies de Satanás.[7] Jesús no tendría nada que ver; al final, estas tentaciones sirvieron para reforzar su autoridad: venció tentaciones en el desierto donde los israelitas que le precedieron habían fracasado en siglos anteriores (Dt 8:3; 6:13–16).

---

6 Como explicó el ángel Gabriel a María en Lucas 1:35: "El Espíritu Santo vendrá sobre ti, y el poder del Altísimo te cubrirá con su sombra. Por lo tanto, el bebé que nacerá será santo y será llamado Hijo de Dios." Hacemos bien en no pasar por alto el hecho de que la posibilidad de que Dios hiciera su voluntad en María no la aterrorizó, lo cual refleja la confianza de María en el carácter de Dios y en sus buenas intenciones para con ella.

7 Lucas 4:7, donde "el προσκυνέω [proskuneō] puede aludir no solo al acto de adoración, sino a la posición del adorador" NetBible, https://netbible.org/bible/Luke+4.

Jesús nunca citó, ni se refirió a ninguna otra autoridad que la de su Padre. No necesitó purificación después de tocar a gente impura. No se limitó a extender la gracia y enseñar la verdad. Él personificaba esas cualidades. Y tenía la autoridad para dar "el regalo de Dios": la vida eterna (Jn 4—especialmente los v. 10–14).

La profundidad del ministerio de Jesús surgió de la intimidad, la unión y el gozo de su relación con el Padre.

- *¿De qué libertades disfrutó Jesús debido a la sumisión voluntaria a su Padre y a su deseo de agradarle en todo lo que decía y hacía?*

- *¿Qué te parece más inspirador y desafiante para tu propio liderazgo al ver el compromiso de Jesús de complacer a su Padre en todo?*

- *¿De qué manera estás cultivando esa profundidad en tu propia vida como líder?*

La autoridad en la vida de Jesús

A muchos de nosotros nos encantaría llamar la atención como lo hacía Jesús. Su sola presencia imponía respeto e inspiraba confianza. No había disparidad entre su vida privada con el Padre y su vida pública con la gente, ni entre sus enseñanzas y sus acciones. Jesús ejemplificaba a la perfección la esencia de la palabra griega para autoridad, *exousia*[8]: "fuera del ser".[9] Este tipo de autoridad, tal y como la describe el Pastor y Teólogo Urban T. Holmes III, "fluye de dentro hacia fuera y se basa no en nuestro estatus o rol, sino en el centro de nuestro ser, en lo que somos. Está arraigada en la autenticidad de la persona; él o ella es quien parece ser".[10] Tal autoridad no tenía "derechos" inherentes que dieran legitimidad a las acciones de Jesús. Sin embargo, los observadores objetivos reconocieron la realidad inconfundible de su enseñanza y la profundidad igualmente inconfundible de su compasión. Veían autoridad en sus ojos, la oían en su voz y la sentían en su toque.

---

8   Griego ἐξουσία.
9   Urban T. Holmes III, *Spirituality for Ministry* (Harper & Row, 1982), 44.
10 Ibídem, 44.

Mientras escribo, una de las compañías más grandes de fabricación de aviones en el mundo, se encuentra inmersa en una gran investigación, por dos accidentes fatales con sus aviones. Meses después del proceso, la empresa hizo públicos, según sus palabras, "inquietantes" nuevos documentos internos con la advertencia de que "el tono y el contenido de algunas de estas comunicaciones no reflejan la empresa que somos."[11] *En otras palabras, las cosas que hemos dicho y hecho no son un reflejo veraz de quiénes verdaderamente somos.* Ese es un lujo delirante que ningún líder puede permitirse ofrecer como excusa para un mal comportamiento. Jesús ofreció una perspectiva muy diferente: "No me crean a menos que lleve a cabo las obras de mi Padre; pero si hago su trabajo, entonces crean en las obras milagrosas que he hecho, aunque no me crean a mí. Entonces sabrán y entenderán que el Padre está en mí y yo estoy en el Padre" (Jn 10:37–38).

En esta reflexión de los profetas del Antiguo Testamento, el teólogo judío Abraham Heschel argumenta que la autoridad de los mismos provenía de la Presencia de Dios que era revelada en las palabras de los profetas. Adaptemos esta declaración para aplicarla a los líderes cristianos: "la autoridad de un líder proviene de la presencia de Dios, evidenciada a través de sus palabras y de su vida,"[12] en lugar de provenir de una posición o un título; y en el contexto actual, pudiéramos agregar, en lugar de provenir del tamaño de su congregación, los miles de seguidores en las redes sociales o el número de libros que ha escrito.[13] Al trabajar con esta descripción de la fuente de autoridad como líderes,

- *¿Cuál es la fuente de su autoridad?*
- *¿Cómo podría la presencia de Dios fortalecerse en su vida como líder?*

---

11 Chris Woodyard, "Boeing revela nuevos documentos muy perturbadores sobre el 737 Max jetliner a la FAA, Congreso," *USA Today*, Deciembre 24, 2019, Nation, https://www.usatoday.com/story/news/nation/2019/12/24/boeing-reveals-new-very-disturbing-documents-737-max-jetliner-faa-house/2743402001/.

12 Abraham Joshua Heschel, *The Prophets I* (Los Profetas I) (Peabody, Massachusetts: Prince Press, 2000), 22. La declaración original dice: "La autoridad de los profetas está en la Presencia (refiriéndose a Dios) revelada en sus palabras."

13 Paul Tripp, "Paul Tripp en Leaders Who Flame Out (Líderes que se apagan)," 8 de septiembre de 2020, podcast, 38:45. https://www.thegospelcoalition.org/podcasts/gospelbound/leaders-who-wont-flame-out/.

La autoridad de las palabras de Jesús

Jesús tenía facilidad de palabra. Hablaba con una autoridad que asombraba a la multitud, pues nunca habían encontrado tanta autoridad cuando escuchaban a los maestros de la ley. Jesús se atrevió a perdonar los pecados de un paralítico. Cuando fue desafiado, validó su perdón sanando al hombre. Expulsó a los demonios con una palabra. Incluso la furia del viento y las olas cedieron inmediatamente a sus órdenes, lo que llevó a sus propios discípulos a preguntarse en voz alta: "¿Qué clase de hombre es este?" (Mt 7:29; 8:16–27; 9:1–8).

Pero Jesús sabía quién era, nunca apeló a otra autoridad diferente a la que compartía con su Padre (Jn 7:28). Otra observación de Abraham Heschel sobre los profetas del Antiguo Testamento se aplica igualmente a Jesús: "En las palabras de ellos, el Dios invisible se hace audible".[14]

Jesús tenía una visión elevada y sin complejos de sus propias palabras debido a su fuente. No hacía distinción entre sus palabras y las del Padre. Treinta veces en el Evangelio de Mateo introdujo lo que iba a decir con la frase: "Os digo la verdad"[15]. No insinuaba que en otras ocasiones no dijera la verdad. Más bien, era su manera de decir: "Prestad atención. Escuchad con atención". Afortunadamente, en el caso de Jesús, lo que tenía que decir merecía la pena ser escuchado, y sus palabras no tienen fecha de caducidad (Mc 13:31).

---

14 Heschel, 22. La declaración captura a la perfección el impacto de las palabras de Jesús, que el profeta Moisés prometió que vendría (Dt 18:15).

15 Mateo 5:18 es el primero de ellos. Esta misma frase se repite trece veces en Marcos, seis en Lucas y veinticinco en Juan.

🔹 Piense en sus palabras como líder cuando se le pide que hable en una variedad de contextos, en público y en privado, formal e informalmente, de manera individual y en grupo.

- *¿Quién o qué autoridad está detrás de sus palabras?*
- *¿Hasta qué punto escucha la gente lo que usted dice porque perciben la autoridad de Dios detrás de sus palabras?*

A los líderes de hoy en día les encanta describirse a sí mismos con frases poderosas como "aprovechar los activos para obtener ventajas competitivas" e "impulsar el compromiso de los empleados para obtener resultados ganadores". En comparación, las palabras de Jesús sobre las semillas y los siervos suenan más bien débiles y simplistas.

- *¿Por qué cree que era importante para Jesús basar su comunicación en las realidades prácticas de la gente común y corriente?*

Jesús modeló de manera suprema una realidad ineludible para los líderes de su Reino: si el Hijo de Dios no podía hacer nada separado del Padre, sometido a Él y permaneciendo en Su Presencia, entonces, nosotros tampoco podemos ejercer un liderazgo verdaderamente cristiano separados de Jesús; necesitamos someternos voluntaria y reverentemente a Él, permaneciendo en Su Presencia. No hay liderazgo cristiano verdadero, a menos que seamos seguidores que se someten voluntariamente a los pies de Jesús. *Para ser un auténtico líder cristiano, es indispensable ser un auténtico seguidor de Jesucristo.*

Capítulo 2

Un Pastor Anhelado: Revelando el Corazón del Padre

¡Salva a tu pueblo, bendice a tu herencia!
¡Guíalos y cuida de ellos ahora y siempre!
—Salmo 28:9 RVC

Cuando Dios liberó a su pueblo de Egipto, lo sacó con "su mano poderosa y su brazo extendido" (Dt 26:8). Lo que se recuerda menos, pero que es igualmente cierto, es *cómo* lo hizo: "Dios hizo que su pueblo saliera como ovejas, y como un rebaño los llevó por el desierto, con mano segura los fue llevando, para que no tuvieran ningún temor, mientras que el mar cubrió a sus enemigos." (Sal 78:52–53). Encontramos una relación con la descripción profética de Isaías sobre la venida del Mesías. Aquellos que trajeron buenas noticias a Jerusalén dirían a Judá "¡Aquí está tu Dios!" Este Dios "viene con poder y gobierna con brazo poderoso." Al mismo tiempo es Aquel que "Cuida de su rebaño como un Pastor; en sus brazos, junto a su pecho, lleva a los corderos, y guía con suavidad a las ovejas recién paridas" (Is 40:9–11).

Dudo que alguien pueda encontrar sentido en esta mezcla poco ortodoxa: manos poderosas, brazos fuertes y un corazón de Pastor, hasta que de pronto Jesús llega declarando acerca de sí mismo que Él es el Buen Pastor. Él no solo estaba apelando a quienes lo escuchaban y que compartían una experiencia en común con ovejas y pastores; se inspiraba en las ricas imágenes pastoriles del Antiguo Testamento. La metáfora del Pastor aparece repetidamente en el Pentateuco, en los libros históricos, en los Salmos y en los Profetas.[1] El Dr. Terry Hedrick, Pastor y Profesor, lo explica así:

---

1 En numerosos pasajes del Antiguo Testamento, como Jeremías 2:1–7, nunca aparece la palabra "pastor", pero las alusiones eran claramente al papel pastoril de Dios con las ovejas descarriadas; por ejemplo, ser conducidas a través del árido desierto, alejadas de Dios, y ser llevadas a una tierra fértil.

Aunque los textos que se refieren directamente a YHWH como pastor [en el Antiguo Testamento] son relativamente pocos, la imagen en sí domina la tradición bíblica junto con otras metáforas de Dios relacionadas con el Pastor. . . . El motivo de Dios guiando y proveyendo se relaciona a menudo con esta metáfora. Se convierte en una forma primordial en que Israel reflexiona sobre el carácter de YHWH y también sobre su propia identidad como pueblo.[2]

A menudo son las imágenes más contundentes del Antiguo Testamento las que nos vienen inmediatamente a la mente: una roca, una fortaleza, un refugio, un escudo, un baluarte.[3] Todas estas imágenes evocan su fuerza inmensa e inquebrantable.[4]

Sin embargo, cuando llegamos al Nuevo Testamento, donde la Palabra vino a habitar entre nosotros, sucedió algo extraordinario. Jesús, junto con los escritores del Nuevo Testamento, abandonaron estas imágenes de poder en favor de la imagen de un Pastor cuando se refería a sí mismo.[5] Él era un Pastor: el Buen Pastor, el Pastor Principal y el Gran Pastor (Jn 10; Hb 13:20–21; 1 P 5:4). El enfoque cambió de las fortificaciones inanimadas, a la realidad relacional de un Pastor que cuida de sus ovejas.

Pastores sin vergüenza

Israel estaba desesperado por un buen Pastor cuando Jesús entró en escena. Aparte de los buenos modelos de Moisés y David, el Antiguo Testamento está lleno de las desastrosas consecuencias de un mal pastoreo.[6] Los dirigentes de Israel fueron tan desvergonzados en su infidelidad a Dios como en la explotación de sus ovejas.

---

2 Terry Hedrick, "Jesus as Shepherd in the Gospel of Matthew" (PhD diss., Durham University, 2007), 156. http://etheses.dur.ac.uk/2536/.
3 Especialmente en los Salmos (por ejemplo, Sal 18:1–3).
4 Kenneth Bailey, *The Good Shepherd*, 35.
5 Debo esta intuición a Kenneth Bailey en El buen pastor. Las excepciones son: 1) las múltiples referencias a Jesús como la piedra que desecharon los constructores, por ejemplo, Mateo 21:42 y otros; 2) Jesús como roca espiritual (1 Corintios 10:4); y el libro del Apocalipsis, que es un género literario diferente, donde destacan numerosos títulos de autoridad y nombres descriptivos.
6 Destacado en Jueces, Reyes y Crónicas, y en los Profetas, especialmente Jeremías 23 y 25 y Ezequiel 34.

> 🔎 En el Antiguo Testamento Dios se revela de muchas formas, las cuales en conjunto dieron forma a nuestra comprensión de quién es Él. Aun así, como afirma Hedrick, fue el pastorado lo que se convirtió en la forma primaria en la que Israel reflexiona en el carácter de Dios y en su propia identidad como pueblo.
> - *¿Qué le dice la metáfora del pastoreo sobre el carácter de Dios?*
> - *¿Qué le dice esta metáfora sobre la identidad del pueblo de Dios?*

Dios envió a un *Buen* Pastor

Dios envió a Jesús para hacer lo que los pastores humanos de Israel antes de Él, habían fracasado repetidamente en hacer, y ciertamente nunca harían por las ovejas del mundo gentil: buscarlas, reunirlas, guiarlas, alimentarlas y protegerlas. Cuando Jesús explicó su misión de "buscar y salvar a los perdidos" (Lc 19:10), no estaba imaginando "lo perdido" como un concepto abstracto. Estaba mirando directamente a Zaqueo, que acababa de bajar de un árbol. Jesús también estaba imaginando a muchos otros como Zaqueo, junto con las multitudes esperanzadas, pero a menudo desmoralizadas que le seguían (Mc 6:30–34), el pueblo de Israel y, en última instancia, el mundo entero.[7]

¿Por qué iba a preocuparse el Rey de Reyes por la situación de las ovejas descarriadas? Porque la historia de Israel había demostrado repetidamente que no era seguro confiar esa tarea a otros. Jesús hizo del pastoreo su responsabilidad personal, y la más importante. Cuando dijo: "Yo soy el Buen Pastor" (Jn 10:11), Jesús estaba centrando nuestra atención en este aspecto concreto de su identidad. Nos invitó a verle a través del lente del pastoreo, porque ese era el lente a través del cual veía a la gente que le rodeaba.

Cuando Jesús examinó a las multitudes que le seguían, no estaba comparándolas para ver si eran más numerosas que la semana anterior. Con los ojos de un Pastor, estaba evaluando la condición de su rebaño

---
[7] Jesús envió a los Doce en Mateo 10 a "las ovejas perdidas de Israel" (v. 6). Vea también Mateo 15:24; Juan 3:16–17 y 10:16.

(Mt 9:36).[8] Lo que vio fue una multitud de ovejas perdidas que estaban acosadas y desamparadas, o como podría expresarse igualmente en el idioma original, que estaban "derribadas" y "destrozadas". Y reaccionó como un Pastor, profundamente conmovido por una compasión que le llegaba al corazón.[9] Junto con su preocupación, Jesús debió sentir ira, mientras se preguntaba: "¿Dónde están los pastores? ¿Por qué han descuidado a sus ovejas?".

¿Qué veía la élite religiosa cuando miraba a las mismas multitudes? No es difícil de imaginar. También veían gente perdida. Pero en su caso, su respuesta fue el desprecio y la evasión. Estos líderes eran en realidad el público principal del discurso de Jesús sobre el pastoreo.[10] ¿Qué quería que los fariseos de su tiempo, y nosotros hoy, entendiéramos y tomáramos en serio?

Jesús empezó enfrentándose a los fariseos por el daño que habían hecho a sus ovejas.[11] El mayor peligro del rebaño no eran los leones ni los osos, como los que perseguía David en sus tiempos de Pastor (1 Sam 17:34–36). Era la astucia de los ladrones y la violencia de los salteadores.[12] Cuando los fariseos no le entendieron, Jesús se repitió a sí mismo: "En verdad os digo . . . Todos los que han venido antes que yo son ladrones y salteadores. . . . El ladrón solamente viene a robar, matar y destruir" (Jn 10:7–10). Si preguntas a quienes conocen este pasaje "¿quién es el que roba, mata y destruye?", casi invariablemente te dirán "el Diablo". Pero aquí Jesús no hablaba ni se refería a eso.

Los líderes religiosos no soportaban a los recaudadores de impuestos y a los pecadores, ni a Jesús. Pero también funcionaba al revés. Jesús no podía soportar a los líderes religiosos por maltratar a sus ovejas.[13]

---

8   Ver también Prov 27:23–27.
9   Griego ἐσπλαγχνίσθη [esplanchnisthē]: Conmoverse hasta las entrañas, que se creía que eran la sede del amor y la piedad.
10 Por ejemplo, Juan 10:1: "En verdad os digo, fariseos . . ."
11 Véase, por ejemplo, Juan 9, que describe cómo los fariseos maltrataron al ciego después de su curación milagrosa.
12 "Las palabras 'ladrón' (griego kleptes, que subraya el engaño) y 'salteador' (griego lestes, que subraya la violencia) tienen un significado bastante parecido". Notas de NetBible sobre Juan 10:1 https://netbible.org/bible/John+10.
13 Tampoco soportaba su hipocresía religiosa, que negaba la realidad y justificaba la mentira para su beneficio.

Para no pasar por alto lo obvio, las ovejas son básicamente bolas de lana incapaces de sobrevivir solas en un entorno hostil. Sus cuatro patas no les ayudan a huir de los depredadores. Y sus dientes son inútiles para morder cualquier cosa que no sea hierba. El Pastor es su única seguridad.[14]

Puede que a los fariseos les costara reconocerse como ladrones y salteadores. Pero cuando Jesús declaró ser el Buen Pastor, no les costó entender la audaz afirmación que hacía, sobre todo cuando relacionó su identidad con el Padre. Él era la respuesta del Padre a los ladrones y asaltantes.

¿Qué hizo de Jesús el Buen Pastor? *Estaba plenamente sometido a la voluntad de su Padre, y plenamente comprometido con el bienestar de sus ovejas.* No solo irradiaba la presencia del Padre, sino que olía a oveja. Nos centraremos brevemente en solo tres de las muchas implicaciones de estas cualidades debido a su relevancia para el liderazgo: Jesús conocía a sus ovejas y ellas lo conocían a Él; Jesús deseaba que sus ovejas prosperaran, y Jesús amaba a sus ovejas lo suficiente como para dar la vida por ellas.

El Buen Pastor: conocido y alguien a quien se puede conocer

Los fariseos, como muchos de los líderes de Israel antes que ellos, se pastoreaban a sí mismos a expensas de las ovejas de Dios.[15] En su obsesión por evitar convertirse en impuros, mantenían las distancias con la gente común y corriente. Eran desconocidos e imposibles de conocer.

Jesús estaba obsesionado por estar entre sus ovejas, conocerlas y ser conocido por ellas. Experimentaban la vida juntos. Sus ovejas aprendieron a reconocer su voz, de modo que cuando las llamaba, confiaban en Él y le seguían. Por sorprendente que parezca, comparó la profundidad de su relación con sus ovejas con la profundidad de su relación con su Padre (Jn 10:14–15).

Para garantizar la salud del rebaño, Jesús atendía las necesidades de cada oveja. Cuando una se perdía, como Zaqueo, la encontraba y la traía de vuelta. Cuando una sufría, como el ciego de nacimiento, la

---

14 Bailey, *The Good Shepherd: A Thousand-Year Journey from Psalm 23 to the New Testament (El Buen Pastor, un viaje de mil años desde el Salmo 23 hasta el Nuevo Testamento)* (IVP Academic, 2014), 49.
15 Como se describe en Ezequiel 34.

restauraba (Mc 3:1–6). Jesús sentía un gran afecto por sus ovejas, algo que iba más allá del deber.

Me viene a la memoria la historia de un hombre masái que trabajaba con Bible Translation and Literacy (BTL) en Kenia. Aunque este incidente tiene que ver con el ganado, ilustra el vínculo entre un Pastor y sus animales. El pueblo masái tiene una relación casi espiritual con su ganado, que es mucho más receptivo a la alimentación y a las caricias de lo que uno podría imaginar. Un empleado masái de BTL vivía en la ciudad con su familia mientras sus vacas estaban en el campo. Entre sus frecuentes viajes para supervisar y animar a otros traductores de la Biblia, pasaba tiempo con su familia. Pero llevaba más de un mes sin poder visitar a sus vacas y las echaba mucho de menos. Se acercó al director de BTL para pedirle permiso para ir a visitar sus vacas. El Director, que comprendió inmediatamente el significado de esta visita de "contacto", le concedió permiso durante varios días para estar con sus vacas.

Ovejas que florecen y un Pastor sacrificial

Jesús estaba claramente horrorizado por el trato que los fariseos daban a sus ovejas. En lugar de robar, matar y destruir sin sentido, Él había venido a dar vida a esas ovejas. Pero no cualquier tipo de vida. Su intención era que sus ovejas florecieran. La vida que trajo era extravagante en su bondad, exagerada en abundancia y desbordante en su generosidad. Por el bien de sus ovejas, ya fuera en las bodas de Caná o en un banquete improvisado junto al mar de Galilea, el Buen Pastor servía buen vino y buena comida. En su presencia y a través de su guía, creó las condiciones para que sus ovejas prosperaran.

Pero esto tuvo un alto costo para el Pastor, pues tenía que enfrentarse a los jornaleros, que abandonaban a las ovejas por su propia seguridad, y a los ladrones, que quitaban la vida a las ovejas por su propio beneficio. El Buen Pastor dio su vida por el bien de sus ovejas. Las ovejas de Jesús no se daban cuenta de que tenían un adversario que se interponía en su florecimiento, que era mucho más intimidante que un ladrón o un león, y que solo podía ser vencido por la muerte sacrificial de su Pastor. En circunstancias normales, un Pastor muerto sería desastroso para las ovejas. Pero estas no eran circunstancias normales, y este no era un Pastor ordinario.

> En Juan 10, Jesús mostró la profundidad de su sumisión a su Padre y su compromiso con el bienestar de sus ovejas.
> - *¿Qué le inspira de la forma en que Jesús pastoreaba a sus ovejas?*
> - *¿Qué es lo que encuentras especialmente desafiante?*

Hasta ahora, en este capítulo, hemos explorado la importancia de la metáfora del Pastor en el Antiguo Testamento, ya que se aplica tanto al liderazgo divino como al humano. Sin estos antecedentes, corremos el riesgo de perdernos el significado de la declaración de Jesús como Buen Pastor. En la última sección, nos centraremos en el énfasis relativo que Jesús puso en sus funciones de Siervo y Pastor.

Un Pastor que sirve

En 1970, Robert Greenleaf, un ejecutivo de telecomunicaciones jubilado, publicó un ensayo sobre un tema bastante notable para la época, *The Servant as Leader* (El siervo como líder).[16] Greenleaf, cuáquero, escribió a partir de sus muchos años de experiencia como líder empresarial con la convicción de que sus ideas eran igualmente aplicables a contextos seculares y religiosos. Al parecer, otros acabaron pensando lo mismo. Como se menciona en la introducción, una búsqueda de libros en Amazon sobre "liderazgo de servicio" arrojó 911 resultados. Una búsqueda similar de "liderazgo de pastores" arrojó unos escasos veinticuatro resultados.[17] ¿Qué nos dice esto? Tal vez poco más allá de lo obvio: no se está escribiendo mucho sobre pastores y liderazgo. Y, por lo que he podido observar, lo que se escribe sobre siervos y liderazgo es una mezcla bastante confusa en cuanto a la interpretación que se hace de esos dos términos cuando se juntan.

Dentro de la comunidad cristiana, es difícil encontrar un libro o programa de formación sobre liderazgo que no se apoye en gran medida, sino exclusivamente, en el modelo del líder siervo. Hay mucho que elogiar en este modelo, a menos que se trate de describir la esencia del ministerio de Jesús como líder. En lugar de sumar todos los

---

16 Don Frick, "Robert K. Greenleaf Biography," Robert K. Greenleaf Center for Servant Leadership, undated, 70.
17 Búsqueda realizada el 4 de septiembre de 2020.

versículos que hablan de Jesús como Siervo o Jesús como Pastor, o de contar todos los libros escritos sobre el tema, tenemos que adoptar un enfoque diferente y preguntarnos: *¿cuál era la orientación principal de Jesús en su relación con el mundo?* Jesús, como Siervo, estaba atento a la dirección de su Padre,[18] al tiempo que atendía a las necesidades de su entorno. Jesús, el Pastor, hacía todo esto y estaba igualmente preocupado por guiar, proveer y proteger a sus ovejas, todas ellas eran funciones propias del liderazgo. La vigilancia y la compasión guiaban su actitud hacia las personas y las multitudes que encontraba.

Jesús estaba claramente motivado por servir y pastorear, con un traslapo entre ambos. Mi preocupación aquí es que el ministerio de servicio no es lo suficientemente inclusivo ni exhaustivo para captar el alcance de quién era Jesús y lo que hizo como líder. El pastoreo se acerca mucho más. Las ovejas pueden sobrevivir sin siervos, pero no pueden sobrevivir sin un pastor.

¿Sirvió Jesús a sus discípulos? Por supuesto que sí. Pero su orientación hacia ellos, a partir del "sígueme", era la de un Pastor. Tenía instinto de Pastor, y encontraba ovejas perdidas dondequiera que iba, individualmente y en grupo: junto a un pozo en Samaria, detrás de la mesa de un recaudador de impuestos y, como ya se ha dicho, en la ladera de una montaña y subido a un árbol. No todas las ovejas perdidas aceptaron ser encontradas. Un hombre rico llegó corriendo y cayó de rodillas ante Jesús. Tras examinarlo brevemente, Jesús se sintió conmovido por él y le hizo su conocida invitación: "Ven, sígueme", pero con una condición importante. El hombre se marchó triste, dejando atrás a un Pastor igualmente triste (Mc 10:17–22).

---

18 "He bajado del cielo no para hacer mi voluntad, sino la voluntad del que me ha enviado" (Jn 6,38).

🔎 En el mejor de los casos, las imágenes de Pastor y Siervo podrían entenderse como débiles aproximaciones a la majestuosidad de la persona y el ministerio de Jesús que revelan los Evangelios.

- *¿Cómo le ayuda cada una de estas metáforas a entender el enfoque de Jesús sobre el liderazgo?*

Seleccione uno de los Evangelios para leerlo en su totalidad, prestando especial atención a cómo se relacionaba Jesús con las personas y los grupos con los que se encontraba.

- *¿En qué situaciones y con qué personas ve que Jesús se relaciona característicamente como Siervo o como Pastor?*

Ahora consideraremos la presencia autoritaria y provocadora de Jesús como Rey.

Capítulo 3

Un Rey Inesperado: Redefiniendo la Realidad desde la Perspectiva del Padre

Fueron los pastores los primeros en reconocer a un Rey que el resto del mundo se negó a reconocer.
—Paulo Coelho, novelista brasileño[1]

Jesús no podía construir una nueva cultura del Reino o establecer su Iglesia sobre las creencias y valores que dieron origen al sistema religioso judío o al sistema político romano de su tiempo. Eso significaba que la gente de la época de Jesús, al igual que en nuestros días, tenía mucho que desaprender y arrepentirse (cambiar de opinión). Todo el ministerio de Jesús, observó el Obispo y Misionero anglicano Stephen Neill, "está lleno de la urgencia . . . de hacer que los hombres vean las cosas en su cruda realidad".[2]

Jesús no recorrió la tierra de Israel simplemente para impartir ideas espirituales en sermones celestiales. Estaba redefiniendo radical e implacablemente la realidad para sus contemporáneos, y para sus seguidores a lo largo de los siglos posteriores: "Habéis oído decir . . . Pero yo os digo . . . " Habló proféticamente, revelando la perspectiva y las prioridades del Padre, y desenmascarando el engaño, la hipocresía y la ilusión en el proceso. Jesús se centró en conectar a la gente de su tiempo con las realidades del Reino. Al hacerlo, perturbó, desafió e inquietó, como hicieron los profetas del Antiguo Testamento. Ninguna tradición o institución quedaba exenta, ningún engaño o mentira quedaba sin respuesta. Era una presencia provocadora a donde quiera que Jesús fuera.

A muchos de sus oyentes no les gustaba la realidad. Su insistencia en redefinir la realidad suscitó una resistencia tan intensa que su asesinato a manos de sus enemigos se convirtió en una necesidad urgente.

---
1 Paulo Coelho, *The Alchemist*, tran. Alan R. Clarke (HarperOne, 1993), 61.
2 Stephen Neill, *A Genuinely Human Existence* (Constable, 1959), 149.

Sin embargo, si Jesús no hubiera expuesto el lado oscuro de la élite religiosa de su época, habría traicionado su llamado a encarnar la gracia y la verdad. Y habría traicionado igualmente a aquellos que anhelaban una realidad espiritual mayor que la que veían modelada por los fariseos y los maestros de la ley. Estos espectadores necesitaban tener la seguridad de que la hipocresía de estos líderes no era lo mejor que Dios podía ofrecerles.

Cuando Jesús comenzó a enseñar sobre la vida en el Reino, sus descripciones sonaban muy poco parecidas a lo que los expertos en la ley habían estado enseñando o a la manera de gobernar de los romanos. Este era un Reino con enemigos a los cuales amar, sus pies lavar y cruces llevar, diferente a cualquier reino del que hubieran oído hablar. Jesús reinterpretó los preciados rituales y símbolos de Israel y los hizo apuntar a sí mismo. Sustituyó el privilegio hereditario por la responsabilidad personal de la fe y la obediencia. Mostró a un Padre que veía lo que la gente se esforzaba por ocultar.

Una de las críticas más comunes que se hace a los líderes es su falta de claridad: sobre lo que defienden, sobre su visión y sus valores, sobre la dirección que quieren dar a la organización o agencia que dirigen, o sobre sus prioridades.

Pero nadie que se haya encontrado con Jesús, dondequiera que estuviera y fuera lo que fuera lo que estuviera haciendo, se fue preguntando cuál era su postura o qué era importante para Él. Era una presencia de autoridad. Dejó muy claras las actitudes y comportamientos tangibles que se alineaban con el Reino. Y pedía cuentas a sus seguidores. El implacable impulso de Jesús por redefinir la realidad, garantizaba esa claridad.

Para Jesús, la cruz se convirtió en el escenario decisivo para redefinir la realidad. ¿Ejemplificaba la cruz lo más profundo de la vergüenza y el fracaso, que debía evitarse a toda costa? ¿O era el ejemplo perfecto de la gloria de someterse reverentemente al Padre? Al final, Jesús despreció la vergüenza de la censura humana, con tal de abrazar el extraordinario valor que el Padre puso sobre el significado de la cruz, transformando la humillación y la vergüenza en gloria y honor.

Aún hoy, Jesús sigue decepcionándonos, sustituyendo nuestras creencias falsas por la verdad. Él desenmascara nuestras fantasías y espejismos—sobre nosotros mismos, sobre el mundo y sobre Él—con el fin de liberarnos de su engaño y de su poder.[3]

Uno de los mejores regalos que los líderes podemos ofrecer a quienes dirigimos es la capacidad de ver la vida tal como es, sin fantasías, engaños, ni espejismos. Jesús nos llama a seguirle, identificando lo que es verdad y lo que realmente importa, y a movilizar a quienes están bajo nuestro cuidado para que actúen sobre esta base. Sin embargo, esto es mucho más difícil de lo que parece. En palabras del escritor James Baldwin, "La gente en general no puede soportar mucha realidad . . . Prefieren la fantasía a una recreación veraz de su experiencia . . . "[4]

A lo largo de su ministerio, vemos a Jesús demostrando el valor de enfrentarse a la realidad y movilizando a sus seguidores para que hagan lo mismo, por doloroso que sea. A Jesús también le preocupa que tengamos el valor de enfrentarnos a estas realidades en nuestros días y poder orientarnos en torno a ellas.

- *¿Qué realidades cree que necesita traer a aquellos a los que dirige?*
- *¿Qué resistencias prevé a la hora de llamar su atención sobre estas realidades?*
- *¿Qué ideas tiene sobre cómo ayudarles a enfrentar estas realidades y a que actúen para ver cambios?*

Un líder que trasciende—¡Más allá del contexto!

Cuando nos encontramos con Jesús en los Evangelios, descubrimos a una persona que no se ajustaba a ningún modelo predecible ni a ninguna receta sobre cómo liderar, ni estaba limitado por el tiempo, el lugar o la etnia. Era muy consciente de las prácticas religiosas y culturales imperantes en su época, pero nunca fue cautivo de ellas. A veces lideraba

---

3 Jonathan Merritt, "Palm Sunday and the Gift of Disillusionment," *Christianity Today*, April 12, 2019. https://www.christianitytoday.com/2019/04/jonathan-merritt-palm-sunday-gift-disillusionment/.

4 James Baldwin, "Mass Culture and the Creative Artist: Some Personal Notes," *Daedalus* 89, no. 2 (1960): 373. http://www.jstor.org/stable/20026579.

de acuerdo con las maneras como funcionaba la vida en la cultura de Palestina[5] bajo el Imperio Romano, teniendo en cuenta sus costumbres y normas. Pero, también era probable que Jesús liderara "en contra de los patrones locales de poder"[6], frase que usa el autor y comentarista social Andy Crouch; o inclusive que liderara más allá de esos patrones. Rara vez Jesús dejaba las cosas como las encontraba.

Como observa Crouch, "Su presencia impredecible, creativa y convincente . . . no solo cumplió las antiguas profecías acerca del Ungido, sino que, también desafió y redefinió todas las expectativas sobre cómo ejercería ese Ungido su poder".[7]

Sea cual sea nuestro trasfondo cultural, las palabras, la vida y el liderazgo de Jesús nunca dejan de tomarnos por sorpresa. Sea cual sea la región del mundo en la que vivimos, nuestro contexto y nuestra cultura ejercen a menudo una influencia irresistible sobre nuestra forma de liderar. Estos factores nos favorecen cuando mejoran nuestra comprensión bíblica, pero, también pueden neutralizar o sabotear nuestro deseo de liderar a los pies de Jesús. Sean cuales sean los enfoques de liderazgo característicos que prevalecen en nuestro contexto—incluida nuestra subcultura cristiana—podemos esperar que Jesús afirme aquellas prácticas que son dignas de ser emuladas y confronte a aquellas que no lo son. Una de nuestras oportunidades de aprendizaje más importantes como líderes es discernir cuál es cuál.

 Piense en las creencias y prácticas de liderazgo que son especialmente características de su contexto y cultura.
- *¿Cuáles son esas creencias y prácticas?*
- *¿En qué medida se ajusta su propio liderazgo a estas creencias y prácticas?*

El gran perturbador

En el proceso de redefinir la realidad, Jesús fue el gran perturbador, que nunca se disculpó por la perturbación. Simplemente, irrumpió para

---
5 Utilizando la analogía de la veta de la madera.
6 Andy Crouch, *Playing God* (InterVarsity Press, 2013), 24.
7 Crouch, 162.

intervenir en la vida de Israel y sacudir el control de la élite religiosa. En palabras de Leighton Ford, Jesús "se enfureció contra un sistema que impedía a la gente ver las cosas como realmente eran"[8]. Rompió el dominio que ejercía el mal sobre el mundo y cambió el curso de la historia, insertándose en la miseria de los ciegos y la desesperanza de los perdidos.

Jesús tenía una forma incómoda de transgredir las expectativas, desafiar las suposiciones y echar por tierra las creencias más preciadas. Reveló puntos ciegos y descubrió cosas que la gente prefería mantener ocultas. ¡Nunca pidió permiso. Simplemente lo hizo! Pregúntenselo a la mujer samaritana, ella fue a sacar agua del pozo y Él acabó descubriendo toda su vida.

Después de uno de sus muchos enfrentamientos con los fariseos en el templo, Jesús entabló un diálogo con los judíos que habían creído en Él. Empezó bastante bien, pero sus oyentes no podían soportar la disonancia entre la forma en que Jesús los describía, y la forma en que ellos se veían a sí mismos. No tardaron en coger piedras para matarle (Jn 8:12–59). A Jesús le preocupaba mucho más exponerlos a las exigentes realidades de su Reino, y a la dureza de sus propios corazones, que confiar en su admiración inicial y añadirlos a su lista de seguidores.

 Piense en su propia experiencia con Jesús, el gran perturbador.

- *¿Cómo le ha perturbado Jesús como líder?*
- *¿De qué ha tenido que arrepentirse y cambiar su enfoque en el liderazgo?*

El Rey que no contaba

Los reyes siempre están contando algo, ya sea su dinero o el tamaño de su ejército. Jesús era un Rey muy diferente, que no se preocupaba por lo grande, ni por lo mucho, ni por lo numeroso. Él proveía generosa y abundantemente, ya fuera reponiendo vino para un banquete de bodas (Jn 2:1–11), llenando las redes de peces (Lc 5:1–11; Jn 21:1–11), alimentando a multitudes hambrientas (Mt 14:13–21; 15:32–39) u ofreciendo la vida eterna (Jn 10:10).

---
8 Ford, *Transforming Leadership*, 113.

Pero nunca le vemos detenerse a contar el tamaño de las multitudes que le seguían. Su misión tenía poco que ver con el tamaño del público. Cuando las multitudes crecían, la cabeza de Jesús no lo hacía. En lugar de acomodarse a los deseos de las multitudes, Él desafió sus motivos (Jn 6:1–66). La cultura del Reino no tenía nada que ver con contar.

Jesús y sus colegas angelicales no hacían cuentas de la manera convencional. Para ellos, un pecador arrepentido tenía más peso que noventa y nueve personas justas que no necesitaban arrepentirse (Lc 15:7). Dos pequeñas monedas de cobre de la mano de una viuda pobre pesaban más que todas las bolsas de dinero ofrecidas por los ricos que venían al templo (Lc 21:1–4). Y un endemoniado trastornado valía más que dos mil cerdos, que representaban el sustento de la población local (Mc 5:1–17).[9]

Un día difícil, cuando los discípulos se dieron cuenta de que Jesús esperaba que estuvieran dispuestos a perdonar a otros varias veces al día, le rogaron que aumentara su fe. Jesús no aceptó. El tamaño no importaba; más grande no ayudaría. Todo lo contrario. "Fe tan pequeña como un grano de mostaza" era todo lo que necesitaban (Lc 17:5–6).[10] Jesús optó por la insignificancia de una pequeña semilla llena de poder, en lugar de cualquier cosa en mayor cantidad en la que pudieran confiar en lugar del Padre. Cuando se trataba de lo que realmente importaba, Jesús rara vez contaba o pesaba. ¿Cuántos? ¿De qué tamaño? ¿Cuánto cuestan? ¿Cuándo? ¿Cuánto tiempo? Y necesitan líderes sabios que evalúen las cosas: ¿Por qué existimos? ¿Qué valoramos? ¿Hacia dónde vamos?

 Toda iglesia u organización necesita buenos adminis-tradores para contar las cosas:

- *¿Cuánta energía y atención dedica a contar?*
- *¿Cuánta energía y atención dedica a evaluar?*
- *¿Qué áreas sería importante que usted y el equipo o la comunidad que dirige empezaran a evaluar?*

---

9 Tengo parientes criadores de cerdos, y una vez calculé que los cerdos de cada granja valían unos 100.000 dólares (en dólares estadounidenses de 2020).
10 Véanse también las exigencias aún mayores de Jesús en Mateo 18:21–22.

¿Cuánto pesa?

Jesús centró su atención en Doce hombres, uno de los cuales le traicionó y todos le abandonaron. En el momento de su muerte, solo sabemos de más de cien seguidores (Hch 1:15).[11] No parecen muchos después de tres años de intenso ministerio, pero tampoco parecía importarle a Jesús. Como observa Leighton Ford, Jesús prefería trabajar con una "abrumadora minoría", que usaba su compromiso e influencia—como sal, luz y levadura—para infiltrarse respetuosamente en este mundo en lugar de dominarlo. Despidió a muchas personas, pero, también atrajo a otras con las que *estaba construyendo un movimiento, no una lista de miembros.*

Cuando se construye un movimiento, no sirve de nada limitarse a contar los seguidores. Dallas Willard, el difunto profesor de filosofía y autor de *The Divine Conspiracy* (*La conspiración divina*), habló de esto en una entrevista sobre la formación espiritual: "En lugar de contar a los cristianos, tenemos que pesarlos. Los pesamos centrándonos en el tipo de crecimiento que más importa: amor, gozo, paz, paciencia, benignidad, bondad, fe, mansedumbre y templanza, fruto que va acorde con el Evangelio y el Reino".[12]

Cuando Jesús envió por primera vez a los Doce, les aconsejó que buscaran esta cualidad de peso: "En cualquier ciudad o aldea en la que entréis, buscad allí a alguna persona digna [alguien de peso][13] y quedaos en su casa hasta que os vayáis" (Mt 10:11). Kenneth Bailey comparte la siguiente visión de su experiencia en Oriente Medio:

---

11 Pablo también señaló que Jesús resucitado se apareció a "más de quinientos de los hermanos" (1 Co 15:6). Esta es la única mención de tal grupo, y la atención de Pablo se centraba en demostrar la credibilidad de la resurrección, no en contar a los discípulos de Jesús.
12 "The Apprentices" Leadership Journal interview with Dallas Willard, *Leadership Journal*, Summer 2005. http://old.dwillard.org/articles/artview.asp?artID=112.
13 Griego αξιοσ [*axios*].

En árabe, el título rajul thaqil (un hombre de peso) describe a una persona sabia, honorable, digna de confianza, noble y que ofrece buenos consejos . . . Sus pensamientos son profundos y equilibrados . . . Por el contrario, la expresión *rajul kafeef* (un hombre ligero) se refiere a una persona atolondrada, superficial y con opiniones de poco o ningún valor. Es irresponsable y no se le puede tomar en serio.[14]

¿Cuánto pesa nuestra comunidad?

Es relativamente sencillo sumar cuántos empleados hay en nómina (planilla) o cuántas personas asisten a los servicios un domingo por la mañana. Pero descubrir de qué manera una comunidad de creyentes se parece cada vez más a Jesús, o hasta qué punto las personas que sirven en una organización están desarrollando sus habilidades y modelando los valores del grupo, es un reto bastante diferente.

El pastor Craig Barnes se preguntaba cómo iba a ayudar a dos seminaristas en prácticas de su iglesia a desarrollar lo único que les faltaba: *gravitas*. Mientras que el diccionario define *gravitas* como "sustancia, peso, un sentido de porte, presencia, seriedad",[15] Barnes describe *gravitas* como:

> . . . una condición del alma que ha desarrollado suficiente masa espiritual para atraer a otras almas. No tiene nada que ver con la edad, pero tiene todo que ver con cicatrices que han sanado bien, fracasos que han sido redimidos, pecados que han sido perdonados, y espinas que se han asentado en la carne. Todo ello expande el alma hasta que es . . . lo suficientemente grande como para contener la verdad de la Palabra de Dios. Y, como la gravedad, atrae a otros, no a la [persona] sino a la obra santa que ha ocurrido dentro del alma [de la persona] . . . Un alma de peso tiene que ser desarrollada de una manera difícil."

---

14 Kenneth Bailey, *Jesus Through Middle Eastern Eyes: Cultural Studies in the Gospels* (SPCK, 2008), 258.
15 www.thefreedictionary.com.

La Iglesia primitiva encontró gravitas a través de la persecución. Los padres y monjes del desierto la encontraron abandonando la comodidad y entrando en una vocación de oración. La mayoría de los reformadores la encontraron en la cárcel.[16]

La presencia personal que acompaña la *gravitas* no se desarrolla en un programa acelerado de aumento de peso. Se construye lentamente, capa tras capa, día a día, semana a semana, año a año. Un amigo que trabaja en la industria inmobiliaria nos habló una vez a mi esposa y a mí de un propietario que pintó el interior de su casa con siete capas de pintura para crear una sensación de profundidad y riqueza y prepararla para la venta. Los artistas crean dibujos de aspecto profesional de forma similar, aplicando capa tras capa de color. Se parece mucho a una perla que se desarrolla dentro de una ostra.

Las exigencias cotidianas del liderazgo nos brindan abundantes oportunidades para desarrollar la seriedad, a medida que afrontamos los riesgos, retos, oportunidades e incertidumbres de trabajar en un contexto global volátil con seres humanos únicos e impredecibles. He visto cómo se desarrolla este proceso en las vidas de muchas mujeres y hombres jóvenes de todas partes del mundo. Hace más de una década, conocí a un voluntario encargado de transportar a los participantes en una conferencia mundial en el Sur de Asia. En aquel momento trabajaba en una oficina nacional de una misión internacional. Cuando estallaron las tensiones en el seno de la organización nacional, él se resistió una y otra vez a los intentos de tomar partido y hablar mal de los demás. Mantuvo su integridad a través de una dolorosa división en la organización, y ahora sirve con el mismo espíritu de gracia como director nacional de un ministerio global.

A veces la historia resulta diferente. Un joven estadounidense fue llamado a dirigir un importante ministerio en el Este de Europa, poco después de la caída del comunismo y del muro de Berlín a principios de los años noventa. Según todas las apariencias, estaba haciendo un gran

---

16 M. Craig Barnes, "The Law of Gravitas," *Christianity Today*, September 2005, https://www.christianitytoday.com/pastors/2005/september-online-only/cln50912.html (accessed October 12 2005). Wade Clark Roof, a sociologist of religion, observed that "the 'weightlessness' of contemporary belief in God is a reality . . . for religious liberals and many evangelicals." http://www.christianitytoday.com/ct/2009/october/13.23.html?start=6 (accessed February 12, 2010).

trabajo. Pero, de repente, dimitió, regresó a Estados Unidos y asumió el pastorado de una pequeña iglesia en su país. ¿Qué le ocurrió? Según sus propias palabras: "Mi ministerio superó mi carácter".[17] Le faltaba la fuerza interior para hacer frente a las exigencias de su función.

 Dios está comprometido con un proceso de por vida para desarrollar el carácter en sus líderes, una capa a la vez, moviéndonos lenta pero deliberadamente hacia la madurez. El proceso no se puede acelerar.

- *¿Cuándo ha experimentado que su ministerio superó su carácter como líder?*
- *¿Cómo lo manejó?*
- *¿De qué manera ha visto a Dios construyendo gravitas en su alma?*

La premisa de que no se trata de cuánto sabe o qué tan alto ha llegado, sino de cuánto pesa; ofrece la oportunidad de plantearse una serie de preguntas importantes como líder:

- *¿Cuánto pesa hoy?*
- *¿Qué experiencias difíciles le han permitido ganar peso?*
- *¿De qué manera ha dependido de su posición, su estatus o su reputación para construir su sentido de "peso" y valor personal?*

El apóstol Pablo ofrece una perspectiva eterna sobre el tema del peso: "Porque estos sufrimientos insignificantes y momentáneos producen en nosotros una gloria cada vez más excelsa y eterna. Por eso, no nos fijamos en las cosas que se ven, sino en las que no se ven; porque las cosas que se ven son temporales, pero las que no se ven son eternas." (2 Co 4:17–18).

En las sabias palabras de Dietrich Bonhoeffer, "Debemos formar una opinión de los hombres, menos enfocada en sus logros y fracasos, y más en sus sufrimientos".[18]

---

17 Ford, *Transforming Leadership*, 130.
18 Dietrich Bonhoeffer, *Letters and Papers from Prison* (Macmillan, 1959), 24.

Una persona, tres perspectivas

Estas tres perspectivas complementarias de Jesús, como Hijo sujeto a su Padre, Pastor anhelado y Rey inesperado, nos ayudarán a apreciar e interpretar lo que vemos y oímos en los relatos de los Evangelios cuando exploremos las siguientes preguntas en los próximos capítulos:

- ¿Qué tipo de comunidad y cultura creó Jesús, el Hijo-Pastor-Rey, a su alrededor?
- ¿Cómo ejercía su poder y autoridad este Hijo-Pastor-Rey?
- ¿Y qué enfoque adoptó el Hijo-Pastor-Rey para convertir en líderes a quienes estaban bajo su influencia?

Parte II

Jesús Creó una Comunidad y una Cultura Moldeadas por el Reino

Jesús reunió a un pequeño grupo de seguidores y les invitó a estar con Él, no solo para un seminario de tres horas o un retiro de tres días, sino para una inmersión intensa de tres años en Su Presencia. Se centró en su potencial futuro más que en sus defectos presentes. Nunca rebajó su nivel de exigencia, a sabiendas de la frecuencia con que le fallarían. Les contaba historias que no podían entender y les desafiaba con tareas para las que no estaban preparados. Les enseñó todo, desde cómo enfrentarse a la adversidad y a la oposición, hasta cómo disfrutar de sabrosas comidas con compañía desagradable. Al final, les confió el futuro de Su Iglesia.

¿Qué tipo de ambiente creó Jesús en torno a sus discípulos? Como su Rabino, no se limitó a enseñarles, ni los trató como siervos. Creó amistad y comunidad con ellos. Como su Pastor, conocía a cada oveja y les permitía que le conocieran. Esta fue la base sobre la que Jesús construyó su enfoque poco ortodoxo del liderazgo y del desarrollo de sus seguidores para que se convirtieran en líderes.

Capítulo 4
¿Cómo era el Clima Alrededor de Jesús?

Todos hablan del clima, pero nadie parece hacer nada al respecto.
—Charles Dudley Warner, editor de periódico[1]

Cada líder crea un patrón climático distintivo a su alrededor: soleado o tormentoso, caluroso y húmedo, amargamente frío, lluvioso o seco. Puede generar huracanes de un momento a otro o controlar los volcanes. El clima que crea afecta profundamente el bienestar de los que están dentro de su esfera de influencia: ¿florecen o se debilitan en su presencia? Si es constante, su equipo puede predecir el clima a su alrededor, aunque sean constantes ráfagas de aire ártico. Si no es constante, no tienen forma de adivinar si habrá un arcoíris, o truenos y relámpagos en un día lluvioso.

Piense en alguien que haya impulsado su desarrollo como líder. Puede ser un supervisor, un profesor, un compañero de trabajo, un colega o cualquier otra persona en su vida.
- *¿Cómo se siente cuando está cerca de esa persona?*
- *¿Qué palabras utilizaría para describir la atmósfera o el clima que esa persona crea a su alrededor?*

Piense ahora en alguien que no haya fomentado su desarrollo como líder. De nuevo, podría ser un supervisor, un profesor, un compañero de trabajo, un colega o cualquier otra persona en su vida.
- *¿Cómo se siente cuando está cerca de esa persona?*
- *¿Qué palabras utilizaría para describir la atmósfera o el clima que esa persona crea a su alrededor?*

---

1 Charles Dudley Warner, "About the Weather," (Acerca del Clima) *Hartford Courant*, Hartford, Connecticut, Julio 20, 1912, página 8. De *Quote Investigator (Investigador de Citas)*, https://quoteinvestigator.com/2010/04/23/everybody-talks-about-the-weather/.

¿Por qué debería importarnos el clima?

Como líderes, no nos atrevemos a ignorar el clima que creamos a nuestro alrededor, porque demuestra la Presencia de Dios en nuestras vidas, y cómo repercute en el bienestar y la productividad de quienes están bajo nuestra influencia.

A Jesús no le interesaba simplemente tener seguidores. El clima interpersonal que creó para sus discípulos era una parte integral de su formación y transformación. Estaba diseñado para que florecieran como seguidores y se desarrollaran como líderes. Por lo tanto, no era algo opcional. Más bien, este clima proporcionaba a Jesús oportunidades continuas para reforzar los valores y comportamientos que quería que sus seguidores interiorizaran: humildad, perdón, generosidad y gracia, junto con normas inflexibles de carácter y pureza. No es de extrañar que Jesús protegiera tan estrechamente este entorno contra la invasión de la mezquindad, el orgullo, el cinismo o la hipocresía por parte de sus seguidores[2].

 Imagine por un momento qué habrían descrito los discípulos de su experiencia con Jesús.

- *¿Qué tipo de ambiente propició?*
- *¿Qué efecto tenía la Presencia de Jesús cuando estaba cerca de sus discípulos?*

¿Qué me dice de otras personas, tanto seguidores como enemigos, que se encontraron con Jesús?

- *¿Cómo habrían descrito lo que era estar cerca de Él?*

¿Qué *hizo* y *dijo* Jesús para crear el ambiente que le rodeaba? ¿Qué actitudes y comportamientos caracterizaban sus interacciones con sus seguidores? ¿Cómo influyeron estas actitudes y comportamientos en su bienestar y en su desarrollo como futuros líderes de Su Reino? Para responder a estas preguntas, abordaremos tres prácticas poco características de liderazgo que Jesús modeló: proximidad, accesibilidad y vulnerabilidad.

---

2 Véase por ejemplo Mateo 18:1–4; 19:13–15; Juan 12:1–8.

Capítulo 5
Proximidad con Propósito

Puedes construir un trono con bayonetas, pero no puedes estar sentado por mucho tiempo.
—Boris Yeltsin, presidente ruso, 1991-1999 [1]

Una vez iniciado su ministerio público, Jesús ofreció a sus discípulos una dosis concentrada y convincente de su acompañamiento durante tres años. Emmanuel había llegado (Mt 1:23). El Reino de Dios se había acercado porque Jesús se había acercado (Mt 4:17). La encarnación no solo hizo posible la reconciliación entre Dios y su creación, sino que permitió al Padre darse a conocer, tangible y personalmente, a su creación.[2]

La conexión Rabino-Discípulo proporcionó a Jesús una plataforma relacional para impartir la verdad y compartir su vida con su pequeño grupo de seguidores y líderes en formación. También, ofreció a sus discípulos un lugar para que pudieran entender a menudo a su desconcertante maestro. Según Reinhard Neudecker, estudioso de la literatura rabínica:

> . . . el discípulo vivía muy cerca de su maestro para aprender cómo éste vivía su vida cotidiana. Aprendía de forma muy práctica, cómo el maestro traducía la Ley religiosa a la práctica diaria . . . Al permanecer en estrecho contacto con el maestro, el discípulo podía observar su forma de pensar, actuar y vivir. El maestro podía enseñar con su ejemplo personal . . . Diferentes autoridades rabínicas consideraban que esta estrecha relación en la vida cotidiana era más importante que las enseñanzas formales.[3]

---
1 Donald Murray, *A Democracy of Despots* (La democracia de los déspotas) (McGill Queens Univ Press, 1995), 8.
2 Ver Jürgen Moltmann, *The Trinity and the Kingdom of God* (La Trinidad y el Reino de Dios)(SCM Press, 1981), 114–16. La encarnación tiene que "ir más allá de la medida de la necesidad humana" y debe ser vista como la auto-comunicación de Dios con su creación.
3 Reinhard Neudecker, "Master-Disciple/Disciple-Master Relationship in Rabbinic Judaism and in the Gospels" (Relación Maestro-Discipulo/Discipulo-Maestro en Judaísmo Rabínico y en los Evangelios) *Gregorianum* 80, no. 2 (1999): 245–61. http://www.jstor.org/stable/23580264.

Neudecker continúa diciendo que la "proximidad e intimidad" de esta relación permite al rabino "comprender la naturaleza, el carácter y el potencial de cada uno de sus discípulos", al punto de "darles nombres que . . . les caracterizan".[4] Un conocido rabino describió a uno de sus discípulos como una "cisterna cementada que no pierde ni una gota de agua", y de otro dijo: "Dichosa la que lo parió"[5]. Los discípulos a veces daban nombres igualmente descriptivos a sus rabinos, como "un almacén totalmente lleno" o "un montón de piedras preciosas."[6] Uno se pregunta cómo habrían descrito sus discípulos a Jesús.

Él fue su Maestro, su modelo y su autoridad.[7] La autoridad de su enseñanza fluyó de la autoridad de su vida, una autoridad confiada a Él por su Padre. Neudecker señala que "Dios [por ejemplo, Dios el Padre aquí] es el tercer socio en la relación Maestro-Discípulo, un elemento crucial, que se pasa por alto fácilmente. "Donde diez personas se sientan juntas a estudiar la Torá, Dios habita en medio de ellas. Lo mismo ocurre si son cinco, tres o incluso dos"[8]. ¿Echó mano Jesús en este entendimiento en su promesa de que donde dos o tres se reunieran en su nombre, Él estaría allí con ellos? (Lc 4:32).

Jesús no estaba apurado con sus discípulos, fue más bien intencional. Él los atrajo a la comunión con Él y unos con otros, dándoles una identidad como miembros de una familia y compartiendo los secretos del Reino que no le reveló a nadie más.

- *¿Qué propósitos se imagina que tuvo Jesús como líder para crear desde el principio esta comunidad tan unida en torno a Él?*
- *¿Qué relevancia tienen estos propósitos para su propio liderazgo?*
- *¿Qué implicaciones prácticas puede ver en su propia forma de relacionarse con los que dirige?*

---

4 Neudecker, 256
5 Neudecker, 256
6 Neudecker, 256
7 Pablo en Hechos 22:3, se refiere a su propia educación estricta a los pies del Maestro Gamaliel antes de encontrarse con Jesús.
8 Neudecker, "Master-Disciple/Disciple-Master Relationship," 256.

Para algunos de nosotros, el ejemplo de Jesús de proximidad intencional nos inspira a relacionarnos más estrechamente con aquellos a los que lideramos. Pero para otros de nosotros, si somos honestos, provoca miedo sobre lo que aquellos a quienes estamos liderando podrían ver si dejamos que se acerquen a nosotros.

- *¿Qué prácticas está cultivando como líder para conocer a los demás y ser conocido por ellos?*
- *¿Qué barreras existen—en su propia vida, cultura u organización—que son un obstáculo para dejar que aquellos a quienes lidera se acerquen a usted?*
- *¿Cómo cambiaría su liderazgo si imitara más la proximidad intencional de Jesús?*

Accesibilidad inimaginable

Jesús no solo demostró una proximidad intencional con sus discípulos-amigos, acogiéndolos en Su Presencia. Convirtió las aparentes distracciones e interrupciones en oportunidades para expresar la gracia y la verdad al acoger en su presencia a personas común y corrientes, a menudo, necesitadas.

¿Cuántos líderes se habrían detenido a cenar con un recaudador de impuestos que encontraron arriba de un árbol? ¿O habrían interrumpido una misión urgente por una mujer desesperada que quería acercarse lo suficiente para tocarle? El incidente de esta mujer valiente con flujo de sangre (Lc 8:43–48) bien podría subtitularse "Otra historia de los discípulos irrespetuosos". Cuando Jesús preguntó: "¿Quién ha tocado el borde de mi manto?", los discípulos le reprocharon inmediatamente por hacer una pregunta tan tonta, sabiendo que había tanta gente agolpada a su alrededor. Jesús no se dejó vencer por sus críticas, sino que continuó mirando entre la multitud hasta que la mujer se acercó.

¿Qué acababa de ocurrir? Un grupo colectivo de discípulos había corregido públicamente a su Rabino. El Talmud, en agudo contraste, prescribía el honor que un estudiante debía mostrar a su rabino: "No debe sentarse en el lugar donde el rabino acostumbraba a sentarse, hablar en su lugar o contradecir sus palabras".[9] Al parecer, Jesús no

---

9 Kenneth Bailey, *Jesus Through Middle Eastern Eyes: Cultural Studies in the Gospels*, 93, quoting the Babylonian Talmud, Derek Eres Zuta 58b (3).

exigió a sus discípulos que siguieran esas reglas. No los despidió por insubordinación ni les prohibió futuros encuentros con multitudes. Sus discípulos se sentían suficientemente libres—y seguros—para cuestionar su juicio en público. Él se sentía igual de libre para ignorar sus consejos, bien intencionados pero equivocados, y seguir adelante con su plan. Sin decirles una palabra, Jesús les dio la oportunidad de reconocer lo poco que entendían de la situación, ¡si es que estaban prestando atención!

Es difícil ser un líder accesible, por la razón obvia de que la gente se siente libre de acercarse. Nunca se sabe lo que pueden aportar: consejos, enfados, secretos dolorosos, quejas insignificantes... Y no siempre se quedan para escuchar su respuesta. Es mucho más fácil aislarse, mantener la distancia y dejar claro que su trabajo como líder consiste en dar instrucciones, y que el trabajo, aquellos a quienes lidera, consiste en seguirlas, no en dar su opinión. A lo largo de los años, me ha animado mucho ver cómo Jesús se ponía a disposición de los que le rodeaban.

Todos conocemos a líderes en los ámbitos político, empresarial y religioso cuya sola presencia, por el contrario, genera miedo, y hay personas a quienes les gusta que sea así. Algunos de nosotros hemos trabajado con líderes así. Algunos de nosotros podemos ser líderes así. Tras el fallecimiento del Director General de una empresa multimillonaria de rápido crecimiento, los empleados describieron cómo era trabajar bajo sus órdenes: si alguien se atrevía a cuestionarlo a él o la sensatez de una decisión concreta que había tomado, se enfurecía y les insultaba, les prohibía asistir a las reuniones o les despojaba de sus responsabilidades. Muchos perdieron su trabajo y sensación de bienestar y valor bajo su liderazgo.

Hace unos años asistí a una reunión de un líder misionero con su Junta Directiva. Se marchaba para asumir un nuevo cargo de liderazgo en otra parte del mundo. Pidió a los miembros de la Junta que le dieran su opinión para mejorar su liderazgo. Yo sabía que todos los miembros de la Junta eran elocuentes, experimentados y perspicaces. Pero no dijeron ni una palabra. El silencio fue doloroso. Al final, la pregunta se ignoró y la reunión continuó.

¿Qué estaba pasando? Este líder era extremadamente competente. Desempeñaba sus responsabilidades con gran disciplina y perseverancia. Su ética de trabajo era impecable. Sus decisiones se tomaban con sumo cuidado y se comunicaban de forma directa y firme. Su carácter era sólido como una roca. Pero había pasado una década creando un entorno en el que rara vez la opinión de otros era bienvenida. Incluso colegas igualmente competentes se sentían intimidados por él. Un momento de apertura, cuando este líder realmente deseaba recibir opiniones sinceras, no era suficiente para deshacer años de temor por parte de aquellos a quienes dirigía.

Cuanto más alto sea nuestro cargo, menos probable es que la gente nos dé su opinión sincera y completa. Por lo tanto, si queremos oír cosas que normalmente no oiríamos de personas a las que de otro modo no escucharíamos, debemos optar por ser accesibles y crear diversas vías para que la gente pueda dar su opinión sin temor a represalias. Al final, tiene mucho menos que ver con los *sistemas* que establecemos para obtener información que con el *ambiente* que creamos a nuestro alrededor.

- *¿Hasta qué punto se siente seguro de que la gente se acerque a usted?*
- *¿Cómo reacciona normalmente ante la retroalimentación que no ha pedido?*
- *¿Qué hace para que la gente confíe en que se tomará en serio sus preocupaciones?*

Vulnerabilidad escandalosa

La encarnación de Jesús nos dice algo sobre Dios. Nos revela su disponibilidad de hacerse vulnerable, capaz de ser herido o lastimado. El escritor C. S. Lewis nos ofrece una sencilla razón para ello: "Amar es hacernos vulnerables".[10] ¡Un Dios que es amor no puede evitar ser vulnerable!

Jesús fue un modelo maravilloso para nosotros. Su encarnación le exigió renunciar a su capacidad de protegerse a sí mismo. No se presentó con un chaleco antibalas, más bien vino a ser herido por nuestras transgresiones (Is 53:5). Decidió no controlar lo que hacían los que le rodeaban. No tuvo miedo de lo que pudieran hacerle o descubrir sobre Él. Su vulnerabilidad fue lo que hizo posible su amistad con los discípulos.

---
10 C. S. Lewis, *The Four Loves* (Harcourt, Brace & World), 169.

La cercanía de Jesús a sus discípulos siempre estuvo ligada a su vulnerabilidad. Cuando se retiró a Getsemaní para prepararse para enfrentar la traición y la crucifixión (Mc 14:32–42), se llevó consigo a sus discípulos.

Luego invitó a Pedro, Santiago y Juan a ir más lejos, y comenzó a estar profundamente angustiado y turbado. Su alma estaba sobrecogida de dolor hasta la muerte. Y les pidió que se quedaran y velaran. Jesús no protegió a sus discípulos de verle bajo una tensión emocional tan aplastante. Por el contrario, compartió su angustia y debilidad con ellos y les pidió su oración y apoyo. Su fortaleza, como estaban a punto de descubrir, superaba con creces cualquier muestra superficial de fanfarronería. Los discípulos podían dar fe de que era un hombre auténtico.

Pare un momento e intente imaginar los Evangelios sin Getsemaní. Qué pobre sería nuestra comprensión de Jesús. Getsemaní, más que ningún otro incidente de la vida de Jesús, reveló la realidad de su encarnación y la vulnerabilidad de su humanidad. Las lágrimas de Jesús en el huerto nos dieron la prueba de que "no tenemos un sumo sacerdote incapaz de compadecerse de nuestras debilidades" (Hb 4:15); el autor de Hebreos anima inmediatamente a sus lectores a actuar consecuentemente: "Acerquémonos, pues, con confianza al trono de la gracia de Dios . . . " (Hb 4:16).

Sin embargo, muchos de nosotros huimos de la vulnerabilidad, pues lo vemos como un signo de debilidad. Como líderes, hacemos todo lo posible por evitarla y optamos, en cambio, por intentar controlar a los demás y protegernos a nosotros mismos. La gente no debe descubrir la verdad sobre nuestro mundo interior, sobre nuestras vidas secretas, sobre nuestra inmadurez e incapacidad. Si esta es nuestra perspectiva, el autor y consejero cristiano Larry Crabb describe con agudeza nuestro dilema: "¡Renunciar a la autoprotección a través de la vulnerabilidad se siente como un suicidio!".[11]

Esa autoprotección y esos intentos de controlar a los demás nos condenan a vivir en un mundo cerrado a las oportunidades de aprendizaje y crecimiento. Como señaló un colega keniano en una conversación personal: "Cuando fingimos ser alguien que no somos, ponemos toda nuestra atención en encubrir lo que somos. Cuando somos vulnerables, nos liberamos para dedicar nuestra energía a aprender y crecer".

---

11 Larry Crabb, *Inside Out* (*De dentro hacia afuera*) (NavPress, 1988), 129.

Hace varios años, dos líderes africanos en sus cuarenta me hicieron la misma pregunta: "¿Cómo sigues haciendo lo que haces como líder sin desanimarte ni rendirte? Hay tantos conflictos y problemas con los que lidiar". Ambos dijeron o insinuaron: "Por favor, no te limites a decir 'cosas de cristianos'. Dinos, cómo lo haces realmente, porque estamos luchando ahora mismo". No estaban hambrientos de principios de liderazgo, sino de pruebas vivas de que Dios tenía el poder de sostenerlos como líderes.

Lo que preguntaban a un nivel más profundo era lo siguiente: "¿Eres tan real como pareces? ¿Y puedo yo también ser real como líder?". Mi respuesta tenía más que ver con Dios que conmigo. Lo que intenté comunicarles a ambos es que, en primer lugar, he experimentado la realidad de la Presencia de Dios, su Bondad y su Fiabilidad a lo largo de muchos años. Y en segundo lugar, *lo que Dios nos da merece nuestra gratitud y lo que Él demanda de nuestra parte merece nuestra obediencia*, aun si las consecuencias no siempre lo confirman en el momento. Reconozco lo importante que ha sido para mí aceptar mis debilidades, como una de las herramientas inesperadas que Dios me ha dado como líder y animador de otros líderes. Las personas pueden estar encantadas con mis fortalezas y beneficiarse de ellas, pero son mis debilidades las que crean espacios seguros para tener conexiones reales y profundas con los demás.

 En los Evangelios, Jesús reveló al Padre y a sí mismo.

- *¿Qué situaciones puede identificar en las que Jesús se protegió de ser herido por la gente que le rodeaba?*
- *¿En qué situaciones Jesús se hizo vulnerable y reveló el carácter del Padre en el proceso?*
- *¿Qué le atrae o le repele de revelar su propia vulnerabilidad como líder?*

Echando fuera el temor

En 2012, Google lanzó el "Proyecto Aristóteles", que tenía como finalidad averiguar las razones que hacen que algunos equipos funcionen bien e investigar por qué otros equipos que parecen prometedores al principio, nunca llegan a consolidarse.[12] También, estaban interesados en averiguar qué factores ayudan a un grupo a desarrollar su "inteligencia colectiva", que resulta ser bastante diferente a simplemente encontrar a las personas más inteligentes y juntarlas en un equipo.

Lo que descubrieron los investigadores de Google luego de analizar miles de millones de datos es que la seguridad psicológica, más que ningún otro factor, es el elemento determinante de la eficacia y el rendimiento de un equipo. La seguridad psicológica es una "creencia compartida de que el equipo es seguro para asumir riesgos interpersonales . . . [y] no avergonzará, rechazará o castigará a nadie por hablar . . . Describe un clima de equipo caracterizado por la confianza interpersonal y el respeto mutuo, en el que las personas se sienten cómodas siendo ellas mismas".[13]

Qué lástima que alguien del equipo de investigación de Google no estuviera más familiarizado con Jesús y el clima que creó con

---

12 Sally Helgesen, "Mejores libros de negocios 2019: Talento y liderazgo", *Strategy + Business* (5 de noviembre de 2019, edición de invierno 2019, p. 97), reseñando el libro de Amy C. Edmondson *La organización sin miedo: cómo crear seguridad psicológica en el lugar de trabajo para fomentar el aprendizaje, la innovación y el crecimiento* (Wiley, 2019). https://www.strategy-business.com/article/Best-Business-Books-2019-Talent-and-leadership?gko=0a7e6&utm_source=itw&utm_medium=itw20191106&utm_campaign=resp.

"La falta de seguridad psicológica hizo inevitables algunos de los fracasos más notorios de la década en organizaciones que, por lo demás, estaban magníficamente posicionadas para aprender, innovar y crecer. Ya se tratara de un fabricante de automóviles intentando eludir restricciones sobre emisiones o de una empresa de servicios financieros que traicionaba la confianza de sus clientes, los empleados entendían claramente que su organización estaba tergiversando su capacidad para alcanzar metas "estratégicas" bien definidas o incluso para cumplir con sus promesas más básicas. Sin embargo, esos mismos empleados no se atrevieron a expresar lo que veían, sabían o intuían, porque sus líderes valoraban la obediencia y usaban el miedo para suprimir la información incómoda. [. . .] La creación de culturas sin miedo también depende de líderes que comiencen a tratar la estrategia como una hipótesis en lugar de un plan. Las hipótesis implican prácticamente la necesidad de probar continuamente una idea: obtener retroalimentación y recalibrar a medida que se descubre cómo funciona una teoría, proceso, idea o producto en el mundo real y en la primera línea. Este enfoque contribuiría en gran medida a crear seguridad psicológica, porque plantear inquietudes sobre posibles problemas ya no se interpretaría como oposición, resistencia o bajo rendimiento, sino que sería recibido como información esencial."

13 Amy Edmondson, "Psychological Safety and Learning Behavior in Work Teams (Seguridad psicológica y comportamiento de aprendizaje en equipos de trabajo)," *Administrative Science Quarterly* 44, no. 2 (1999): 350–83. http://www.scrummaster.dk/lib/AgileLeanLibrary/People/AmyEdmundson/Edmondson%20Psychological%20safety.pdf.

sus discípulos-amigos. Podrían haberse ahorrado años de estudio y millones de dólares. Jesús construyó la confianza, expulsando el miedo[14] y asumiendo riesgos con los' Doce discípulos, creando espacios para que aprendieran, tomaran la iniciativa y dijeran lo que pensaban, por muy equivocados que estuvieran a veces. Jesús nunca utilizó la humillación para motivarlos, ni el fracaso descalificó a nadie. Para Jesús, el fracaso nunca era el enemigo, porque ofrecía grandes oportunidades de aprendizaje, como vemos en su trato con Tomás y Pedro. ¡Esta es la materia prima con la que se forma el liderazgo!

Jesús estaba preparando a sus discípulos para liderar un movimiento que exigiría toda la fe, valentía y compromiso que pudieran dar, y más. No podía construir estas cualidades exigiendo su obediencia incondicional o utilizando el miedo para evitar que expresaran sus preocupaciones. Si sus seguidores tenían miedo de cometer errores, asumir riesgos o alzar la voz, especialmente en presencia de su majestad y autoridad, no habrían sido capaces de sobrevivir luego de su partida, ni hubiesen podido convertirse en los líderes que Jesús necesitaba para Su Reino. Jesús dirigió las mismas palabras que en su momento le dijo a un asombrado Pedro tras una pesca milagrosa, a otro de sus discípulos, Juan, quien "cayó a sus pies como muerto" después de ver Su Gloria en una visión: "No temas" (Lc 5:8; Ap 1:17).

---

14 Dr. W. Edwards Deming, a global management consultant known as the father of Total Quality Management, identified the need to "drive out fear" as a critical element in transforming the workplace. W. Edwards Deming, *Out of The Crisis* (MIT Press, 1982), 23–24.

👁 La seguridad psicológica es producto de nuestra cultura organizacional más amplia, así como de nuestro enfoque personal del liderazgo. En una revisión en profundidad de una respetada organización no gubernamental internacional comprometida con la protección de los derechos humanos, la mitad del personal "no se sentía capaz de hacer preguntas que cuestionan el statu quo . . . ".[15] *A menos que las recompensas por hablar sean mayores que las sanciones por no hacerlo, la gente simplemente se quedará callada.*

- *¿Hasta qué punto es seguro el "clima" en su organización para asumir riesgos y fracasar?*
- *¿Qué está haciendo como líder para ahuyentar el miedo y fomentar la confianza y el respeto interpersonales entre los miembros de su equipo?*

¿Qué sucede en la iglesia u organización que usted dirige cuando alguien tiene una pregunta sobre una decisión o estrategia, o cuando alguien se da cuenta de algo que viola los valores o prácticas acordados con usted?

- *¿Qué mecanismos formales e informales existen para animar a la gente a hablar?*
- *¿Qué recompensas o castigos (manifiestos o sutiles) pueden recibir las personas por sacar a la luz estos problemas?*

Una reflexión final

Como ya se ha señalado, Jesús no tenía ningún interés en limitar su ministerio a captar seguidores. Se dedicaba con pasión a crear un entorno vivificante para ellos, para que confiaran en Él como Pastor y se comprometieran con Él como seguidores leales, y para guiar su desarrollo como líderes del Reino. Era un lugar seguro y exigente a la vez para aprender y crecer, para hacer preguntas sabias y tontas, declaraciones igualmente sabias y tontas, y para probar nuevos

---

15 "Amnesty International Staff Well-Being Review," (Revisión del Bienestar de los empleados de Amnistía Internacional) El Grupo Konterra Enero 2019, https://www.amnesty.org/download/Documents/ORG6097632019ENGLISH.PDF.

comportamientos y asumir nuevos retos. Jesús llenó este entorno con Su Presencia, su accesibilidad y su vulnerabilidad, y constantemente ¡echó fuera el miedo! Él protegió firmemente este entorno/ambiente contra la invasión de cualquier persona o cosa que pudiera disminuir la calidad de la experiencia de sus discípulos con Él.

Como líderes de hoy, estamos igualmente llamados a crear y mantener un entorno/ambiente interpersonal vivo y similar dentro de nuestra esfera de influencia. Debemos protegerlo tenazmente tanto de las cucarachas como de los lobos, que mordisquean en secreto o devoran audazmente los valores y comportamientos del Reino que tratamos de modelar e inculcar en aquellos a quienes servimos. Si no hace nada más como líder, su prioridad es ofrecer a quienes le rodean el mejor ambiente posible para su crecimiento y desarrollo. Es igualmente importante, crear un entorno/ambiente en el que los demás le digan la verdad sobre usted mismo; cuando lo hagan, comprométase de antemano a escuchar sus palabras difíciles y tomar en serio todo aquello que contenga un grano de Verdad.

Parte III

Poder y Autoridad en las Manos de Jesús

La autoridad que una persona ejerce es determinada por la autoridad a la cual se somete.
— Keith Phillips, *The Making of a Disciple*
(*La formación de un discípulo*)[1]

En esta sección, exploramos lo que muchos consideran la esencia del liderazgo, es decir, cómo los líderes adquieren y ejercen el poder y la autoridad. Anteriormente, exploramos la pregunta: *¿de dónde obtuvo Jesús su poder y autoridad?* Investigaremos las formas inesperadas

---

1 Keith Phillips, *The Making of a Disciple* (*La formación de un discípulo*) (Kingsway, 1982), 52.

y a menudo sorprendentes en que Jesús ejerció su poder y autoridad. En lugar de exigir la obediencia que legítimamente merecía o de dominar a los demás, ejerció la prudencia en el trato con los hombres y mujeres que encontró, invitando pero no exigiendo su cumplimiento. Protegía a los indefensos, que nunca habían experimentado una atención tan compasiva por parte de quienes ostentaban la autoridad, e irritaba a los poderosos, que no estaban acostumbrados a recibir tan malos tratos. Redefinió la grandeza de un modo que incomodó a todos.

La palabra que más se asocia hoy día al liderazgo (por lo menos en el idioma inglés) es "poder".[2] Todos tenemos un sentido innato de lo que es el poder y la forma en que afecta tanto el mundo material, como social que nos rodea; pero el poder en sí mismo no tiene una realidad material.[3] Y para muchos, la frase que viene inmediatamente a la mente cuando pensamos en el poder es "abuso de poder", debido a lo común que es que individuos o grupos poderosos acaparen su poder y lo usen para dominar, herir o aprovecharse de otros, dentro y fuera de la Iglesia.

En el Nuevo Testamento, la palabra más común para poder es *dunamis*.[4] En muchos contextos se refiere a milagros, poderes milagrosos o hechos portentosos. Con raras excepciones, describe una habilidad, capacidad o fuerza que a menudo es inherente a alguien; como en la historia que contó Jesús de un amo que dio a cada uno de sus siervos según su capacidad (Mt 25:15).

---

2 https://relatedwords.org/relatedto/leadership.
3 Ver Samantha Punch, Stephen Bell, Lauren Costello, y Ruth Panelli, "Power and Place for Rural Young People," (Poder y lugar para la juventud rural) en *Global Perspectives on Rural Childhood and Youth: Young Rural Lives (Perspectivas globales sobre la infancia y la juventud rurales: Vidas jóvenes rurales)* (Routledge, 2007), 205–6: "El aspecto más problemático de la definición del poder es que carece de materialidad esencial (aunque consigue efectos materiales y sociales). . . . Los marcos de reflexión sobre el poder se han dividido en dos grandes grupos. En primer lugar, el poder se considera un objeto o una posesión; algo que las instituciones, los grupos y los individuos poseen, aprovechan y dirigen hacia otros. . . . En segundo lugar, rechazando el poder como objeto, otro enfoque teoriza el poder como relacional. Como tal, el poder no puede operar de forma independiente, sino que tiene la capacidad de constituir identidades". "Más allá de la conceptualización binaria del poder, . . . la reciente literatura sobre el empoderamiento . . . reclama una comprensión más matizada del poder que reconozca que los individuos o grupos de personas generalmente considerados impotentes ejercen el poder a su manera, individualmente y en grupo".
4 Griego δυναμισ.

Sin embargo, como ya hemos descubierto, el poder de Jesús no era suyo. Venía de la presencia del Padre en Su Vida. Cuando Jesús compareció ante el Sanedrín tras su arresto, llegó a equiparar al Padre con el atributo del poder: "Ustedes verán al Hijo del hombre sentado a la derecha del Todopoderoso y viniendo sobre las nubes del cielo" (Mt 26:64).[5] Poco después, ordenó a los once que permanecieran en Jerusalén hasta que fueran revestidos de poder con la venida del Espíritu Santo en Pentecostés (Lc 24:49; Hch 2:1–13).

Para Jesús, el tipo de poder que mostró fue un atributo divino y positivo que era compartido por el Padre, el Hijo y el Espíritu Santo. Más adelante analizaremos por qué a menudo hemos comunicado esto de maneras que han quedado cortas frente a su verdadera esencia.

Las palabras, *poder y autoridad* a menudo aparecen juntas en los Evangelios, sin apenas intentar definirlas o distinguirlas; en cambio, los Escritores de los Evangelios nos invitan a observarlas en el ministerio de Jesús de manera práctica. Si el poder de Jesús se refería a su habilidad, capacidad y fuerza; su autoridad se refería a su legítimo derecho como Hijo de Dios a ejercer ese poder.

Con su vida y su ejemplo, Jesús desafió silenciosamente la concepción predominante del liderazgo en el mundo griego y romano, que se centraba en la capacidad de una persona para conquistar enemigos y adquirir riqueza. En ese mundo, la conexión entre ética y liderazgo estaba ausente. Así, la humildad se consideraba una debilidad, o peor aún, un vicio. ¡Qué diferente del Reino que Jesús inauguraba!

Las multitudes estaban encantadas con la forma en que Él usaba su poder y autoridad: enseñándoles la verdad, sanando, expulsando demonios y perdonando. Nunca habían experimentado este tipo de poder o autoridad, especialmente por parte de sus líderes religiosos (Mt 7:28–29). Tampoco nadie les había considerado dignos de tal favor. Los discípulos estaban igualmente asombrados por lo que experimentaban en presencia de Jesús (por ejemplo: Lc 5:4–11; Mt 8:24–27).

Pero la historia para los líderes religiosos era muy diferente; estaban continuamente confundidos por el poder de Jesús, ya que se negaban a considerar cualquier posibilidad de su divinidad. Y se

---

5 Jesús utilizó una referencia indirecta al Padre, habitual en la época para mostrar reverencia al nombre divino.

enfurecían por la forma en la que Él ejercía su autoridad: interpretando las Escrituras y enseñando sin referencia a la ortodoxia de la época (Mt 5:17–48), poniéndose en el lugar de Dios para perdonar (Lc 5:21), exponiendo sus corazones malvados y sus prácticas corruptas (Mt 23:27–28), desafiando su autoridad (Mc 7:8–9) y socavando su estatus (Lc 20:46–47; Mt 5:20).

Como ya hemos dicho, si nuestro afán por liderar no va acompañado de una sumisión aún mayor a Jesús y de un compromiso de amar y servir, estaremos trazando un camino peligroso para nosotros mismos y para quienes lideramos.

- *¿Cuáles son sus motivaciones personales para liderar? (Sea honesto consigo mismo).*

- *¿De qué manera el deseo de amar y servir a los demás influyen en su motivación para liderar?*

Capítulo 6

Poder y Autoridad Positivos e Intencionales

El poder es para florecer. Cuando el poder se utiliza bien, la gente . . . cobra más vida en lo que está destinada a ser.
—Andy Crouch[1]

En el relato de Juan sobre la cena de la Pascua en el Aposento Alto, Jesús se levantó en medio de una comida, se quitó la túnica y se amarró una toalla en la cintura. Lo que hizo a continuación violó las normas culturales e indignó a sus discípulos. Por muy escandalosas que parecieran sus acciones en el Aposento Alto y en otros lugares, el ministerio de Jesús fluyó naturalmente a partir de su claro sentido de identidad, sin importarle demasiado si agradaría u ofendería a la gente. *Cuando tiene el control de usted mismo como lo tenía Jesús, no está con el impulso de controlar a los demás.*

Liderar dentro de la misión de Dios, también significaba que Jesús no tenía que crear una plataforma para ejercer su poder y autoridad. Eso era responsabilidad del Padre. Lo había hecho a lo largo de la historia con personas como Moisés, Josué, Gedeón, Débora, David, Rut y Daniel. Mientras que muchos de los líderes actuales, cristianos o no, están obsesionados con cómo "hacerse notar en un mundo con tantas voces"[2], Jesús no buscó esa visibilidad, ni la necesitaba. Entonces, como ahora, a menudo había una relación inversa entre visibilidad e impacto: demasiada visibilidad y muy poco impacto.

Poder y autoridad para y con los demás

Jesús, la personificación de la gracia y la verdad, utilizó sus manos, su voz y su presencia para expresar su poder y autoridad. El poder fluía a través de sus manos para repartir el pan a las multitudes, tocar a los leprosos desesperados y lavar los pies de sus amigos. Esas mismas manos improvisaron un látigo de cuerdas en un día tranquilo

---
[1] Andy Crouch, *Playing God (Jugando a ser Dios)*,13.
[2] Michael Hyatt, *Platform: Get Noticed in a Noisy World* (Thomas Nelson, 2012). Michael Hyatt was formerly the CEO of Nelson Publishing.

en el templo. De repente, se desató un tornado sagrado: las monedas volaron por los aires, las mesas se pusieron patas arriba y personas y animales volaron en todas direcciones. Cuando fue arrestado y condenado injustamente a muerte, Jesús ofreció sus manos para ser clavadas en la cruz y más tarde se las presentó a Tomás como prueba de su resurrección.

La voz llena de autoridad de Jesús declaró el perdón a paralíticos y a mujeres de mala reputación, calmó tormentas, ahuyentó demonios y enfermedades. Reveló verdades tan inquietantes como liberadoras, e hizo promesas asombrosas: "El que me sigue, no andará en tinieblas, sino que tendrá la luz de la vida" (Jn 8:12) Reprendió a los líderes religiosos, que nunca habían tenido a nadie que se les enfrentara así, ni con tanta autoridad.

Jesús creó espacio para que los humildes vinieran a Él y protegió a los débiles, pero no dio cabida a los arrogantes. No amasó riquezas, ni acumuló títulos o privilegios. El ghanés Delanyo Adadevoh, fundador y presidente de *The International Leadership Foundation* (*Fundación Internacional para el Liderazgo*) llama a estos símbolos de poder "íconos de poder". En sus palabras "aumentar la accesibilidad exige destruir intencionalmente [esos] íconos de poder obstructivos".[3]

Jesús no repartía favores a seguidores leales o donantes benévolos. Tampoco acumulaba admiradores. Por el contrario, era más probable que los ofendiera para sacar a la luz la verdad. *Su propósito nunca fue ganar admiradores, sino desarrollar seguidores que vivieran como Él.*

Jesús nunca se obsesionó con acumular poder porque sabía que el Padre tenía un suministro infinito. No había un número limitado de sanidades que hacer. En un capítulo posterior, veremos cómo compartía generosa e inesperadamente su poder y autoridad con sus discípulos.

Hace algunos años, un colega mío impartía un curso sobre recaudación de fondos en el Sur de Asia. Al final del curso, entregó a sus alumnos los apuntes de todas sus clases ¡Quedaron estupefactos! "Señor", le dijeron, "ningún profesor hace eso. Si regalan sus apuntes, los alumnos sabrán tanto como ellos y perderán su poder". En el ministerio de traducción de la Biblia, del que hago parte desde hace

---

[3] Delanyo Adadevoh, *Empowering Leadership* (*Liderazgo potenciador*) (International Leadership Foundation (Fundación Internacional para el liderazgo), 2014), 8.

cuarenta años, los líderes de las iglesias a veces se resisten a traducir la Biblia al idioma de sus congregaciones: "Si todos pueden leer la Biblia por sí mismos, ya no necesitarán que les explique el significado". Estos son solo dos ejemplos de usos sutiles y no tan sutiles del poder, para favorecer a quienes lo tienen y esconderlo de quienes no lo tienen.

Aunque Jesús compartió su poder y autoridad generosamente, también lo hizo de forma selectiva. Abrió el camino para que la gente común accediera al Padre y a la vida eterna, al mismo tiempo deslegitamaba a la élite religiosa que "cerraba la puerta del Reino de los cielos en la cara de todos" (Mt 23:13).

Fue a un grupo de estos líderes religiosos a quienes Jesús hizo posiblemente su revelación más asombrosa: "Yo doy mi vida para volverla a tomar. Nadie me la quita, sino que yo la doy por mi propia voluntad. Tengo autoridad para dejarla y autoridad para volverla a tomar. Este mandato lo recibí de mi Padre" (Jn 10:18). Anticipándose a su crucifixión, Jesús anunció a los fariseos presentes aquel día que su muerte estaba cerca, pero que ni el Sanedrín ni el César tenían autoridad para quitarle la vida. Solo Él, bajo la dirección del Padre, tenía autoridad para hacerlo. *La máxima expresión del poder y la autoridad de Jesús no fue para reclamar su realeza, sino para decretar su propia muerte.* Nadie había usado su autoridad como Jesús lo hizo.

Como líderes, nos sentimos naturalmente atraídos a imaginar oportunidades para ejercer nuestro poder y autoridad. Pero es poco probable que imaginemos utilizarlos de forma que nos obligue a sacrificarnos por el bien de quienes lideramos.

- *¿Cómo sueña que podría utilizar su poder y su autoridad?*
- *¿Cómo Jesús le llama a ejercer su poder y autoridad en favor de las personas a las que dirige?*

Poder y autoridad sometidos—Para propósitos mayores

Cuando pensamos en cómo Jesús utilizó su poder y autoridad, es natural centrarse en los milagros que realizó, las enfermedades que curó, los demonios que expulsó y las ataduras de las que liberó a la gente. Pero, por muy importantes que fueran, cumplieron un propósito mayor. Junto con la penetrante enseñanza de Jesús, estos actos fueron el medio principal por el que Jesús reveló el carácter del Padre. En el proceso, demostró cómo era el Reino de Dios.

¿Cuáles son las implicaciones para nuestro propio liderazgo? La forma en que ejercemos el poder y la autoridad va mucho más allá de lograr resultados. *El principal indicador de nuestro éxito como líderes del Reino, tal y como lo fue con Jesús, es la medida en que nuestras acciones agradan al Padre y revelan su carácter.* Los resultados que no revelan, ni honran al Padre carecen de valor.

Los líderes que duplican el número de personas que asisten a sus reuniones o las ofrendas o las ganancias de los miembros, o plantan múltiples iglesias mientras descuidan la gracia y la verdad— al abusar de sus colegas o menospreciar a quienes perciben como competidores—se autodestruyen.

 Considere el contexto en el que está ejerciendo su liderazgo.

- *¿Cuáles son los resultados característicos que la gente espera de usted?*
- *¿Cómo se comparan esos resultados con los que Jesús busca lograr a través de su liderazgo?*

Desde el momento de su arresto en Getsemaní hasta el momento de su muerte en el Gólgota, Jesús se sometió a poderes mucho menores que Él, con la finalidad de cumplir los propósitos mucho mayores de su Padre, propósitos que nadie fue capaz de ver en aquel momento.

¿Qué debemos entender a la luz de tan desconcertantes demostraciones de poder? Claramente, al final, Jesús iba a triunfar. Pero no se lanzó de inmediato a la meta para acabar con todo y desterrar a sus enemigos. Se contuvo. Esperó. Por el bien de esos mismos enemigos, sufrió la atrocidad y la vergüenza pública de la crucifixión. *Jesús nunca perdió una batalla, pero estuvo dispuesto a parecer un perdedor.* Cuando los guardias judíos le vendaron los ojos y le golpearon, retándolo a que identificara quién le había golpeado, Él pudo haberlo hecho fácilmente. Y al hacerlo podría haberles sorprendido, pero no habría conseguido mucho. A pesar de que su silencio le hizo parecer impotente, Jesús eligió permanecer callado.

El Padre no le había dicho que hablara. Jesús no torció las reglas, ni utilizó sus poderes milagrosos a su favor. Ganó la batalla más importante de la forma más inimaginable e inesperada.

El ejercicio de poder y autoridad de Jesús, bajo la dirección del Padre, proporcionó una de las expresiones más elocuentes del carácter del Padre. Aunque tenía todo el derecho a hacerlo, el Padre se abstuvo de simplemente dominar a sus enemigos y destruir toda oposición.

Jesús no se dejaba llevar por la necesidad de parecer un ganador. Utilizó el poder y la autoridad dada por su Padre con prudencia, para revelar el carácter del Padre y hacer el bien a las personas con las que se encontraba.[4]

- *¿Qué está haciendo para revelar el carácter del Padre cuando ejerce el poder y la autoridad que Dios le ha dado como líder?*

- *¿De qué maneras, sutiles y no tan sutiles, fallamos como líderes cristianos, al usar nuestro poder y autoridad para servirnos a nosotros mismos?*

- *¿Cuáles son los factores que le tientan a usar su poder y autoridad para servirse a sí mismo?*

Cuando nos obsesionamos con atraer el poder hacia nosotros, nos resistimos a renunciar a él y nos esforzamos por conseguirlo aún más. Nuestra necesidad de ser importantes nos obliga a buscar puestos de honor en lugar de oportunidades de servicio. Sin embargo, cuando observamos a Jesús en los Evangelios, no vemos ninguna evidencia de que aspirara a acumular más poder o influencia, ni de que ansiara una mayor autoridad.

- *¿Qué liberó a Jesús de la necesidad de buscar poder o autoridad para sí mismo?*

- *Si su anhelo es más poder y autoridad, ¿qué espera hacer con ellos?*

---

4 Considere, por ejemplo la oración de Jesús en Juan 17:2: "como le has dado potestad sobre toda la humanidad, para que dé vida eterna a todos los que le diste . . ."

Poder y autoridad resistibles

Si un rinoceronte entrara ahora en este restaurante, es innegable que tendría un gran poder. Sin embargo, yo sería el primero en levantarme y asegurarle que no tiene ninguna autoridad.

—G. K. Chesterton[5]

La presencia de Jesús atraía, desarmaba, desconcertaba, abrumaba, acogía, inspiraba y desafiaba. Su presencia era tan inevitable como irresistible, incluso para sus más firmes detractores.

Y, aunque Jesús, Rey de reyes y Señor de señores, tenía a su disposición toda la autoridad en el cielo y en la tierra, la ejercía con asombrosa moderación. Como observa el autor Philip Yancey en *The Jesus I Never Knew* (El Jesús que nunca conocí): "El reino de Dios viene con un poder resistible"[6]. ¿Cómo era ese poder resistible? Escuche la sencilla descripción del Apóstol Juan en el capítulo inicial de su Evangelio: Jesús "estaba en el mundo y aunque el mundo se hizo por medio de Él, el mundo no le reconoció. Vino a lo que era suyo, pero los suyos no le recibieron" (Jn 1:10–11). Jesús no obligó a nadie a recibirle, ni tomó represalias, ni buscó venganza cuando su propia creación le rechazó.

Jesús tenía derecho a mandar y controlar a todos los que estaban dentro de su esfera de influencia: sus discípulos, las multitudes y los líderes religiosos. Considerando todas las herramientas potenciales que Jesús tenía a su disposición para penetrar en sus corazones, eligió intencionalmente cosas simples para comunicar sus verdades más importantes: semillas para plantar, levadura para impregnar, sal para conservar, parábolas para iluminar u oscurecer, una toalla y una vasija

---

5 "Remembering the Big Guy", 17 de enero de 2006, Chesterton and Friends. "Alexander Woollcott conoció a Chesterton en mayo de 1914, cuando almorzaron juntos en Soho. Woolcott recordó lo que GKC había dicho sobre la diferencia entre poder y autoridad: "Si un rinoceronte entrara ahora en este restaurante, no se puede negar que tendría un gran poder. Pero yo sería el primero en levantarme y asegurarle que no tiene ninguna autoridad". El almuerzo terminó a las cuatro en punto, momento en el que Chesterton fue subido a un taxi, "probablemente", según el borroso recuerdo de Woollcott, "con el uso de una grúa y un calzador." [Prólogo, Charles Dickens, por G. K. Chesterton (Reader's, 1942), xii-xii, http://chestertonandfriends.blogspot.com/2006/01/remembering-big-guy.html.

6 Yancey, *Jesus I Never Knew*, 242–3.

para lavar los pies y, finalmente, la vergüenza de una cruz romana. Difícilmente el material para impresionar o dominar a nadie. Cuando daba órdenes o instrucciones para guiar a otros a actuar, lo hacía para hacer el bien a alguien.[7] Incluso su directiva final, y posiblemente la más exigente para sus seguidores más cercanos, "haced discípulos a todas las naciones" (Mt 28:19), era para bendecir a los demás. Pero sería una grave y desafortunada distorsión de la verdad, caracterizar a Jesús como alguien que iba dando órdenes a los demás.

Las instancias donde Jesús exigió obediencia inmediata rara vez se dieron en su trato con las personas. Cuando daba órdenes a las fuerzas naturales y sobrenaturales, estas se movían: el agua se convertía en vino, los demonios se iban, las enfermedades se iban, las tormentas cesaban. ¡No tenían más opción que obedecerle! Pero no vemos a Jesús exigiendo la misma obediencia de la gente, especialmente cuando tenía que ver con decisiones importantes en sus vidas.

Desde Galilea hasta Jerusalén y por todas partes, Jesús proclamó un mensaje sencillo, que acompañaba a los milagros[8] que realizó: "Arrepiéntanse porque el Reino de los Cielos se ha acercado". El mandato fue claro: "Arrepiéntanse". Jesús tenía el poder de coaccionar tanto a los pecadores como a los críticos para que se arrepintieran y entraran en el Reino. En lugar de ello, les habló en parábolas, que simultáneamente disfrazaban y revelaban la verdad. Las parábolas permitían a sus oyentes determinar por sí mismos si usarían sus ojos para percibir y sus oídos para entender sus palabras. Al final, algunos se arrepintieron, muchos no. Jesús siguió adelante.

---

7 En Hechos 9:10–19, en la ciudad de Damasco, Jesús ordena a un discípulo llamado Ananías que vaya a ver a Saulo y le imponga las manos para devolverle la vista. Cuando Ananías vacila por miedo, Jesús le ordena: "Ve", por el bien de Saulo. Compárese Juan 2:1–11, donde Jesús da instrucciones a los sirvientes en las bodas de Caná, o el relato de Juan sobre la alimentación de los 5000, donde dice a sus discípulos: "Que la gente se siente . . . Recojan los pedazos que sobraron. Que no se desperdicie nada" (Jn 6:10–12). En ambos casos, esperaba claramente obediencia, pero por el bien de los demás, a quienes quería hacer el bien. Más tarde, dijo a una multitud que dejara de quejarse (Jn 6:43), pero el contexto deja claro que se trataba de una reprimenda por su incredulidad y no de una orden de callarse.

8 Los milagros de Jesús ofrecieron una gran oportunidad a las ciudades que visitó, pero sin ninguna coerción para creer y arrepentirse: "¡Ay de ti, Corazín! ¡Ay de ti, Betsaida! Porque si los milagros que se hicieron en vosotras se hubieran hecho en Tiro y Sidón, hace tiempo que se habrían arrepentido en cilicio y ceniza" (Mateo 10:21).

Al menos veinte veces en los cuatro Evangelios, Jesús extendió a pescadores, recaudadores de impuestos, jóvenes ricos y otras ovejas, la invitación "Ven, sígueme". Indicó a sus seguidores potenciales que entraran por la puerta estrecha. Algunos lo hicieron. Otros no. A los cansados y agobiados, Jesús les dijo: "Venid a mí". Jesús no persiguió a los que no vinieron o se alejaron. Los dejó ir.

Cuando Jesús se acercaba al final de su vida, miró a Jerusalén: "Cuántas veces quise reunir a vuestros hijos, como la gallina reúne a sus polluelos bajo las alas, y no quisisteis" (Mt 23:37, la cursiva es mía). Incluso Jesús tuvo anhelos que nunca fueron satisfechos por la falta de voluntad de aquellos a los que vino a salvar.

¿Por qué dio Jesús a sus oyentes, entonces y ahora, tanta libertad para acercarse a Él o rechazarlo? El pastor Brian Morgan, reflexionando sobre la parábola de la semilla que crece (Mc 4:26–29), observa: "El control es sumamente destructivo para el crecimiento espiritual, porque destruye la capacidad de ver a Dios obrando, tanto para el que da como para el que recibe".[9]

El planteamiento de Jesús reveló algo significativo sobre la calidad de seguidores que buscaba: hombres y mujeres en los que la obra de Dios fuera evidente, que estuvieran comprometidos activamente y de todo corazón en conocerle y seguirle. A los que optaron por seguirle, Jesús les puso unas condiciones dolorosamente claras: "Niégate a ti mismo, toma tu cruz y sígueme. Salva tu vida y la perderás. Pierde tu vida por mí y la encontrarás". Como observamos en un capítulo anterior, después de que muchos de sus discípulos volvieran atrás, Jesús preguntó a los Doce si ellos también querían marcharse. Sus amigos más queridos sabían que eran libres de hacerlo, como finalmente hizo Judas. Irónicamente, la libertad que Jesús dio a los discípulos para quedarse o irse los unió más a Él. *Jesús construyó el compromiso y lealtad de sus discípulos, sin imponerlo.*

Al final del Sermón del Monte, Jesús deseaba claramente que sus oyentes pusieran en práctica sus palabras. Pero en lugar de ordenarles que lo hicieran, les contó una historia sobre constructores de casas sabios y necios, con la esperanza de que eligieran construir sabiamente

---

9 Brian Morgan, *How Does the Kingdom Grow?* (Mark 4:26–29) (sermon, Peninsula Bible Church Cupertino, August 5, 2018), https://pbcc.org/sermons/how-does-the-kingdom-grow/.

sobre la Roca. Algunos lo hicieron. Muchos no. Pero la multitud no podía dejar de asombrarse por la autoridad de su enseñanza. No respondían a la autoridad natural de sus exigencias, sino a la visión y el poder de sus palabras.

En el libro de Apocalipsis, cuando Jesús se dirigió a la iglesia de Laodicea, les advirtió que debían ser serios y arrepentirse. Tenían mucho de qué arrepentirse. Sus siguientes palabras fueron un shock total: "He aquí, yo estoy a la puerta y llamo". ¿Por qué llamar cuando podía simplemente derribar la puerta de esta miserable congregación? Porque Jesús no estaba buscando una manera de destruirlos, por justificado que estuviera. Buscaba una iglesia que escuchara su voz y le abriera la puerta de buena gana. Buscaba un lugar en la mesa para disfrutar de una comida de confraternidad con ellos.

Todos estos son ejemplos de lo que podríamos llamar "invitaciones" que Jesús dio. Su deseo era que la gente obedeciera, pero no obligaba a nadie a hacerlo. Y, a pesar de muchos sermones y advertencias en sentido contrario, Jesús permitía la obediencia tardía, como revela la historia que contó de los dos hijos a los que su padre pidió que trabajaran en su viña (Mt 21:28–32).

Una última observación: Jesús no nos dejó nada escrito por Él. En lugar de entregar a sus discípulos un único texto de los Evangelios autorizado por Él, encomendó a sus seguidores que lo recordaran, lo describieran y que relataran sus palabras y sus obras y que lo hicieran desde cuatro perspectivas humanas inspiradas.

Jesús no tenía necesidad de probar su autoridad o levantar su posición exigiendo la obediencia de las personas. Esto le dio la libertad de ejercer su poder de mando y control con gran moderación. Hablando de su propio liderazgo,

- *¿Hasta qué punto exige que los demás respeten su liderazgo y hagan lo que usted dice?*
- *¿De qué manera ejerce un "liderazgo resistible" con las personas que dirige?*

Lidiando con sus detractores

Jesús tuvo muchos detractores, sobre todo entre los expertos religiosos. En una ocasión, dijo a una multitud: "Yo soy la luz del mundo; el que me sigue, no andará en tinieblas, sino que tendrá la luz de la vida". Los fariseos le desafiaron inmediatamente: "Tú das testimonio acerca de ti mismo; tu testimonio no es verdadero". Jesús no lo dejó pasar; era un ataque directo a la verdad de sus palabras: "Aunque yo doy testimonio acerca de mí mismo, mi testimonio es verdadero, porque sé de dónde he venido y a dónde voy; pero ustedes no saben de dónde vengo ni a dónde voy" (Jn 8:12–14).

Jesús continuó la conversación con los judíos que habían creído en Él: "El que es de Dios, escucha las palabras de Dios; pero ustedes no las escuchan, porque no son de Dios". Ellos replicaron con un insulto: "¿Acaso no tenemos razón al decir que tú eres samaritano, y que tienes un demonio?". Jesús respondió con la verdad: "Demonio no tengo. Yo lo que hago es honrar a mi Padre, pero ustedes me deshonran" (Juan 8:47–49).[10]

Cuando la verdad estaba en juego, Jesús se enfrentaba a ella directamente. Pero aparte de amordazar a los demonios para que no testificaran sobre Él,[11] no hay ni un solo caso, que yo sepa, en el que utilizara su autoridad para prohibir la disensión o silenciar por la fuerza a sus detractores. Esa no era su forma de actuar. En cambio, Jesús silenció los ataques implacables de los líderes religiosos con sabiduría y perspicacia que no pudieron refutar.

Avancemos hasta hoy. Para frenar el cáncer de los chismes y las calumnias, las iglesias y organizaciones cristianas a veces crean políticas que prohíben a los individuos decir algo negativo sobre los líderes, la iglesia/organización o los demás. Aunque esa motivación puede ser admirable, muchos de los grupos que tienen cero tolerancia para el desacuerdo tienen una tolerancia igualmente alta para la intimidación: los líderes con autoridad están dispuestos a aplastar cualquier signo de aparente deslealtad a sí mismos, al grupo o a la "marca" y eso no se parece mucho a Jesús.

---

10 Ver también la respuesta de Jesús a los fariseos sobre la acusación de que estaba echando demonios por el príncipe de los demonios (Mt 12:22–32).

11 Cuando Jesús reprende a un espíritu impuro en la sinagoga en Marcos 1:25 diciendo: "¡Calla!", literalmente le ordena al espíritu que "sea amordazado".

🕮 Jesús invirtió gran atención y energía en crear y cuidar un entorno a su alrededor que acogiera a quienes se acercaban, ofreciendo seguridad y al mismo tiempo desafío. Su ejercicio de una autoridad resistible se adaptaba perfectamente a ese entorno. No tenía ni la necesidad ni la inclinación de establecer normas para que sus discípulos controlaran lo que podían o no podían decirle a Él o a los demás. Su presencia personal era el mayor estímulo para el buen comportamiento y al mismo tiempo, el mayor obstáculo para el mal comportamiento.

- *¿En qué medida encaja el ejercicio de la autoridad resistible con la cultura de la iglesia o de la organización que usted dirige?*

Nadie quiere formar parte de una comunidad tóxica caracterizada por la murmuración, el chisme y la calumnia. Y ninguno de nosotros quiere liderar una comunidad así. Pero no todos los que tienen una opinión discrepante o una perspectiva disonante tienen espíritu crítico. De lo contrario, ¡tendríamos que descartar todo el ministerio de Jesús! Esos puntos de vista alternativos tienen el potencial de provocar un diálogo que puede conducir a una comprensión y un crecimiento más profundos entre los miembros de nuestras iglesias y organismos.

- *¿Se siente cómodo con las opiniones discrepantes y las perspectivas disonantes de quienes lidera?*

- *¿De qué manera está creando espacios o limitando las oportunidades, para que se expresen esos puntos de vista alternativos?*

# Capítulo 7

Protegiendo a los Indefensos, Provocando a los Poderosos

El primer deber del gobierno es proteger a los indefensos de los poderosos.
    —Fuente desconocida (comúnmente atribuído de forma errónea al Código Hammurabi, 1772 B.C.)[1]

Para prepararse para la visita de un dignatario importante, las ciudades anfitrionas invierten grandes esfuerzos en proyectar una imagen positiva de prosperidad y limpieza. Se rellenan los baches. La basura desaparece. Se limpian las fachadas de las tiendas. Dejan de existir las personas sin hogar y los barrios marginales. Se construyen muros para ocultar lo que no se puede mover. A menudo se obliga a las multitudes a saludar y sonreír. Según recuerdo de un reportaje periodístico de la época, el gobierno local de un país que permanecerá en el anonimato instaló canastas de baloncesto en el patio de recreo de una Escuela para preparar la visita del entonces Presidente de Estados Unidos, Jimmy Carter. Al día siguiente, después de que el distinguido visitante se marchara, fueron retiradas las canastas.

Jesús no habría aceptado nada de eso. Lo más cerca que estuvo de una bienvenida digna fue en su llamada entrada triunfal, cuando la multitud le dio la bienvenida a Jerusalén como preparación involuntaria para su muerte. No contaba con un equipo de avanzada, aparte de Juan el Bautista, que para entonces hacía tiempo que había desaparecido tras ser encarcelado y decapitado. La limusina de Jesús era un burro. A las multitudes no se les pagó para que se presentaran, ni se las aseó para su llegada. Sus alabanzas espontáneas sonaron tan fuerte que los líderes religiosos exigieron a Jesús que las hiciera callar, y Él no lo hizo.

---
1 *El Código Hammurabi*, traducido por L. W. King, *The Avalon Project* (Escuela de Leyes de Yale), https://avalon.law.yale.edu/ancient/hamframe.asp. Aunque esta declaración ha sido ampliamente atribuída al Código Hammurabi, dicha declaración no aparece en ninguna parte del texto traducido, por lo que su fuente es desconocida.

👁 Antes de continuar, tome unos minutos para pensar en los indefensos y marginados con los que Jeús interactuó en los Evangelios.
- *¿Quiénes eran?*
- *¿Dónde los encontró Jesús? ¿Qué hizo que Jesús se fijara en ellos?*
- *¿Cuál fue la actitud de Jesús hacia ellos?*

Luego, piense en los poderosos con los que Jesús interactuó. Considere las mismas preguntas para ellos.
- *¿Quiénes eran?*
- *¿Dónde los encontró Jesús? ¿Qué hizo que Jesús se fijara en ellos?*
- *¿Cuál fue la actitud de Jesús hacia ellos?*

Compare lo que descubrió acerca de estos dos grupos.
- *¿Qué similitudes y diferencias ve en la forma en que Jesús los trató?*
- *¿Qué le sorprende? ¿Qué le incomoda?*

La palabra del Señor que vino al profeta Ezequiel más de quinientos años antes de que Jesús apareciera en escena, prefiguró perfectamente el ministerio de Jesús: "Yo mismo apacentaré mi rebaño y lo llevaré a descansar, afirma el Señor y Dios. Buscaré a las perdidas, haré volver a las descarriadas, vendaré a las heridas y fortaleceré a las débiles, pero destruiré a la robusta y fuerte. Yo las pastorearé con justicia." (Ez 34:15–16).

Para las ovejas descarriadas, las heridas y las débiles, hubo una acción compasiva. Para las robustas y fuertes, hubo destrucción. Todo en nombre de la justicia divina. Esto debería hacernos reflexionar.

Jesús y los indefensos

Empecemos por los indefensos, muchos de los cuales entonces y ahora, viven marginados de la sociedad. Entre ellos encontramos mendigos ciegos, personas quebrantadas, endemoniados y personas de una comunidad étnica despreciada, viudas devotas, madres afligidas, personas impuras y de reputación desagradable. Eran los primeros en ser ignorados o rechazados y los últimos en ser tenidos en cuenta. Si alguien les prestaba atención, a menudo no era la atención que deseaban, ¡Hasta que llegó Jesús! Se fijó en ellos. Los buscó. Los tocó. Los invitó a su casa. Se hizo amigo de ellos, comiendo y bebiendo en sus casas. Los perdonó. Les hizo preguntas para que hablaran por sí mismos. Avivó su fe. Les devolvió la esperanza y la alegría. Los honró. Les prometió algo mejor.[2] A través de su liderazgo, creó las condiciones para que estos "últimos" prosperaran y florecieran.

Jesús protegió a la mujer sorprendida en adulterio interponiéndose entre ella y sus acusadores, obligándoles a mirar su propio pecado y no el de ella (Jn 8:1–11). Más tarde, acalló las objeciones de Judas sobre la extravagancia de María al derramar perfume caro sobre sus pies con una reprimenda inmediata: "Déjala en paz" (Jn 12:1–8). Cuando se enteró de que los fariseos habían echado al ciego de nacimiento al que había curado, Jesús fue a buscarlo. Y cuando sus propios discípulos reprendieron a la gente por traerle niños para que les impusiera las manos y orara por ellos, Jesús los reprendió: "Dejad que los niños vengan a mí y no se lo impidáis" (Mt 19:13–14). Esto era gracia y verdad en acción.

¿Se le ocurre alguna vez en que Jesús haya echado a esas personas, las haya ignorado,[3] haya hablado mal de ellas por perezosas o inútiles, o les haya hablado con desprecio? En cambio, advirtió repetidamente sobre las consecuencias de tal desdén y desprecio: ahogamiento con una gran piedra de molino (Mt 18:6–14).[4] Eso se parece mucho a la destrucción que profetizó Ezequiel.

---

2 Para numerosos ejemplos, véase Mateo 11:28–30; Marcos 1:40–45; 3:1–6; 5:21–34; 7:24–30; 10:31,51; 12:41–44; Lucas 13:10–17; Lucas 7:11–17.

3 Aunque la historia de la mujer sirofenicia con la hija poseída por un demonio (Mt 15,21–28) podría parecer un incidente de este tipo, Jesús estaba muy consciente de ella y trabajó con ella para provocar su fe y darle la liberación que deseaba para su hija.

4 Especialmente Mateo 18:10: «Cuídense de no despreciar a uno de estos pequeños». Esto dice algo sobre el ambiente que Jesús creó a su alrededor. A menudo parecía haber niños dondequiera que estuviera. Claramente, nunca desalentó su presencia, y aparentemente lo encontraron tan atractivo como los recaudadores de impuestos y los pecadores. Una razón por la que Jesús mencionó tantas veces ser como niños puede ser porque los niños encontraban a Jesús una persona tan atractiva.

Jesús, con todo su poder, no solo se fijó en las personas indefensas de Galilea, Jerusalén y todos los lugares intermedios, sino que las buscó y les dedicó tiempo significativo. No eran interrupciones que le distraían, sino sujetos dignos de su atención y cuidado. ¿Qué hay de las personas sin poder dentro de su propia esfera de influencia?

- *¿Quiénes son esos hombres y mujeres? ¿Los conoce bien?*
- *¿Cómo podría Jesús guiarle a usar su rol de líder para que les conozca y les sirva?*

Jesús y los poderosos: en el ámbito civil y político

¿Qué pasa con las personas poderosas en el mundo de Jesús? ¿Le ha sorprendido alguna vez lo difícil que es encontrar a alguien a quien él respetara u honrara?

Jesús tuvo pocas interacciones con las autoridades civiles, aparte de los recaudadores de impuestos. No le infundían temor, ni eran objeto de su censura. Incluso recibió a dos de ellos, Mateo (Mt 9:9-13) y Zaqueo (Lc 19:1-10), para servir en el Reino.

Entre los líderes políticos, Herodes estaba interesado en ver a Jesús, pero solo por curiosidad. En una rara ocasión, los fariseos advirtieron a Jesús de que Herodes quería matarle, con la esperanza de que huyera.

En lugar de eso, Jesús simplemente les ordenó que "fueran a decirle a ese zorro" que no iba a dejarse disuadir de seguir adelante con su ministerio (Lc 13:31-33). Se percibe poco respeto, y aún menos, miedo en la respuesta de Jesús.

Cuando Jesús compareció ante Herodes y Pilato para su "juicio", tuvo poco que decir, aparte de informar a Pilato de que no tenía ningún poder sobre Él, salvo el que le había sido dado "desde arriba" (Jn 19:11), independientemente de lo que el César o cualquier otra persona pensara. En ese momento, Jesús, el prisionero indefenso, tomó la autoridad sobre Herodes, el poderoso gobernador, advirtiéndole realmente quién era el que mandaba.

Jesús y los poderosos: en el ámbito religioso

Los otros poderosos en el mundo de Jesús eran los líderes religiosos, todos hombres: los sumos sacerdotes, los fariseos, saduceos y maestros de la ley, los ancianos y el Sanedrín, que habían asumido por sí mismos un papel de autoridad dentro del judaísmo. De todo este grupo, solo conocemos a tres que se convirtieron en discípulos de Jesús: Nicodemo, José de Arimatea y Saulo (que al convertirse se llamó Pablo)[5]. Cuando los guardias del templo regresaron un día sin arrestar a Jesús, los fariseos se mofaron de ellos: "¿Así que también ustedes se han dejado engañar? ¿Acaso ha creído en Él alguno de los gobernantes o de los fariseos?" (Jn 7:47–48).

Esos fariseos debían ser profundamente inquietantes; pero dudo que Jesús se escandalizara o incluso se sorprendiera. Reconocía que la falta de respuesta de los líderes religiosos no tenía nada que ver con las deficiencias de su mensaje o de su liderazgo; su resistencia tenía mucho más que ver con su amor al poder que con su falta de fe. *Arrepentirse y seguir a Jesús les habría exigido dar la espalda a un sistema de poder, posición y privilegio de gran alcance que se había convertido tanto en su identidad como en su adicción.* Les proporcionaba el prestigio que ansiaban e impedía que nadie escudriñara su vida privada.

Estos líderes, que se habían otorgado a sí mismos todos los derechos y privilegios de la autoridad divina, estaban sentados en la cima de un pequeño pero poderoso reino religioso. Mantenían su reino en nombre de Dios, hasta que Dios mismo apareció y lo desbarató todo, amenazando todo lo que representaban. La batalla, como observa Leighton Ford, se libró en torno a "tradición, poder, y control . . . y lo ritual, frente a la realidad".[6]

Cuando Jesús declaró que Él era aquel a quien Dios había confiado todas las cosas, comenzó una batalla que duró tres años. La élite religiosa se dio cuenta de que se encontraba en una encrucijada con Jesús. Uno de ellos tenía que irse, y estaban decididos a que no fueran ellos.

---

5 Un cuarto podría ser Gamaliel (Hechos 5:27–39), cuya voz razonable prevaleció en una reunión del Sanedrín, pero Lucas no nos dice más sobre él. Juan informó con poca compasión que «muchos, incluso entre los líderes, creyeron en él, pero . . . no confesaban abiertamente su fe por temor a ser expulsados de la sinagoga, pues amaban más la gloria humana que la gloria de Dios» (Juan 12:42–43). Más adelante en Hechos, Lucas señaló que «un gran número de sacerdotes» también «obedecieron a la fe» (Hechos 6:7), pero sabemos poco sobre ellos y si pertenecían a la élite religiosa.
6 Ford, *Transforming Leadership* (*Liderazgo transformador*), 255.

El resultado del conflicto nunca estuvo en duda, ni por parte de la élite religiosa ni por parte de Jesús. Los líderes estaban decididos a conservar su amenazada autoridad eliminando a Jesús, y Jesús estaba decidido a afirmar su legítima autoridad entregando su vida y volviéndola a tomar.

Así que estos líderes decidieron atacar; buscaron a Jesús por el camino, en el campo, en la sinagoga y en el templo. Lo persiguieron desde Galilea hasta Jerusalén, siempre confiados en encontrar una manera de atraparlo, pero nunca la encontraron. Ridiculizaron a Jesús. Le desafiaron y le reprendieron.[7] Le acusaron de blasfemia. Le pusieron a prueba e intentaron atraparle. En una gran ironía, atribuyeron su poder al Diablo. Nunca dejaron de perseguirlo. Como grupo colectivo, fueron implacables. Se negaron a rendirse hasta que por fin consiguieron deshacerse de Él, o eso creían.

No eran las estrategias de la fe, eran las tácticas del poder, tácticas que los poderosos usan para intimidar y destruir a los demás. ¡Un Reino estaba en juego!

Ante una oposición tan persistente y creciente, Jesús no empatizó. No intentó ver la vida desde su perspectiva. Contraatacó a sus detractores con una fuerza cada vez mayor y una autoridad inconmensurablemente mayor. Se enfrentó a ellos. Los desenmascaró. Contó historias y parábolas para avergonzarlos públicamente. Les ofendió intencionadamente. Desafió sus enseñanzas, sus tradiciones, su hipocresía, su arrogancia y sus actuaciones religiosas[8]. Hizo todo lo posible por desacreditarlos, socavar su control sobre el pueblo y la vida religiosa de Israel, y desmantelar su opresivo sistema religioso. Jesús se enfrentó a los líderes religiosos, una y otra vez, no porque fueran tan irritantes, sino porque estaban en juego los propósitos del Padre y el bienestar de sus ovejas. Jesús reaccionaba con indignación cuando alguien atentaba contra estas preocupaciones esenciales para Él.

---

7 Para numerosos ejemplos, véase Mateo 12:1–2,9–14,22–24,38–40; 22:15–20; Marcos 14:53–65; Juan 18:19–24.

8 Algunos ejemplos incluyen Mateo 6:5; 15:9–20; 17:24–27; 21:33–46; 22:1–14; 23:13–39; Marcos 2:6–12; 7:1–14; 12:18–27,38–40; Lucas 15.

Había una razón por la que Jesús advirtió repetidamente a sus discípulos que tuvieran cuidado con la levadura de los fariseos "que es la hipocresía" (Mt 16:6–11; Mc 8:15; Lc 12:1), y junto con ella, en su caso, el abuso de poder. ¿Cómo podría una levadura, que es tan frívola y aparentemente inofensiva, ser tan peligrosa?

Siempre que empezamos a pensar así, abrimos una pequeña grieta que permite la entrada de un veneno insidioso. Empezamos a centrarnos en el importante papel que desempeñamos, en el número de personas que dirigimos, en la cantidad de fondos que tenemos bajo nuestro control, en la creciente influencia que ejercemos o en el gran fruto de nuestro ministerio.

Nunca imaginamos que esos pensamientos aparentemente inofensivos puedan hacer daño. Pero al poco tiempo, esas imaginaciones inocentes se apoderan cada vez más de nuestro corazón y nuestra mente. Y como ocurre tan lenta, silenciosa e invisiblemente, a menudo ni siquiera somos conscientes de ello. Los demás ven el efecto de esa levadura en nuestras vidas mucho antes que nosotros. Sin embargo, a menos que hayamos cultivado cuidadosamente un entorno de verdad, transparencia y vulnerabilidad, rara vez nos lo dirán hasta que sea demasiado tarde.

 La élite religiosa se sintió amenazada por Jesús.
Pero expresaron su lucha de poder en un lenguaje religioso.

- *¿Cómo se han desarrollado estas luchas de poder entre líderes y organizaciones cristianas en su contexto?*
- *¿Cuáles son los problemas que provocan esas luchas de poder?*

Observe cómo se relacionaba Jesús con los que tenían más o menos poder:

- *¿Qué sentimientos despierta en usted?*
- *¿Hasta qué punto se siente animado? ¿Amenazado? ¿Encantado? ¿Enfadado?*

Se está librando una batalla por las almas de los líderes cristianos. Cuanto mayor es nuestro éxito, más seductoras son las atracciones de la auto admiración, y más vulnerables somos al auto engaño. Basta con preguntar a quienes han cedido a tales tentaciones, o a quienes han sido víctimas de tales líderes.

¿Por qué no respetar la posición?
Al principio, los líderes religiosos no se propusieron matar a Jesús. Pero cuando quedó claro que la única forma de protegerse a sí mismos y a su modo de vida era deshacerse de Él, Judas les brindó la oportunidad que estaban buscando. Lo asombroso fue hasta qué punto estaban dispuestos a llegar para conservar su poderoso estatus. Las herramientas que estaban dispuestos a utilizar violaban todo lo que supuestamente representaban. Pero cuando se trataba de decidir entre proteger su posición y poder o proteger las creencias y valores bíblicos, la posición y el poder ganaron.

Jesús nos deja mucho para reflexionar. ¿Por qué negó la atención, el honor y el respeto que la gente poderosa suele esperar o exigir, y se lo concedió a los vulnerables y marginados? ¿Por qué se propuso irritar a los poderosos religiosos de su tiempo, en lugar de simplemente ignorarlos? Estaba tan dispuesto a ofender a esos hombres como a advertirles que no ofendieran a los "pequeños" (Mt 18:6)[9] y les hicieran tropezar. Del mismo modo, condenó cualquier desdén o desprecio dirigido a estos pequeños (Mt 18:10). ¿Qué era lo que estaba pasando aquí?

A menudo escuchamos decir: "Respeta el cargo aunque no puedas respetar a quien lo ocupa".

- *¿Qué significa para usted esta afirmación?*
- *¿Por qué cree que Jesús se negó a "respetar la posición" de los líderes religiosos y las instituciones que representaban?*

Jesús se centró en desarrollar a los Doce como seguidores y líderes, no en asegurarse de que mantuvieran una distancia respetuosa y le ofrecieran el debido honor como su Señor y Maestro.

- *¿Qué le daba a Jesús tanta seguridad en su liderazgo?*
- *¿Hasta qué punto está usted seguro de su liderazgo, especialmente cuando es desafiado?*
- *¿Cuáles son las reacciones que le caracterizan cuando otros cuestionan su liderazgo?*

---

9 La misma palabra griega, σκανδαλίζο [skandalizo], se utiliza para ofender tanto a los líderes religiosos como a los niños pequeños.

Cuando el sumo sacerdote interrogó a Jesús antes de entregarlo a Herodes y Pilato, la respuesta de Jesús lo hizo merecedor de una bofetada en el rostro por parte de un oficial que se encontraba cerca de Él. "¿Es ésta la forma de responder al sumo sacerdote?"[10] El sumo sacerdote no hizo nada para corregir al oficial. Jesús tranquilamente respondió: "Si he dicho la verdad, ¿por qué me golpeas?" (Jn 18:19–24). Para Jesús no era irrespetuoso decir la verdad, sin importar quien fuera la audiencia.

¿Qué significa realmente el respeto a la posición? A primera vista, suena honorable. Pero, ¿consideramos nuestra propia complicidad cuando ese respeto nos obliga a ignorar el abuso de autoridad por parte de la persona que ostenta ese cargo y, por tanto, a faltar al respeto tanto a la organización o iglesia en la que sirve esa persona, como a las personas de las que esa persona abusa o maltrata?

Hace más de un siglo (el 5 de abril de 1887, para ser exactos), Lord Acton (John Emerich Edward Dalberg-Acton) hizo su ahora famosa declaración en una carta al arzobispo Mandell Creighton, que le había pedido que revisara un libro de historia que el arzobispo estaba escribiendo:

> No puedo aceptar tu regla de que debemos juzgar al Rey a diferencia de otros hombres, con la presunción a su favor de que no hicieron nada malo. Si hay alguna presunción, está en contra de los que ostentan el poder. El poder tiende a corromper, y el poder absoluto corrompe absolutamente.

Continuó hablando de la cuestión particular planteada aquí:

> No hay peor herejía que pensar que el cargo convierte al titular en santo. Aquí están los más grandes nombres vinculados a los mayores crímenes; tú perdonarías a esos criminales, por alguna

---

10 Compare la reacción inmediata de Jesús cuando un Pedro demasiado entusiasta lastimó al criado del sumo sacerdote en Getsemaní. Jesús reprendió inmediatamente a Pedro y devolvió la oreja al criado (Lc 22:49–51). Cuando Pablo compareció ante el Sanedrín (Hch 23:1–11), el propio sumo sacerdote ordenó que le golpearan por afirmar tener la conciencia tranquila ante Dios. A diferencia de Jesús, Pablo contraatacó rápidamente: "¡Dios te golpeará, muro blanqueado!". Cuando a su vez fue desafiado por insultar al sumo sacerdote, se echó atrás: "No me di cuenta de que era el sumo sacerdote. Porque está escrito: 'No hables mal del jefe de tu pueblo'" (citando Ex 22:28). Pablo debía una disculpa, no por decir la verdad, sino por reaccionar con ira. En efecto, Dios hirió a Ananías nueve años después, en el 66 d.C., por mano de sus compañeros judíos en un levantamiento contra Roma.

misteriosa razón. Yo los colgaría más alto que a Amán, por razones de justicia bastante obvias . . . La inflexible integridad del código moral es, para mí, el secreto de la autoridad . . . Si podemos devaluar la moneda en aras del genio, o del éxito, o del rango, o de la reputación . . . Sirve a la peor (causa) en lugar de a la más pura.[11]

¿Qué clase de honor se debería haber mostrado a los líderes que mantenían a la gente fuera del Reino y en su lugar los enloquecían con sus propias creencias religiosas y legalistas? ¿Importaba si estos líderes eran lo mejor que Jerusalén tenía para ofrecer, hombres eminentes que vestían largas túnicas y decían largas oraciones en el templo y en las esquinas de las calles? Jesús no pensaba lo mismo, los llamó "hijos del infierno" (Mt 23:15). Es difícil imaginar un insulto más chocante. Jesús podría haberles llamado hijos ilegítimos. Pero la realidad era mucho peor: el origen y el destino de estos estimados hombres pertenecía al Diablo.

Pero Jesús aún no había terminado. Continuó enfrentándose a ellos con una ironía determinante, al menos en sus mentes: "Les aseguro que los recaudadores de impuestos y las prostitutas van delante de ustedes en el Reino de Dios" (Mt 21:31b). La receptividad de personas tan inverosímiles validó el compromiso implacable de Jesús de buscar y salvar a los perdidos, por muy abajo que estuvieran en la escala social. También, se comprometió a eliminar todas las barreras humanas, religiosas o de otro tipo, que impedían que las mujeres, los hombres y los niños de la calle se acercaran a Él. Castigó a los maestros de la ley y a los fariseos por eso mismo: "¡Ay de ustedes, maestros de la ley y fariseos, hipócritas! Les cierran a los demás el reino de los cielos; ni entran ustedes ni dejan entrar a los que intentan hacerlo" (Mt 23:13). Garantizar el acceso al Padre era mucho más importante para Jesús que ganarse el favor de religiosos corruptos, aunque leyeran las mismas Escrituras que Él y pretendieran servir al mismo Dios.

¿Por qué Jesús diría tales cosas? ¿Por qué desacato en lugar de respeto? Estos hombres eran usurpadores del Reino, ocupaban puestos de poder, autoridad y juicio que solo pertenecían a Dios. Jesús se vio obligado a desafiar sus actitudes y prácticas religiosas distorsionadas

---

11 Lord Acton (John Emerich Edward Dalberg-Acton), *Letter to Archbishop Mandell Creighton* (*Cartas al Arzobispo Mandell Creighton*), 1887, https://history.hanover.edu/courses/excerpts/165acton.html.

para que su gracia y su verdad pudieran ser vistas y oídas con mayor claridad por quienes tenían ojos para ver y oídos para oír. *A Jesús no le interesaba la importancia del título o la posición social de cada uno, sino su receptividad a la verdad.*

Chris Fussell, ex miembro de la marina estadounidense, describió las relaciones entre un equipo diverso y multinivel del que formaba parte y que se enfrentaba a una serie de crisis militares en curso: "Se respeta el rango, pero no se tolera como un obstáculo para el intercambio abierto de información, el análisis y la propuesta de soluciones a los problemas del equipo".[12]

- *¿Cómo se alinearía tal enfoque -respetar la posición pero no tolerarla porque puede ser un obstáculo para el avance del Reino- con la forma en que Jesús se relacionaba con las autoridades de su época?*
- *¿Qué nivel de respeto espera de los que dirige en función de su posición?*

Mientras que Jesús advertía contra ofender a los pobres y débiles y hacerles pecar, no dudaba en ofender a cualquiera que abusara de su poder y alejara a otros del Reino. Como observó Juan Calvino "Ningún temor a ofender impidió a Cristo desenmascarar a los maestros impíos como merecían".[13]

- *¿Cómo encaja el enfoque de Jesús hacia los poderosos con su forma de entender el respeto por la posición y la autoridad?*
- *¿Cómo se recibiría el enfoque de Jesús en el contexto cultural en el que sirve?*
- *¿Cuál es su responsabilidad frente a los poderosos que abusan de su autoridad?*

Al final, en una colina con forma de calavera a las afueras de Jerusalén, tanto la clase dirigente religiosa como Jesús proclamaron victoria. Los acontecimientos posteriores demostrarían (¡y lo seguirán haciendo!) quién fue el vencedor final.

---

12 Chris Fussell, *One Mission* (*Una misión*) (Penguin: 2017), 90–91.
13 John Calvin, *Commentary on Matthew 23* (*Comentario sobre Mateo 23*), traducido por el Reverendo William Pringle, 1845, https://www.ccel.org/ccel/calvin/calcom33.ii.ix.html.

Capítulo 8
El que Quiera Ser el Mayor

Por mi parte, detestaría ser el pastor de un pueblo que no tiene nada que decir, o que, si dice algo, mejor calla, pues el pastor es el Señor Supremo, y ellos son meros laicos y unos don nadie.

—Charles Spurgeon[1]

Durante los tres años que pasaron con Jesús, los Doce le dieron abundantes oportunidades de sentirse decepcionado con ellos por su falta de fe, su incapacidad para comprender la verdad, su falsa seguridad en su propia lealtad. Pero una de sus mayores decepciones debió de producirse después de su última cena juntos en un aposento ordinario de Jerusalén (Lc 22:7–27).

Jesús les ofreció el pan sin levadura y el vino habituales, pero con un giro inesperado: estos elementos propios de la Pascua, representaban ahora su cuerpo y su sangre. Jesús no solo se ofreció a ellos en esta solemne ocasión, sino que los llamó a participar de su sufrimiento.

Lo que sucedió a continuación fue tan inapropiado como inoportuno: mientras Jesús contemplaba su inminente traición y arresto, los discípulos se enfrascaron en un acalorado debate sobre cuál de ellos era el más grande o el mayor. La moderada respuesta de Jesús demostró magistralmente la gracia y la verdad. No golpeó con el puño ni levantó la voz. Tampoco les reprendió por querer ser grandes. Simplemente les informó que en su Reino la grandeza era muy distinta a la que ellos imaginaban.

¿VIPs en el Reino?

Un año participé en dos conferencias internacionales en la misma región del mundo. En la primera conferencia, nuestro equipo de planificación trabajó con un grupo local que ayudaba a organizar las

---

1 Charles Spurgeon, *Lectures to My Students*, The Homiletic Review, Vol. 5, 280–81, 1881. The rest of the quote says, "I would sooner be the leader of six free men whose enthusiastic love is my only power over them, than play the director to a score of enslaved nations." https://bit.ly/3sUsVde. Also quoted in Dallas Willard, *In Search of Guidance: Developing a Conversational Relationship with God* (San Francisco, CA: Harper San Francisco, 1993), 82.

numerosas conferencias cristianas que se celebraban en su ciudad. Una de las primeras cosas que el grupo nos pidió fueron los nombres e itinerarios de los "participantes VIP", para poder darles la bienvenida en el aeropuerto y asegurarse de que estaban bien atendidos. Cuando les dijimos que "no había participantes VIP", nos contestaron que "siempre hay VIPs que vienen a conferencias internacionales como ésta. Por favor, díganos quiénes son los VIP". Nuestro equipo de planificación fue igual de firme: "No, no hay VIPs. Todos los que vienen tienen la misma categoría". El grupo local no sabía qué pensar de nosotros. En todas las conferencias que habían organizado, esto nunca había ocurrido.

En la otra conferencia, seis meses después y a cinco mil kilómetros de distancia, la historia fue muy distinta. Yo dirigía junto a alguien más uno de los grupos de trabajo que preparaban presentaciones para la celebración final. Sin embargo, el último día se presentó "alguien" influyente. Había oído hablar de la conferencia y vio en ella una oportunidad para dar a conocer su ministerio.

Cuando empezó la reunión, los organizadores de la conferencia nos informaron de que el programa se había ajustado para dar tiempo a que hablara esa persona. ¿Cómo iban a negar un espacio a una persona tan importante? Así que durante cuarenta y cinco minutos oímos hablar de las cosas maravillosas que él y su ministerio estaban haciendo. Su mensaje no tenía nada que ver con los temas de la conferencia. Y al final, muchas presentaciones preparadas por los ministerios participantes se dejaron para después por falta de tiempo.

 Imagine que usted fuera parte de los equipos de liderazgo de estos eventos.

- *¿Qué valores habrían guiado su juicio en cada situación?*
- *¿Qué tan similares o diferentes habrían sido sus decisiones sobre lo que se decidió hacer en esos momentos?*

Usted no debe ser así
El único modelo de grandeza que los discípulos habían conocido, tal y como lo practicaba la élite religiosa y civil de la época, se oponía a todo lo que se esperaba de ellos como líderes del Reino. Los líderes religiosos ansiaban la atención y la adulación que traía ser personas visibles: "Todo lo hacen para que la gente los vea". Tenían una plataforma. "Les encanta el lugar de honor en los banquetes y los primeros asientos en las sinagogas" (Mt 23:5–7). Sin embargo, en el Reino de Jesús no había lugar para esos exhibicionistas religiosos.

Tampoco había lugar para los que insistían en los títulos: "Y les gustan los saludos en las plazas y que la gente los llame "Rabí" (Mt 23:5–7). Jesús llamó a los Doce hijos, amigos, ovejas, discípulos y apóstoles, y les encargó que fueran siervos. Le dio un nuevo nombre a Simón: la Roca, y a Santiago y Juan los nombró los Hijos del Trueno. Los llamó a una variedad de relaciones y responsabilidades. Pero nunca les dio títulos. En las siete ocasiones en que aparece el término "apóstol" en los Evangelios, está claro que no pretendía indicar rango o estatus, como tampoco lo hacía el término "discípulo".[2] Hacemos bien en recordar que el traidor de Jesús era uno de los apóstoles originales.

Jesús advirtió a sus seguidores sobre no adoptar nombres semejantes a Rabí, Padre o Maestro. Su razón era sencilla: "Tienen un solo Maestro y todos ustedes son hermanos (. . .) Tienen un solo Padre y Él está en el cielo (. . .) Tienen un Maestro, el Mesías" (Mt 23:8–10). Jesús reservó esos títulos, y muchos otros, para el Padre y para sí mismo.

A los líderes civiles también les gustaba la devoción y la adulación que buscaban los líderes religiosos, pero Jesús llamó la atención de los discípulos sobre un conjunto diferente de comportamientos que caracterizaban su liderazgo: "Los reyes de las naciones oprimen a sus súbditos . . . " (Lc 22:24–26).[3] Su capacidad para dominar a los demás, a menudo sin tener que rendir cuentas a nadie, creaba oportunidades para la opresión y la tiranía.

---

2 Una vez en Mateo: "Estos son los nombres de los doce apóstoles" (Mt 10:2), y seis veces en Lucas, donde "discípulo" y "apóstol" se usan a menudo indistintamente (Lc 6:13; 9:10; 11:49; 17:1,5; 22:11,14; 24:10).
3 Compare 2 Cor 1:24; 1 P 5:3.

"Los que ejercen autoridad sobre ellos se llaman a sí mismos benefactores" (Lc 22:25). Estos individuos, entre cuyo número había tiranos de la época, se conferían a sí mismos el título de benefactor, es decir, "obrero del bien". Los benefactores se dedicaban a hacer regalos públicos a cambio de honores igualmente públicos, compitiendo entre sí por el poder y la influencia. Ellos autorizaban sus propias credenciales obligando a sus beneficiarios de estatus inferior a ofrecerles honor y lealtad.[4] Lo hacían no solo para centrar la atención en sí mismos y en sus logros, a menudo fantasmagóricos, sino, lo que es más importante, para reforzar su estatus superior. Así pues, no fue su práctica de la benevolencia lo que suscitó el antagonismo de Jesús, sino su búsqueda por la gloria personal.

Así, Jesús añadió *Benefactor* a los demás títulos y aspiraciones proscritos para evitar que sus seguidores se dejaran llevar por la autopromoción[5] y la búsqueda de estatus, y para recordarles que solo Él, junto con su Padre y el Espíritu Santo, era digno de honor y gloria.

Concluyó con una advertencia y un desafío: "Pero entre ustedes no será así" (Lc 22:26). Jesús rechazó, para todos los tiempos y contextos, la creencia nociva de que un título, un lugar (puesto de honor) o una posición en una organización o un grupo social confieren valor a alguien, o la creencia generalmente aceptada como cierta de que el valor de una persona viene determinado por el honor o la gloria que otras personas le otorgan.

Llamados a la gruiandeza

Jesús se enfrentó a este modelo de dar y recibir gloria, profundamente arraigado en la cultura de la época, en un encuentro con una multitud hostil de dirigentes judíos que le criticaban por curar en sábado: "Yo he venido en nombre de mi Padre y ustedes no me aceptan; pero si *otro viniera en su propio nombre*, a ese sí lo aceptarían. ¿Cómo va a ser posible que ustedes crean, si *reciben gloria unos de otros*, pero no buscan la gloria que viene del Dios único?" (Jn 5:43–44, énfasis mío).

---

4 Zeba Cook, "Benefaction/Patronage," *Oxford Bibliographies*, 28 July, 2015, https://www.oxfordbibliographies.com/view/document/obo-9780195393361/obo-9780195393361-0203.xml.

5 Es decir, de sí mismos, y en nuestro contexto contemporáneo, de sus "ministerios".

¿Por qué este tema era tan vital para Jesús? Él se había comprometido a evitar que la naturaleza contagiosa de la autopromoción y la búsqueda de estatus se extendiera a los discípulos y a la Iglesia que pretendía construir a través de ellos.[6] El maestro de la Biblia Bob Deffinbaugh lo resume muy bien: "No debían considerar el ser discípulos como una especie de trampolín hacia la prominencia y la autoridad, ya que ésto los llevaría a exaltarse a sí mismos y a usurpar la posición y prerrogativas de Dios mismo, de la misma manera que hicieron los fariseos".[7]

Jesús no estaba llamando a estos futuros líderes a aspirar al poder o a la autoridad sobre los demás, ni a títulos importantes o puestos de prestigio. Y definitivamente no los estaba llamando a ser dignatarios, a pesar de siglos de prácticas eclesiásticas posteriores que decían lo contrario.[8] Él los estaba llamando a la grandeza; una cualidad de grandeza tanto inesperada como exigente: buscar la honra que viene del Padre. *En el Reino, la sumisión y el servicio, más que la posición o los títulos, son la puerta de entrada a la grandeza y la honra.*

Sin embargo, parece que no podemos resistirnos a dar o recibir tales títulos. Fíjense con qué facilidad transformamos los títulos relacionados con servir a los demás o con exaltar a Dios en títulos honoríficos: "Ministrar" (que es "servir"), se convierte en "nuestro Ministro a cargo de la iglesia". "Venerar o reverenciar a Dios" se convierte en "el Reverendo ____", alguien que merece respeto o reverencia. "Pastorear" se convierte en "Pastor".[9]

---

6 Juan Calvino utiliza esta metáfora en su comentario sobre Mateo 23: Jesús «habló públicamente de sus vicios, no para despertar envidia contra ellos, sino para evitar que el contagio se extendiera más». Juan Calvino, Comentarios de Calvino, vol. 33: Mateo, Marcos y Lucas, Parte III, trad. de John King, [1847–50], https://www.sacred-texts.com/chr/calvin/cc33/cc33012.htm. Bob Deffinbagh, El discipulado: sus definiciones y peligros (Mateo 23:1–12), 1 de junio de 2004.

7 Bob Deffinbagh, *Discipleship: Its Definitions and Dangers (Matthew 23:1–12)*, June 1, 2004, https://bible.org/seriespage/discipleship-its-definitions-and-dangers-matthew-231-12.

8 William Barclay, en su comentario sobre Juan 13, se refiere a los "dignatarios eclesiásticos" que "se sienten ofendidos porque no recibieron la precedencia que les correspondía por su cargo". William Barclay, Barclay's Daily Study Bible—New Testament (St. Andrew Press, 2004) https://www.studylight.org/commentaries/dsb/john-13.html.

9 Esta tendencia a otorgar títulos es evidente en varias traducciones modernas al inglés de 1 Timoteo 3:1. El término griego «aspira a la supervisión» se traduce frecuentemente como «busca el cargo o posición de supervisor».

Recuerdo haber hablado con un hombre en el funeral de un amigo, que estaba ansioso por mostrarme sus credenciales. En menos de diez minutos, sabía todos los títulos que había obtenido, todos los puestos destacados que había ocupado, todas las personas eminentes que conocía y todos los éxitos notables que había logrado. Al parecer, este pastor bien vestido estaba ávido de cualquier oportunidad para dar a conocer su reputación.

Sin embargo, al final de nuestra conversación, me sentí más triste que impresionado, y me pregunté por qué este pastor había sentido la necesidad de reducirme a un mortal indigno en comparación con su excelsa presencia.

En una conferencia telefónica con un grupo de líderes de todo el mundo, una de las mujeres describió el ambiente asfixiante que reina entre los líderes cristianos de su país: "Todo el mundo está obsesionado con sus cargos y títulos", dijo. "Todos compiten entre sí. Y te obligan a comportarte como ellos". Luego vino su comentario más revelador: *"Si les quitas el título, los matas"*. Esto refleja una observación que escuché de un colega latinoamericano, que reflexionaba sobre la dificultad que tienen los líderes cristianos para trabajar juntos: *"Los líderes de la iglesia y misioneros norteamericanos temen ceder el control. Sus homólogos latinoamericanos temen perder su identidad e imagen públicas*. No quieren que se promueva el nombre de nadie más que el suyo".

Este tipo de temores (ceder el control o perder nuestro estatus de celebridad) son el resultado inevitable de perder de vista nuestra identidad principal como hijos valiosos del Padre y seguidores reverentes de Jesús. Las recompensas del poder y la posición son a menudo irresistibles. Cuanto más atamos nuestra identidad al poder que tenemos o a la posición que ocupamos como líderes, más difícil nos resulta desprendernos de nuestro rol o volver a conectar con nuestra identidad en Cristo.

- *¿De qué manera se ha sentido tentado a encontrar su identidad en la visibilidad y los privilegios de su rol como líder?*
- *¿Qué es lo que más le ha ayudado a mantener su identidad fiel a Jesús?*

¿Cómo midió Jesús la grandeza?

Aquella última noche en el Aposento Alto, ¿se imaginaban los discípulos que eran los más importantes, los más valientes, los más fieles, los que debían ser tenidos en más alta estima? Para Jesús, todos eran iguales. Lo que ellos creían que los hacía grandes, no era el honor que ellos creían.

Los discípulos se habían obsesionado con la pregunta: "¿Quién de nosotros es el más grande?". Jesús planteó una pregunta mucho más importante: "¿Cómo es la grandeza? Su respuesta debió ser tan decepcionante para ellos como lo fue para él su disputa sobre la grandeza: "No sea así entre ustedes. Al contrario, el mayor debe comportarse como el menor y el que manda como el que sirve" (Lc 22:26) El extraordinario cambio de perspectiva que Jesús estaba describiendo debió de ser impensable para los discípulos: ¿se imaginan a Anás y Caifás lavándoles los pies?

Jesús preparó el terreno para otro cambio haciendo una pregunta retórica a la que, por una vez, era fácil dar la respuesta correcta: "Porque, ¿quién es más importante, el que está a la mesa o el que sirve? ¿No lo es el que está sentado a la mesa?". Esto sonaba más a la cualidad de grandeza que esperaban sus discípulos. Sin embargo, Jesús los estaba preparando para una impactante conclusión sobre este asunto: "Sin embargo, yo estoy entre ustedes como uno que sirve" (Lc 22:26–27). Los discípulos no sabían qué pensar. *Jesús ni actuaba como los dignatarios de su tiempo ni esperaba ser tratado como tal.*

A Jesús no le preocupaba en absoluto rebajar su dignidad a los ojos de los demás lavando los pies de sus discípulos. Aprovechó el ambiente del Aposento Alto, para desinflar la exagerada imaginación de los discípulos sobre su propia grandeza, dignificando y transformando un simple acto de servicio en la máxima expresión de grandeza.[10]

Jesús apuntó hacia sí mismo y a sus actos de servicio sacrificial, no a su poder, su autoridad o sus títulos, como modelo de grandeza y dignidad personal.[11] De hecho, ambas estaban vinculadas, pero no como marcas de la posición social o la importancia de una persona.[12]

---

10 Su énfasis estaba en la humildad y el servicio, no en la sumisión.
11 Y pronto les mostraría la magnitud de su amor y servicio sacrificial, como lo había prefigurado anteriormente cuando les lavó los pies (Juan 13:1).
12 Ya sea que lo reclame la propia persona o que se lo atribuyan otros.

Más bien, la grandeza y la dignidad se expresaban plenamente, como vemos en Jesús, a través de la humildad, la accesibilidad y el servicio.[13] No se trataba de conceptos abstractos, sino de realidades prácticas que su vida puso de manifiesto.

Durante un retiro en el sur de Brasil para líderes ministeriales asociados con la Alianza Global Wycliffe, el grupo discutía sobre la importancia de cómo visten los líderes para demostrar su autoridad y poder. Hay que verse como un líder. Lo peor es vestir de una forma que disminuya su autoridad y poder. Henrique Dias, un líder indígena de la tribu Terena, el primer grupo tribal de ese país en recibir el Evangelio, trabajaba entonces en un ministerio gubernamental. Nos contó lo siguiente:

> La semana pasada participé en dos almuerzos oficiales. El primero fue con militares de alto rango, en el que yo era el único civil. En su invitación, incluyeron un formulario en el que se describía la vestimenta formal requerida para la ocasión. El segundo almuerzo, que fue con el secretario de la policía, incluía instrucciones similares sobre cómo debía vestir.

En ese momento, uno de los presentes interrumpió: "En Brasil respetamos las diferencias, así que deberían haber respetado su cultura". "Sí", continuó Henrique. "Así que en ambas ocasiones llevé mi ropa y corona tradicionales."[14]

El extraordinario servicio de Jesús a sus propios discípulos nos recuerda la desconcertante parábola del amo que, al volver de un banquete de bodas y encontrar a sus sirvientes listos y esperando, se dio la vuelta y les sirvió (Lc 12:35–38). Kenneth Bailey comenta: "No conozco ningún incidente en la vida contemporánea o en una historia

---

13 A menudo se entiende que la grandeza humana significa, y esencialmente exige, no tener nada que ver con la gente común. Si no podemos despejar nuestra mente de tales asociaciones con la grandeza, no podremos imaginar que el gran Dios nos hable. Lo consideraremos un dignatario demasiado ocupado, demasiado consciente de su estatus o demasiado encumbrado para comunicarse con nosotros. La dignidad y la grandeza de Dios se ven precisamente en su humildad y accesibilidad a todos. Dallas Willard, Escuchando a Dios: Desarrollando una relación conversacional con Dios (Downers Grove, IL: InterVarsity Press, 2012), 94, 112.
14 Este elaborado tocado de plumas habría destacado mucho más que lo que llevaba cualquier otra persona. Ver http://www.amtb.org.br/cbm-2017/preletores/.

del pasado en Oriente Medio en el que aparezca una inversión de roles tan increíble".[15] Esta demostración de amor y de liderazgo fue tan poderosa precisamente porque fue inesperada.

Algunos de nosotros soñamos con convertirnos en la próxima Madre o Padre Teresa. Puede que su ejemplo nos inspire, pero no competimos con ella ni con nadie. *Demostramos nuestra grandeza como líderes del Reino cuando ponemos todo nuestro poder y privilegio, toda nuestra autoridad y experiencia, y toda nuestra reputación y recursos a disposición de Jesús, para amar y servir a quienes lideramos.*[16]

Reflexione en sus propios deseos y motivaciones como líder en su contexto.

- *¿De qué manera su identidad y valor están ligados al aprecio y la aprobación de aquellos a quienes dirige?*
- *¿Qué experiencias y logros buscan los líderes en su contexto para encaminarse hacia la grandeza?*
- *¿Cómo se comparan esas experiencias y logros con la forma en que Jesús alcanzó la grandeza?*

Jesús no sólo redefinió la grandeza. El redefinió el éxito.

- *¿Cómo describiría la definición de éxito de Jesús?*
- *¿En qué medida se parece o difiere la idea de éxito de Jesús a la suya, o a la de su organización o comunidad?*

¿Celebridades cristianas?

En diversas partes del mundo, he observado cómo se trata a los líderes cristianos como realeza espiritual o, en tiempos más recientes, como celebridades. El respeto a tales líderes significa que siempre se les da el primer lugar en la plataforma. La lealtad a tales líderes significa que nadie cuestiona su juicio o sus decisiones.

---

15 Bailey, Jesús a través de los ojos de Oriente Medio: Estudios culturales en los Evangelios, 373. El autor cita a Matta al-Miskin, un monje copto: "Aquí es donde el que ama se ciñe de gloria y se sienta y los alimenta con su propio cuerpo y les da de beber de su copa".

16 O como Jesús lo expresó más sencillamente: dar nuestra vida por nuestras ovejas (Juan 10:15).

Me viene a la memoria la ácida observación de Alice Roosevelt Longworth sobre su padre, el ex presidente de Estados Unidos Theodore (Teddy) Roosevelt: "Mi padre siempre quiso ser el cadáver en todos los funerales, la novia en todas las bodas y el bebé en todos los bautizos".[17]

Me pregunto cómo habrá comparado a ciertos líderes cristianos de alto nivel en su tiempo, con su propio padre. Tienen que predicar todos los sermones, estar en todas las plataformas de oradores y tener el título más largo de todos los presentes.

En defensa de estas prácticas, algunos líderes creen que se han ganado toda la adulación y deferencia que les llega. Otros líderes le dirán que eso es lo que esperan sus seguidores: los seguidores elevan su propio sentido del valor asociándose con líderes de visibilidad y distinción. En algunos contextos, cuando los seguidores ven a un líder realizando tareas serviles en público, como hace la gente corriente, se avergüenzan. Estas creencias y prácticas suelen estar profundamente arraigadas.

Como se señaló en un capítulo anterior, Jesús era consciente de las prácticas culturales de la época, pero no se limitaba a ellas. Tampoco le preocupaba ofender ni siquiera al más digno de los dignatarios. De lo contrario, no habría sido capaz de transmitir un mensaje tan radical de gracia y verdad que trasciende cualquier cultura humana.

Jesús tampoco se dejó influir por los deseos o intenciones que otros tenían para Él. Cuando los discípulos le buscaron una mañana temprano con la noticia de que todos en Capernaúm le buscaban, se marchó a otro lugar (Mc 1:35–38). Cuando la multitud de cinco mil personas quiso hacerle Rey después de que les diera de comer, se retiró a un monte para esconderse de su vista (Jn 6:15). Y cuando Pedro, hablando en nombre de todos los discípulos, llevó aparte a Jesús y le reprendió por presagiar su sufrimiento y muerte, Jesús se volvió hacia Pedro y le ordenó al Diablo que se alejara de Él (Mt 16:21–23).

Problemas en la cocina: una oportunidad perdida para la grandeza

Los miembros de cada cultura siempre tienen buenas razones para explicar por qué no pueden practicar el liderazgo cristiano tal

---

17 Alice Roosevelt in Doug Wead, *All the Presidents' Children: Triumph and Tragedy in the Lives of America's First Families* (Atria Books, 2003), 107.

como Jesús lo modela en los Evangelios: "Así no se hace en nuestra cultura". A veces nuestra resistencia es más rotunda: "No podemos hacer eso en nuestra cultura".

Pero Jesús nunca preguntó: "¿Les parece bien mi planteamiento?". En su lugar continuó diciendo: "En verdad, en verdad les digo . . . " Jesús nos conoce bien y sabe que necesitamos este repetido refuerzo, para penetrar nuestros corazones y mentes sacudiendo nuestras creencias y comportamientos de liderazgo.

Los actos sencillos de servicio nos recuerdan que formamos parte de las comunidades que dirigimos y que no estamos separados de ellas. No se necesitan credenciales para servir: cada uno de nosotros tiene la oportunidad de practicar la grandeza, independientemente de nuestros títulos y cargos, o de la falta de ellos.

¿Qué aspecto tiene hoy esa grandeza? En una entrevista en la revista Time, el ugandés Dr. Peter Okaalet describió la práctica de muchos pastores rurales africanos: "Donde acaba el camino para el auto todoterreno, el pastor se sube a su bicicleta. Donde se detiene el camino para la bicicleta, el pastor la deja a un lado y continúa a pie".[18] ¿Quién no querría tener pastores tan grandes como estos?

A veces, sin embargo, perdemos oportunidades de exhibir grandeza cuando creemos que está en juego nuestra dignidad o nuestro estatus.

El siguiente incidente le ocurrió a un colega mío hace varios años: María (nombre ficticio) dirigía un taller de formación con pastores locales. Después de la cena de la primera noche, pidió a todos que lavaran sus propios platos en la cocina, ya que en su lugar de reunión no había personal para limpiar por la noche. A la mañana siguiente, los pastores anunciaron a María que abandonaban el taller, pues les había ofendido y deshonrado al pedirles que hicieran ese trabajo servil.

Estos pastores tenían una idea muy clara de qué tareas estaban por debajo de su dignidad como líderes cristianos, sobre todo cuando la persona que les pedía ayuda era una mujer, y el trabajo que les pedía que hicieran lo hacían habitualmente las mujeres en ese contexto. María acudió a su director en busca de consejo.

---

18 Christine Gorman, "Bridge Builder," *Time* 166, no. 18. October 31, 2005, 91, http://content.time.com/time/magazine/article/0,9171,1124322,00.html.

🔍 Consideremos este incidente desde tres perspectivas diferentes: María, los pastores y el director de María.

Desde la perspectiva de María:
- ¿Cuáles son los hechos importantes de este incidente?
- ¿Qué estaba en juego para ella?

Desde la perspectiva de los pastores:
- ¿Cuáles son los hechos importantes de este incidente?
- ¿Qué estaba en juego para ellos?

Desde la perspectiva de su director:
- ¿Cuáles son los hechos importantes de este incidente?
- ¿Qué estaba en juego para él o ella?

Varios meses después, asistí a una conferencia sobre movilización misionera en otra parte del mundo en la que participaban varios pastores locales. Se celebró en las instalaciones de una pequeña escuela bíblica y agencia misionera. Los líderes de la escuela bíblica se ofrecieron a cocinar para nuestro grupo y reclutaron a sus esposas e hijos para que ayudaran a servir las comidas y lavar los platos. Por la noche, nos pedían que recogiéramos los platos y los fregáramos para que ellos pudieran descansar antes de volver a empezar temprano a la mañana siguiente. Los pastores locales llevaban sus platos a la cocina como todo el mundo y los lavaban. Cuando conté la historia de María a uno de ellos, me miró sorprendido y preguntó: "¿Esos pastores no leen la Biblia?".

Quizá se esté preguntando qué pasó con María y los pastores. Siguiendo el consejo de su director, se dirigió a los pastores y les pidió disculpas por haberles pedido que lavaran sus propios platos. Ellos aceptaron sus disculpas y accedieron a quedarse el resto del taller. El taller se salvó, pero los pastores perdieron la oportunidad de practicar la grandeza del Reino. Nunca me enteré de quiénes de los otros participantes esperaban los pastores que lavaran sus platos sucios, pero tengo una fuerte corazonada sobre quién terminó en la cocina.

🔅 Compartí la historia de María como caso de estudio en un taller de formación de líderes con participantes de Europa, África y América. Pequeños grupos con al menos un representante de cada región debatieron la situación descrita. Todos los grupos llegaron a la misma conclusión: María se había equivocado al pedir a los pastores que lavaran sus propios platos.

- *¿Qué factores imagina que guiaron el pensamiento de estos grupos pequeños?*
- *¿Cómo cree que Jesús habría respondido a María si hubiera acudido a Él en busca de consejo?*

A menudo me he preguntado: "¿Cómo habría respondido a estos pastores si hubiera sido el director de María?". ¿Y usted? ¿Qué habría hecho?

Tomando en cuenta el contexto, podría haberme dirigido a los pastores en nombre de María y decirles: "Lamento que la petición de María de que laven los platos les haya ofendido. Pero me pregunto si podríamos dedicar un momento para reflexionar sobre lo que sucedió en el Aposento Alto de Jerusalén, la noche en que Jesús fue traicionado. ¿Qué es lo que se nos dice que lavó nuestro Señor y Maestro Jesús y que nos dejó como ejemplo a seguir?"

🔅 Cuando Jesús lavó los pies a sus discípulos, transformó una práctica degradante en un acto profético, desafiando lo que para sus discípulos era socialmente aceptable y anticipando su muerte inminente. Él nos ha pasado la toalla.

- *¿Qué había en la presencia y la autoridad personal de Jesús que le permitieron ennoblecer una tarea tan innoble?*
- *Si hubiera estado allí esa noche, ¿qué le habría impedido servir así a sus condiscípulos?*

"En el Reino de Dios, el servicio no es un peldaño hacia la nobleza; esta es la nobleza (el servicio) el único tipo de nobleza que se reconoce."[19]

---

19 T. W. Manson, citado en John Stott, *Involvement: Social and Sexual Relationships in the Modern World / Involucramiento: relaciones sociales y sexuales en el mundo moderno* (Revell, 1985), 260.

Capítulo 9

Reflexiones Sobre el Poder y la Autoridad

Ejerza su liderazgo con valentía. Pero sostengalo suavemente. Es solo un préstamo.[1]

Una tarde, durante un taller con más de veinte líderes de organizaciones de Wycliffe de diferentes partes del mundo, los participantes se autoseleccionaron en dos grupos. Los que se identificaban con el Sur Global (nuestra terminología en aquel momento[2]) se sentaron juntos en una mesa, y los que se identificaban con el Norte Global se sentaron en otra mesa. Durante una hora deliberaron sobre la siguiente pregunta *¿Qué valores característicos de su región les gustaría ofrecer como regalos a sus contrapartes del Norte/Sur Global para fortalecer la comunidad global de Wycliffe?*

Un regalo que la mesa del Sur Global ofreció a la mesa del Norte Global fue "Comunidad: ser amable y accesible. Valoramos los aportes y consultas colectivas. El bienestar de la comunidad se valora más que los derechos individuales: 'Yo soy porque somos'". Entre los regalos que ofreció la mesa del Norte Global había uno relacionado con los conflictos: "Tratar los conflictos con amor y respeto en el momento oportuno, sin evitarlos ni ignorarlos, y dejando espacio para múltiples formas de abordarlos." Los regalos que ofrecieron las dos mesas se dividieron a grandes rasgos en cinco temas: celebración, amistad y relaciones, confianza, uso del tiempo y liderazgo.

---

1 Esta cita se basa en las ideas de William Kahn, *Holding Fast the Struggle to Create Resilient Caregiving Organizations* (Brunner-Rutledge 2005), 226–27.

2 Al momento de escribir este artículo, los términos preferidos son Mundo Mayoritario para el Sur Global y Mundo Minoritario para el Norte Global. Si bien estos términos se han debatido y definido de forma diferente, el Mundo Mayoritario/Sur Global se refiere típicamente a África, Latinoamérica y partes de Asia, mientras que el Mundo Minoritario/Norte Global incluye América del Norte, Europa, Australia, Nueva Zelanda, Japón, Singapur y Corea del Sur. En ocasiones, estos dos grupos se han descrito como el Norte y el Oeste Globales y el Sur y el Este Globales.

Sin embargo, lo más significativo de este encuentro no fueron los regalos que cada grupo ofreció, sino la forma en que los dos grupos se relacionaron entre sí. Uno de los líderes más jóvenes de América Latina, que había participado en el ministerio transcultural durante más de una década, dijo al grupo al final de la sesión: "Es la primera vez en mi experiencia misionera que me he sentido escuchado por mis hermanos y hermanas del Norte Global."

Como uno de los facilitadores de este diálogo, sentí una mezcla de euforia y tristeza: euforia porque estos dos grupos se habían escuchado tan bien mutuamente, y tristeza porque, al menos para uno de los participantes, ésta era su primera experiencia de ser realmente escuchado por líderes misioneros del Norte Global.

He tenido innumerables conversaciones con líderes y obreros transculturales norteamericanos que, con gran seriedad, declaran su compromiso de trabajar junto o bajo el liderazgo de colegas del Sur Global en el ministerio. Rara vez he tenido ocasión de dudar de su sinceridad. Pero colegas del Sur Global me han preguntado en innumerables ocasiones: "¿Por qué ustedes (Norte Global) siempre tienen que estar al mando? Ustedes creen que tienen todas las respuestas".

Aunque se trata de un reto particular para los estadounidenses, no es exclusivo de ellos. Conozco situaciones en las que líderes de determinados países de África o Asia son igualmente asertivos y dominantes en su forma de relacionarse con otros de la misma región. También he vivido muchas ocasiones en las que la presencia de líderes del Sur Global, sobre todo de los de mayor rango, impedían que otros participantes hablaran libremente o hicieran aportes.

A veces, como líderes, somos muy conscientes de ejercer nuestro poder. Somos personas de acción que tenemos la competencia, los recursos, la experiencia y el dinero para hacer que las cosas sucedan.

Otras veces, el poder nos adormece, especialmente en entornos interculturales. No somos conscientes del alcance de nuestro poder ni del impacto que tenemos en otros menos poderosos. El erudito Yiddish Max Weinreich popularizó la frase "un idioma es un dialecto con un ejército y una armada".[3] Su argumento era que la diferencia entre

---

[3] Marc Ettlinger, "What's the Difference Between a Dialect and a Language?" *SLATE*, https://slate.com/human-interest/2014/02/what-s-the-difference-between-a-dialect-and-a-language.html.

ambos es principalmente política y no lingüística. Es una cuestión de poder: el poder que somos capaces de proyectar.

Mi ascendencia nacional me sitúa en la categoría de poder del ejército y la armada. Como hombre blanco y mayor de Estados Unidos, llevo conmigo mi americanidad a donde sea que voy. No puedo evitar proyectar el poder de mi cultura de origen cuando entro en una habitación, sin ninguna intención por mi parte. Se refleja en mi postura, mi forma de hablar, mi presencia y mi lenguaje. Pero, rara vez soy consciente de ello.

Los estadounidenses ejercen una influencia especialmente grande en la industria mundial del desarrollo del liderazgo. El desarrollo del liderazgo es un gran negocio. En el momento de escribir estas líneas, se calcula que el gasto anual total en la formación y el desarrollo del liderazgo en todo el mundo asciende a 50.000 millones de dólares.[4] Esa cantidad supera el producto interno bruto de cien naciones. Se trata de una industria poderosa, pero que en muchos casos no ha cumplido sus promesas.[5]

Debido a nuestra desarrollada capacidad para exportar y proyectar nuestras creencias y valores, uno de nuestros retos particulares como estadounidenses surge de nuestro bienintencionado deseo de compartir nuestras bendiciones con los demás. En el proceso, a menudo tenemos dificultades para distinguir entre la exportación de nuestras bendiciones

---

4 Mike Prokopeak, "Follow the Leader(ship) Spending," *Chief Learning Officer*, March 21, 2018 https://www.chieflearningofficer.com/2018/03/21/follow-the-leadership-spending/. Some sources have put that figure even higher, but I believe they are including the total global annual outlays for training: for example, Chris Westfall, "Leadership Development Is a $366 Billion Industry: Here's Why Most Programs Don't Work," *Forbes*, June 20, 2019. https://www.forbes.com/sites/chriswestfall/2019/06/20/leadership-development-why-most-programs-dont-work/#1f0f64dc61de. Westfall says, "TrainingIndustry.com says that leadership training is a $366 billion global industry. . . . With an estimated $166 billion annual spend on leadership development in the USA alone." However, TrainingIndustry.com's website states clearly that the $366 billion outlay is for all training. https://trainingindustry.com/wiki/outsourcing/size-of-training-industry/. Some estimates indicate that leadership development training makes up roughly one-third of all global training.

5 Westfall. Barbara Kellerman has written eloquently about this in her book *The End of Leadership* (Harper Business. 2012). See also Mihnea Moldoveanu and Das Narayandas, "The Future of Leadership Development," *Harvard Business Review*, March–April 2019: "Anecdotal evidence on skills transfer suggests that barely 10% of the $200 billion annual outlay for corporate training and development in the United States delivers concrete results." https://hbr.org/2019/03/educating-the-next-generation-of-leaders#the-future-of-leadership-development.

y la exportación de nuestro poder. Así que cuando se consigue lo uno, también se consigue lo otro.

Una tarde, un colega asiático me llevó aparte tras un difícil diálogo entre un grupo de líderes del Sur Global y otro del Norte Global. Estábamos de pie junto a una mesa de juego. Miró la mesa y luego me miró a mí y dijo: "Según mi experiencia con los estadounidenses, cuando vienen a mi país, buscan jugadores como yo para ponerlos en el campo de juego cuando los necesitan. Cuando terminan, simplemente nos eliminan. Somos solo sus peones".

Hace algunos años, durante un almuerzo con varios líderes cristianos de fuera de Estados Unidos, un pastor de Burkina Faso nos dijo:

> Todos los años vienen cristianos estadounidenses a Uagadugú[6] y piden reunirse conmigo. Traen sus nuevas ideas, sus materiales de formación ministerial y su dinero. Lo que no entienden es que todavía estamos intentando aplicar el programa del año pasado que nos presentó otra iglesia estadounidense bienintencionada. ¿Por qué nunca ninguno de estos grupos nos pregunta cuál es nuestra visión para ministrar a nuestra propia comunidad?"

En otra ocasión, un colega africano describió sus dificultades para trabajar con una poderosa organización occidental: "Son como un gran elefante macho que se dirige al abrevadero. Nosotros estamos a un lado del camino agitando los brazos para llamar la atención del elefante, pero él avanza a gran velocidad y con gran fuerza". Cualquier intento de impedir el avance de una bala de cañón de doce mil libras con piernas que se precipita por el camino a cuarenta millas por hora[7] conduce a resultados que se asocian comúnmente con intentos de suicidio exitosos.

El pastor Chris Davis, dirigiéndose a una cultura que está más familiarizada con máquinas que con animales salvajes, valientemente señala que los líderes "conducen tractores, no triciclos. No debemos subestimar los estragos que podemos causar cuando no utilizamos nuestro poder sabiamente", especialmente cuando tratamos con otros que tienen menos poder que nosotros.[8] Este es un problema potencial para todos los líderes, no sólo para los estadounidenses.

---

6 La ciudad capital, pronunciada wah-guh-DOO-goo.
7 O, en el sistema métrico, 5.400 kilogramos y sesenta y cinco kilómetros por hora.
8 Chris Davis, "Leaders, Talk About Power to Protect the Vulnerable," The Gospel Coalition, April 27, 2018. https://www.thegospelcoalition.org/article/leaders-talk-power-protect-vulnerable/.

No importa cuántos años hayamos servido en el liderazgo, siempre habrá necesidad de vigilar la administración del poder que está a nuestra disposición: poder para hacer el bien o el mal. Citando de nuevo a Davis, "Nadie obtiene un pasaje por ser quien es, ya que la única persona en quien se puede confiar perfectamente es en Jesús".[9] Él es nuestro modelo más inspirador y desafiante. En lugar de utilizar su influencia para controlar a la gente que le rodeaba o para satisfacer sus propias necesidades, Jesús ejerció su poder y autoridad en sumisión al Padre, bajo la inspiración y guía del Espíritu Santo. Ningún líder actuó jamás con mayor responsabilidad.

Independientemente de que otros nos lo exijan, tenemos la responsabilidad de salvaguardarnos a nosotros mismos y a quienes dirigimos, asegurándonos de que contamos con personas y sistemas a nuestro alrededor que hacen que la transparencia y la rendición de cuentas sean inevitables. Estas limitaciones no garantizan que vayamos a hacer lo correcto, pero contribuyen en gran medida a asegurar que cuando realmente hagamos lo incorrecto, salga a la luz, por el bien de todos.

Una tarde, tras una reunión con colegas del equipo directivo internacional de la organización a la que pertenezco, regresaba a mi oficina con dos miembros del personal. Uno de ellos me miró y me preguntó: "¿Puedes participar alguna vez en una reunión en la que no estés al mando?". Quedé mudo. No podía estar hablando de mí. "¿Es así como me veo?" le pregunté. Su respuesta fue inmediata e inequívoca: "Sí, todo el tiempo".

Nunca he olvidado esa respuesta; tampoco he olvidado el regalo de Dios al darme un colega que me respetó lo suficiente como para decirme la verdad sobre mí mismo.

🔎 ¿Y usted?

- *¿Cuándo fue la última vez que alguien le dijo una verdad incómoda sobre su impacto como líder?*
- *¿Qué hizo con esa información?*

Si no puede recordar esa ocasión, debería activar las alarmas de emergencia.

- *¿Qué está ocurriendo, o no está ocurriendo, en el entorno que está creando a su alrededor como líder para evitar que le llegue este tipo de información?*

---

9 Davis, "Leaders, Talk about Power."

Permítanme hacer una última observación. El Antiguo y el Nuevo Testamento están llenos de imágenes de viñedos, vides y vino. A menudo se compara a Israel con una vid fructífera, y Jesús se describe a sí mismo como la vid verdadera (Juan 15:1). Sin embargo, el mismo Dios que produce "vino que alegra los corazones humanos" y "aceite para hacer brillar sus rostros" (Sal 104:14–15) advierte contra "¡Ay de los valientes para beber vino, de los campeones que mezclan bebidas embriagantes" (Is 5:22). "También sacerdotes y profetas se tambalean por causa del vino, trastabillan por causa del licor; quedan aturdidos con el vino, tropiezan a causa del licor. Cuando tienen visiones, titubean; cuando toman decisiones, vacilan." (Is 28:7). Hay que preguntarse por qué Dios creó a propósito uvas que pueden causar tanto placer como daño. Aparentemente, su deseo de ofrecer algo bueno superó su preocupación por el mal uso que pudiéramos darle.

Creo que el mismo principio es válido para entender los regalos de poder y la autoridad que Dios pone a disposición de los líderes. Podría haberlos ocultado fácilmente, sabiendo con qué frecuencia íbamos a abusar de ellos. Pero no lo hizo. En lugar de ocultarnos esas armas potencialmente peligrosas, opta por confiarnos la oportunidad de aprender a utilizarlas bien. Eso exige madurez y una profunda sabiduría y discernimiento que sólo puede adquirirse a los pies de Jesús.

Parte IV

Líderes Emergentes Bajo la Influencia de Jesús

Cuando Jesús le diga venga, vaya. Es mejor morir en el agua que quedarse sentado en la barca.
—Betta Mengistu, reflexionando sobre la invitación de Jesús a Pedro para que se acercara a Él en el Mar de Galilea.[1]

Contrario a la relación habitual entre rabinos y discípulos, Jesús eligió a sus propios discípulos en lugar de dejar que ellos le eligieran a Él. Tras una consulta con el Padre que duró toda la noche, eligió a Doce galileos

---

1 Esta declaración es de mis notas personales de una enseñanza sobre Marcos 6:45–56 que Betta Mengistu, antiguo director ejecutivo de la Sociedad Bíblica Internacional de África, dio en una reunión de agencias bíblicas de África a mediados de los 90's en Nairobi, Kenya.

poco probables para que fueran sus compañeros durante los tres años siguientes, en un viaje que los cambiaría de formas inimaginables.

Cuando Jesús invitó a Andrés y a su amigo a "venir y ver" (Jn 1:39–41), les estaba ofreciendo algo mucho más significativo que una conversación. Los estaba invitando a entrar en una relación con Él y con un pequeño grupo, que transformaría sus vidas. De la forma en que llamó a cada uno hacia Él, añadió el desafiante compromiso: "Sígueme". Estas palabras en griego "ven y ve" y "sígueme", constituían el corazón de su acercamiento al desarrollo de líderes para su Reino.

Eligió a Doce hombres para que estuvieran con Él y para enviarlos bajo su dirección. En el contexto de estar con Él de forma íntima e intencional[2], Jesús llevó a cabo una de sus más grandes obras: moldeando hombres y mujeres ordinarios hasta convertirlos en seguidores y líderes extraordinarios. Él los atrajo a una comunidad con Él mismo y con otros. Los adoptó como miembros de su propia familia y los llamó sus amigos. Compartió secretos con ellos que nadie más tuvo el privilegio de escuchar.

Durante los tres años que pasaron juntos, Jesús mismo fue el principal instrumento que Dios utilizó en la formación de estos discípulos. Los transformó en una comunidad valiente de seguidores y líderes y reeducó sus comportamientos preparándolos para liderar su Iglesia. Una exposición tan cercana y concentrada les permitió conocerlo y confiar en Él cada vez más y de manera profunda. Jesús compartió generosamente su propia autoridad con los Doce, en consonancia con el modo en que Dios lo había hecho a lo largo de la historia, empezando por el primer hombre y la primera mujer.

Para Jesús, el trabajo de desarrollo del liderazgo era una preocupación personal que lo consumía todo. No ofrecía talleres de cinco días ni seminarios de formación de fin de semana. Por el contrario, invirtió más de 150 semanas continuas en sus discípulos, día y noche. No había tiempo libre; si los Doce hubieran recibido un salario, habrían acumulado una cantidad asombrosa de horas extra. Los llevó adondequiera que iba, asegurándose de que tuvieran comida, ropa y alojamiento durante tres años. Compensaba algunos de estos gastos haciendo que sus protegidos

---

2 Günter Krallman, Mentoring for Mission (Jensco Ltd., 1994), 53 et al. El autor introduce este término junto con «consociación» para describir la estrecha y continua asociación de Jesús con sus discípulos.

caminaran de un lugar a otro, y aceptaba de buena gana las ofertas de comidas gratuitas de todo tipo de anfitriones, tanto respetables como desagradables. Se sabe que incluso se invitaba a sí mismo y a sus seguidores a cenar. ¿Alguna vez te has preguntado cuánto presupuesto asignó el Padre a Jesús para esta obra tan crucial? Jamás lo sabremos. Lo que sí sabemos es que fueron inversiones costosas. Pero no eran caras, especialmente a la luz de los miles de millones de dólares que se invierten en los programas de desarrollo de liderazgo actuales. ¿Cómo pudo Jesús lograr tanto con aparentemente tan poco? Eso es lo que exploraremos en los próximos capítulos.

Capítulo 10
Jesús, el Principal Instrumento de Dios

La predicación sin santificación a través de mucha oración, es como una espada sin filo, como un fuego sin calor, un simple instrumento... El efecto de los sermones depende más del estado del corazón del predicador que de cualquier otra cosa.
—The Bible Christian Magazine, 1868[1]

Cuando leí por primera vez el libro clásico de Robert Coleman *The Master Plan of Evangelism*[2] (*El Plan Maestro de la Evangelización*) hace muchos años, quedé impresionado con la claridad y sencillez del autor al describir cómo Jesús convirtió a sus seguidores en discípulos y evangelistas. Más tarde me di cuenta de que Jesús al mismo tiempo, los estaba convirtiendo en líderes. No tenía un programa aparte para el desarrollo del liderazgo. Tampoco delegó la responsabilidad de ese desarrollo en un departamento de recursos humanos o en un equipo de formación ministerial.

En la sabiduría del Padre, eligió la Palestina del primer siglo como el lugar y el tiempo al que enviaría a su Hijo. Después de treinta años en Galilea, el escenario estaba preparado, con la ayuda de Juan el Bautista, para que Jesús comenzara su ministerio. Un día se presentó sin previo aviso a orillas del Jordán. Juan, superando su resistencia inicial, cumplió su parte bautizando a Jesús, y el Padre y el Espíritu Santo afirmaron amorosamente a Jesús. El Espíritu Santo finalizó la preparación de Jesús guiándolo al desierto para enfrentarse al Diablo. Cuarenta días después, Jesús completó su ordenación poco ortodoxa y entró en el sistema social y religioso judío de la época como Rabino.

---

[1] *The Bible Christian Magazine*, London: Bible Christian Bookroom, 1868, 105. https://tinyurl.com/2h3d66wx
[2] Robert Coleman, *El Plan Maestro de Evangelismo* (Revell. 1972). En 2004, se editaba por 90.ª vez en inglés en Estados Unidos, además de ediciones adicionales en inglés y otros idiomas que se han impreso en otros países.

Jesús no publicó un plan de estudios, ni un libro, porque Él era el plan de estudios principal. A lo largo de su ministerio, señaló al Padre y a sí mismo, al tiempo que se basaba en las Escrituras del Antiguo Testamento y proclamaba la buena nueva del Reino. Doug Greenwold, comentando el contexto neotestamentario, describe la centralidad del papel del Rabino en la vida de sus discípulos:

> El Rabino era la matriz, el filtro, el colador, a través de la cual fluían todas las cuestiones de la vida, así como el lente a través del que se veían todas las cuestiones de la vida. No había un plan de estudios ni un programa para esta experiencia de discipulado de varios años. Se trataba más bien de una experiencia de vida relacional diaria y continua.[3]

¿Qué tiene que ver el papel de un Rabino del siglo I con el desarrollo del liderazgo en el siglo XXI? Pocos de los que leemos este capítulo llegaremos a convertirnos en rabinos. Para los que no lo somos, Jesús modeló dos compromisos fundamentales de liderazgo que vale la pena emular.

Jesús consagró su vida

En primer lugar, su prioridad era invertir personalmente en los Doce. Convertir a los seguidores que Dios le había dado en líderes era una responsabilidad que no podía delegar. Era demasiado lo que estaba en juego como para confiar este trabajo crucial a otros, por muy profesionales que fueran. ¿Quién más podría haberles mostrado al Padre o modelado los valores del Reino? ¿En qué otro lugar habrían sido desafiados a enfrentarse a una realidad que no sabían que existía, o a experimentar el poder del amor incondicional y del perdón inmerecido? Jesús no habría podido servir como instrumento de Dios para convertir a sus discípulos en líderes sin esa cercanía, unida a su autenticidad y transparencia.

En segundo lugar, reconocía que su propia vida era el principal activo que tenía que invertir para convertir a sus discípulos en líderes. De lo contrario, ¿por qué hacerse tan accesible a ellos durante los tres años más importantes de su vida? En su oración sacerdotal de Juan 17,

---

3 Doug Greenwold, "Being a First-Century Disciple," Bible.org, February 28, 2007, https://bible.org/article/being-first-century-disciple.

Jesús dijo al Padre: "Por ellos [mis seguidores] me santifico, para que también ellos sean verdaderamente santificados". Esta afirmación tiene un significado teológico mucho mayor del que podemos explorar aquí. Ray Stedman, cuyas enseñanzas recibí cuando era un nuevo creyente, describe el significado de la santificación simplemente como "darle el uso apropiado y previsto".[4] Jesús dio a su vida el uso que Dios le había dado para que sus seguidores hicieran lo mismo. Quería que experimentaran el liderazgo del Reino a través de su vida como un modelo vivo para su propio liderazgo.

Si consideramos las palabras de Jesús a la luz de su prioridad de convertir a sus discípulos en seguidores leales y líderes de confianza, creo que estaba diciendo, en efecto: "He apartado mi propia vida para tu gloria, Padre, para que estos seguidores míos reconozcan tu presencia inconfundible en mí. Mi intención es que se conviertan en el tipo de líderes a los que puedas confiar tu autoridad y apartar para mostrar tu gloria al mundo".

Un antiguo colega me preguntó una vez: "¿Qué te da la confianza de que tienes algo que vale la pena dar a los líderes más jóvenes con los que interactúas?", mi única respuesta fue que eso era lo que sentía que Dios me había llamado a hacer, y que yo era una obra en proceso, buscando convertirme en quien Dios quería que fuera.

El reconocimiento de nuestra propia vida como un activo fundamental para el desarrollo de los demás, implica una enorme responsabilidad de parte nuestra. ¿Cómo nos convertimos en el tipo de personas que tienen algo valioso para invertir en los demás? La consultora en desarrollo organizacional Mee-Yan Cheung-Judge aboga por cultivar "nuestro autoconocimiento y experiencia" y hacer "un trabajo de mantenimiento regular en nosotros mismos" para poder servir bien a los demás. Logramos esto "dedicando tiempo y energía a aprender quiénes somos, identificando y explorando los valores por

---

4 Ray Stedman, "El Patrón en Desarrollo, Hebreos 9:24–10:18", Ray Stedman, Cristianismo Auténtico, 23 de mayo de 1965. La cita completa dice: "Esta palabra, santificado, es ampliamente malinterpretada. Suele considerarse como una especie de baño religioso para ovejas por el que las personas pasan, y al salir son más santas y puras. Pero no es eso. La palabra santificado simplemente significa 'dar el uso apropiado y previsto'. Eso es todo lo que significa". https://www.raystedman.org/new-testament/hebrews/the-unfolding-pattern. Mee-Yan Cheung-Judge, "El Yo como Instrumento: Una Piedra Angular para el Futuro del DO", OD Practitioner 44, no. 2 (2012): 42–47. https://bit.ly/3MEOYwh.

los que vivimos nuestras vidas y desarrollando nuestras capacidades intelectuales, emocionales, físicas y espirituales".[5] *Los instrumentos sin filo tienen poco valor para modelar el liderazgo cristiano o formando a otros para que se parezcan más a Jesús.*

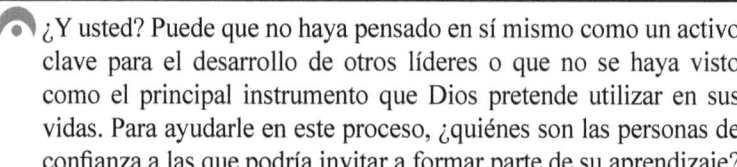 ¿Y usted? Puede que no haya pensado en sí mismo como un activo clave para el desarrollo de otros líderes o que no se haya visto como el principal instrumento que Dios pretende utilizar en sus vidas. Para ayudarle en este proceso, ¿quiénes son las personas de confianza a las que podría invitar a formar parte de su aprendizaje?

- *¿En cuál de las áreas identificadas por Cheung-Judge -profundizar su comprensión de quién es, explorar sus valores o desarrollar sus capacidades- sería especialmente importante que se centrara en esta etapa de su desarrollo como líder?*
- *¿A quién podría invitar entre sus colegas y amigos de confianza para que forme parte de su aprendizaje?*

Desarrollar mujeres y hombres en nuestra esfera de influencia es una responsabilidad que no podemos delegar ni tercerizar, como tampoco lo hizo Jesús con los Doce. Pero, ¿con qué frecuencia aparece en nuestras descripciones de trabajo como líderes?

- *¿Quiénes son los hombres y mujeres dentro de su esfera de influencia que Dios le ha confiado para desarrollarlos como líderes?*
- *¿Qué sería importante incluir en la descripción de su trabajo sobre el desarrollo de estos líderes?*

En este capítulo, hemos explorado un elemento central en el enfoque de Jesús para desarrollar a sus discípulos como líderes: su inversión intencional y personal de sí mismo. En el próximo capítulo, exploraremos otras formas importantes en las que Jesús se relacionaba con sus líderes en formación.

---

5 Mee-Yan Cheung-Judge, "The Self as an Instrument–A Cornerstone for the Future of OD," *OD Practitioner* 44, no. 2 (2012): 42–47. https://bit.ly/3MEOYwh.

Capítulo 11
¿En qué Estaba Pensando Jesús?

Jesús tenía reflejos diferentes.
—Erudito neotestamentario Gary Burge en su comentario
sobre Juan 8[1]

Los Evangelios revelan a Jesús como un líder con una notable sabiduría combinada con un profundo conocimiento de sus discípulos. Sin embargo, a menudo he observado con consternación cómo confiaba a estos novatos inexpertos responsabilidades que excedían por mucho su experiencia o comprensión. *¡Jesús, no hagas eso! No están preparados. Estás cometiendo un gran error.* ¿Cómo podía permitirles bautizar a otros cuando ellos apenas sabían un poquito más que aquellos a los que bautizaban? (Jn 4:1–2). ¿Cómo podía enviarlos a proclamar el Reino de Dios, con autoridad para expulsar demonios y curar enfermedades, cuando todavía estaban tratando de entender quién era Jesús? (Lc 9:1–6; 10:1–24). Como observa el profesor de Nuevo Testamento Efraín Agosto: "Aunque los discípulos realizaban las actividades que Jesús les encargaba, no siempre estaban seguros de las implicaciones de sus acciones".[2]

¿Por qué Jesús les confiaría a los Doce responsabilidades tan importantes antes de que fueran lo suficientemente maduros como para comprender el significado de lo que les pedía que hicieran? Si los discípulos eran tan propensos a la insensatez y a la falta de fe bajo la atenta mirada de Jesús, ¿qué iban a hacer cuando los enviara solos?

---

1 Gary Burge, *John The NIV Application Commentary* (Zondervan, 2000). El contexto de esta declaración fue la respuesta de Jesús a la mujer que los fariseos y maestros de la ley le trajeron al templo, a quien habían sorprendido en adulterio. «Jesús no se conmueve ante [su indignación] . . . Jesús tenía otros reflejos. Podía decirle al pecador sexual: 'Entonces yo tampoco te condeno . . . Vete ahora y deja tu vida de pecado' . . . Deberíamos estar profundamente preocupados por que los fariseos hayan decidido no arrastrar a una mujer y a un hombre ante Jesús». https://www.google.com/books/edition/_/7QNbH9wDiXIC?hl=en&gbpv=1&bsq=reflex.
2 Efrain Agosto, *Servant Leadership* (Chalice Press, 2011), 41.

Un jefe sabio reconocería rápidamente las limitaciones de su equipo y como consecuencia restringiría sus responsabilidades. Jesús, su Rabino igualmente sabio, reconoció sus limitaciones e hizo justo lo contrario, dándoles desafíos más allá de sus capacidades. Él se estaba adelantando a los días posteriores a su muerte, cuando de repente se encontrarían solos, a pesar de la presencia atenta, pero menos tangible, del Espíritu Santo.

¿Qué estaba pasando aquí?

Creando las condiciones para el crecimiento

Es difícil pasar por alto el hecho de que a *Jesús le preocupaba menos que los Doce cometieran errores, que el hecho de que perdieran la oportunidad de cometerlos.* Tales errores rara vez eran fatales. Tuvo tres años para formar a este grupo de pescadores, recaudadores de impuestos y fanáticos, en hombres de carácter que estuvieran listos, cuando llegara el momento, para liderar el movimiento que estaba inaugurando. Sabía exactamente lo que hacía, aunque sus discípulos entendieran las cosas mucho después. Jesús creó las condiciones para que se lanzaran y cometieran los errores que tenían que cometer para aprender las lecciones que tenían que aprender.

De joven, apreciaba las oportunidades de asumir nuevas responsabilidades, pero también dudaba. Mi respuesta característica era decirle a Dios: "No soy la mejor opción. Hay otros que están más calificados que yo para hacer esto". Lo único que oía como respuesta era silencio. Creo que Dios se cansó de escucharme decir esto, porque un día sentí que me decía: *"Sí, sé que hay otras personas más calificadas que tú. Pero no les pregunté a ellos. Te pregunté a ti".* Empecé a darme cuenta de que a Dios no solo le interesaba que hiciera el trabajo; tenía cosas que quería que aprendiera asumiendo nuevos desafíos, que a menudo tenían poco que ver con lo calificado que yo estuviera para un determinado puesto, y nada que ver con lo calificados que estuvieran los demás.

Jesús vio a sus seguidores a través del lente de lo que podrían llegar a ser, en lugar de lo que eran cuando los llamó. Invirtió en estos Doce individuos que aún no estaban preparados, dándoles responsabilidades que les impulsaran a la acción y les empujaran a crecer. Repetidamente exigió a sus discípulos que "mudaran de piel" para que pudieran seguir creciendo. Los desafió a salir de sí mismos, a pensar y a comportarse de formas distintas. Estaba dispuesto a sacrificar la eficacia a corto plazo (¿o incluso en ortodoxia?) por el beneficio que a largo plazo significaba desarrollar un grupo de líderes de Reino experimentados, que fueron entrenados con experiencias formativas que los sacaron de su zona de confort.

Considere las actitudes hacia el riesgo y el fracaso en la iglesia, organización, agencia o equipo que dirige, especialmente cuando se trata de desarrollar personas.

- *¿Cómo calificaría el nivel de tolerancia a los errores y fracasos, por bienintencionados que sean?*
- *¿Hasta qué punto se siente cómodo dando a personas más jóvenes o con menos experiencia oportunidades con suficiente margen para que puedan fallar?*

Sumergiendo a los discípulos en las realidades del Reino

Jesús podría haber pasado la mayor parte de sus tres años con los discípulos instruyéndolos cuidadosamente en la Ley, la historia, las prácticas del templo y la apologética, junto con las técnicas adecuadas para expulsar demonios y curar a los enfermos. Eso habría dado a los Doce tiempo para ensayar sus sermones hasta que pudieran predicarlos impecablemente, y tener respuestas listas para las preguntas más comunes que sus hermanos y hermanas judíos probablemente les plantearían.

Pero está claro que Jesús no pretendía crear un grupo de expertos religiosos que rivalizaran con los fariseos. No seleccionó a sus discípulos entre la clase profesional, ni los equipó para desempeñar tal función una vez terminada su formación. En su lugar, cultivó un grupo resistente de seguidores y líderes, sumergiéndolos en las realidades prácticas del Reino. Los formó día a día, desde las sandalias: modelándoles, enseñándoles y corrigiéndoles, dándoles autoridad, enviándoles y estimulándoles constantemente. Para Jesús y los doce, ésta era una ocupación a tiempo completo. Jesús nunca diferenció entre tiempos de aprendizaje y tiempos de vida. Aprovechaba tanto las oportunidades formales como las informales, de modo que los discípulos no podían distinguir fácilmente cuándo estaban siendo formados y cuándo simplemente estaban con Jesús. El proceso dinámico de compartir la vida que Jesús vivía "no se podía delinear adecuadamente con una terminología estática", observa Günter Krallman. "Por lo tanto, el concepto abstracto de 'discipulado' no encontró lugar en el vocabulario de Jesús."³

El aula de formación nunca se cerraba, tanto si Jesús cenaba con sus discípulos, asistía a los servicios de la sinagoga o caminaba por un campo de trigo. ¿Por qué tanta intensidad? Si Jesús se hubiese limitado a tener admiradores, no habría sido necesaria tal intensidad. Pero estaba formando seguidores y líderes que estarían preparados para afrontar las exigencias del liderazgo del Reino en una sociedad religiosa y civil hostil.

 Es difícil imaginar a Jesús diciéndoselo a sus discípulos: *Esta semana los envío a todos a un seminario de formación, así que suspenderemos nuestras actividades habituales en Galilea.* Sin embargo, hoy en día hablamos con frecuencia de apartar tiempo "fuera del trabajo" para la formación. La implicación es clara: la formación es distinta del trabajo real, y se lleva a cabo por separado.⁴

- *¿Qué tipo de formación se imparte a los líderes de su iglesia u organización?*
- *¿De qué manera, en su caso, se incorpora esta formación al flujo regular de trabajo?*

Realizando tareas exigentes

Cuando Jesús dio a sus discípulos tareas desafiantes que excedían su capacidad o comprensión, su intención era coherente con su forma de contar parábolas y hacer preguntas. Utilizaba las parábolas no solo para

---

3 Krallman, *Mentoring for Mission*, 55.
4 Los innovadores contemporáneos en el campo de la capacitación se refieren a la necesidad de "diferenciar el aprendizaje y la práctica", con el objetivo de "transformar el lugar de trabajo en un espacio de aprendizaje". Esto se parece mucho a Jesús. "Para que un nuevo concepto, modelo o método marque la diferencia en una organización, debe ser utilizado por sus [alumnos], no solo comprendido intelectualmente". Mihnea Moldoveanu y Das Narayandas, "El futuro del desarrollo del liderazgo", Harvard Business Review, marzo-abril de 2019. https://hbr.org/2019/03/educating-the-next-generation-of-leaders#the-future-of-leadership-development.

entretener o incluso educar a sus oyentes, sino para invitarlos a meditar detenidamente sobre cada historia para descubrir su significado más profundo. Y a menudo respondía a preguntas directas con otra pregunta o una parábola para desarrollar el discernimiento en sus seguidores, en lugar de limitarse a impartir fórmulas de cómo hacerlo. Las nociones de tres principios de oración o cuatro pasos hacia la prosperidad habrían sido impensables para un Rabino del primer siglo.[5] Kenneth Bailey señala que en la parábola del buen samaritano, Jesús tomó la pregunta del abogado: "¿Quién es mi prójimo?" y la transformó en una mucho más profunda: "¿Para quién debo *convertirme* en prójimo?".[6] En el proceso, Jesús desafió al abogado "a ampliar su comprensión de lo que la fidelidad requiere de él, porque lo que se le desafía a hacer está más allá de su capacidad".[7]

Jesús estaba cultivando en sus oyentes la disciplina de ver la realidad a través de sus ojos, junto con los cambios de perspectiva que eran necesarios para comprenderlos. Como señala el erudito sudafricano Nelus Niemandt, "ese discernimiento conduce a un nuevo aprendizaje sobre nosotros mismos y sobre Dios pero [exige] coraje profético."[8]

La lucha de los discípulos para cumplir las tareas exigentes que Jesús les encargó, creó en sus discípulos una calidad de compromiso mucho más profunda y un aprendizaje ansioso, incluso desesperado, por parte de ellos, que si Él les hubiera repartido pequeños trabajos cada vez más difíciles. ¿Qué mejor manera de prepararlos para lo que les esperaba cuando Jesús ya no estuviera físicamente presente?

Para resaltar este punto, Jesús envió conscientemente a sus seguidores "como ovejas en medio de lobos" (Mt 10:16–20). No era una misión para ovejas ordinarias, ¡ni tontas! En lugar de armaduras y armas, las herramientas del poder, Jesús aconsejó a sus ovejas que fueran prudentes e inocentes. *Era la fuerza de su carácter, no el poder de sus armas, lo que les permitiría avanzar*: adentrarse en territorio peligroso con coraje y cuidado, armadas con motivos puros, libres de engaño. Jesús no les ofreció ninguna otra protección, aparte de la

---

5 Greenwold, "Being a First-Century Disciple."
6 Bailey, *Jesus Through Middle Eastern Eyes*, 296, italics in the original.
7 Bailey, 296.
8 Nelus Niemandt, *Missional Leadership* (AOSIS (Pty), 2019), 113.

promesa de la Presencia del Padre cuando sus enemigos les entregaran para ser juzgados.

Las actitudes y el comportamiento de los discípulos dejaron mucho que desear durante su período de práctica intensiva de tres años con Jesús. Pero su madurez posterior, como se ve en el libro de los Hechos, proporcionó pruebas convincentes de la sabiduría y la eficacia del enfoque de Jesús.

Cultivando seguidores como líderes

Había algo más en el llamado de Jesús a las ovejas valientes que permeaba la interacción con sus discípulos. Es fácil pasarlo por alto, pero es fundamental para entender el tipo de líderes que Jesús buscaba. A lo largo de los tres años que pasaron juntos, Jesús fue formando seguidores al mismo tiempo que formaba líderes. Cuanto mejor aprendieran los Doce a responder a su liderazgo y dirección como seguidores, mejor preparados estarían para ejercer ellos mismos el liderazgo del Reino, cumpliendo los propósitos de Jesús y reflejando su carácter bajo su guía.

Jesús mismo fue el ejemplo consumado de seguidor y de líder. Pasó toda su vida modelando cómo era un seguidor devoto: sus ojos estaban continuamente puestos en su Padre, buscando Su Presencia y buscando Su Guía. Sin embargo, no se vio degradado ni disminuido en lo más mínimo por su sumisión al Padre. ¿En qué otro lugar podría encontrar la sabiduría, el valor y el amor para guiar en medio del rechazo implacable de aquellos a los que vino a pastorear, cuya oposición continuó hasta el último momento de su vida?

¿Por qué es tan importante que hoy comprendamos y imitemos este papel de seguidor como líder? *Cuando la humildad y la receptividad que caracterizan a los seguidores se combinan con el valor y la iniciativa que caracterizan a los líderes, el resultado es poderoso.*

Los atributos de los seguidores ejemplares mejoran y moderan los atributos de los líderes ejemplares. Esta tensión dinámica no solo nos protege como líderes de abusar de nuestra autoridad o de las personas que se nos han confiado, sino que nos mantiene en contacto constante con el Padre. Por el contrario, los líderes cristianos que olvidan que ellos también son seguidores de Jesús, están preparados para causar un gran daño a las personas que sirven bajo su liderazgo y a las organizaciones que dirigen, porque se sitúan fuera de la esfera de la influencia divina y por encima de cualquier retroalimentación correctiva.

Aunque los términos "ovejas valientes" y "seguidores como líderes" pueden resultar poco familiares, representan cualidades que son fundamentales para el ejercicio del liderazgo en el Reino de Dios.

- *¿Cómo describiría las características de alguien que desempeña el rol de seguidor como líder?*
- *¿Qué le inspira o le desafía a ser usted mismo un seguidor como líder?*

Como líderes, podemos ser pastores por una temporada, pero nunca olvidemos que jamás dejaremos de ser ovejas.

Capítulo 12

Jesús Reeduca Nuestros Comportamientos

A la larga, la espada siempre es vencida por el espíritu.
—Napoleon Bonaparte[1]

Cuando Jesús invitó a los Doce a viajar con Él, les prometió poco más que Su Presencia y la oportunidad de formar parte de algo mucho más grande que ellos. Puso la vara muy alta, y no se dio por vencido con los discípulos cuando se quedaron cortos, ni los cambió por un nuevo grupo. Pero tampoco bajó la vara. Jesús prefirió que le suplicaran más fe[2] a que afirmaran con confianza: "¡Puedo hacerlo!".[3] Setenta veces siete no se redujo a cuarenta y nueve o siete.

Su generosa amistad asombró a los Doce y les sostuvo en medio de la incertidumbre, la confusión y el miedo. Volcó su mundo con la misma firmeza con la que volcó las mesas de los cambistas en el templo, sin pedir permiso en ninguno de los dos casos. Destrozó sus prejuicios religiosos y culturales llevándolos a aldeas samaritanas y confió a las mujeres información crítica que ellos necesitaban. Soportó su insensatez y su falta de fe, se maravilló de sus dudas y lidió con sus ocasionales disputas. Dado a que no se dio por vencido con ellos, ellos tampoco se dieron por vencidos.

Formados por la voz del Pastor

Su enfoque al desarrollo de sus discípulos como seguidores-líderes tenía una estructura poco perceptible, especialmente si se buscaba un proceso paso a paso o una colección de técnicas para implementar en un plan de estudios. Recuerdo a nuestro grupo pequeño en Malasia estudiando un conjunto de folletos de "discipulado" de una editorial

---

[1] J. C. Herold, *The Mind of Napoleon* (New York: Columbia University Press, 1955), 76.
[2] Esto se demuestra en Lucas 17:3–6, cuando Jesús solo pidió a sus seguidores que perdonaran siete veces al día, y eso todavía estaba fuera del alcance de la imaginación de sus discípulos para poder—o querer—obedecer.
[3] Por ejemplo, la afirmación segura de Pedro: "Aunque todos se escandalicen por causa de ti, yo nunca lo haré" (Mt 26,33).

bien intencionada en Australia. Llenábamos obedientemente los espacios en blanco cada semana y compartíamos nuestras respuestas correctas cuando nos reuníamos. Cuando terminamos la serie, ¡éramos discípulos certificados! Pero saber las respuestas correctas nos hizo discípulos. El proceso de formación de Jesús era mucho más fluido y exigente al mismo tiempo. Pero eso no significaba que careciera de un plan y un propósito claros para trabajar con los Doce.

El ambiente de cercanía intencional que Jesús creó a su alrededor proporcionó un clima ideal para formar a los Doce en el discernimiento de los caminos del Padre. Este entorno era igualmente adecuado para su desarrollo como líderes saludables. Esto le permitió a Jesús aprovechar al máximo el potencial del diálogo abierto y el estilo de debate de la interacción Rabino-discípulo. Estaba mucho más decidido a crear una cultura interpersonal en la que pudieran madurar y prosperar que en emplear un método o programa en particular. A medida que los Doce desarrollaban su comprensión y discernimiento, Jesús se mantuvo comprometido con ellos hasta el final, en lugar de retirarse progresivamente como recomienda un modelo popular de liderazgo.[4] Cuando Jesús ocultaba algo, ocultaba la verdad para provocar interés, invitar a la indagación y ofrecer una mayor revelación, no para encubrir motivos o comportamientos cuestionables.

Jesús no solo estaba entrenando sus mentes y corazones, y fortaleciendo su fe. Él buscaba algo mucho más profundo. De entre las muchas voces que competían por su atención, estaba enseñando a sus ovejas a reconocer instintivamente Su Voz como su Buen Pastor y a seguirle sólo a Él (Jn 10:1–21, especialmente vv. 4–5). Estaba reestructurando sus lealtades.

Y estaba reeducando sus comportamientos, los cuales eran perfeccionados día tras día en Su Presencia, para que reflejaran los

---

4 En el modelo de liderazgo situacional, un gerente guía a su protegido a través de cuatro enfoques de liderazgo diferentes, ofreciendo cada vez menos participación e interacción en cada paso. El objetivo final, según mi criterio, es formar líderes independientes que ya no necesiten dicha interacción. No veo a Jesús utilizando este enfoque, ni he visto a los líderes con los que trabajo desear terminar nuestra relación después de adquirir una competencia específica. Para más información, visite The Ken Blanchard Companies. SLII®. Powering Inspired Leaders.

suyos[5]: "El discípulo no es superior a su maestro, pero todo el que haya completado su aprendizaje será como su maestro." (Lc 6:40). Recuerda la reacción inmediata de Santiago y Juan cuando un pueblo samaritano se negó a acoger a Jesús porque iba de camino a Jerusalén: "Señor, ¿quieres que mandemos que descienda fuego del cielo para destruirlos?". Lucas registró con calma lo que sucedió a continuación: Jesús se volvió y les reprendió, y Él y sus discípulos se fueron a otra aldea (Lc 9:51–56). Había cosas por las que valía la pena indignarse y ésta no era una de ellas.

> El erudito Neotestamentario Gary Burge describe estos comportamientos naturales como "creencias tan profundamente arraigadas que no podemos ver el mundo de otra manera que no sea a través de ellas."[6]
> - *¿Cuáles de las interacciones de Jesús con los demás en los Evangelios revelan lo diferentes que son sus respuestas y comportamientos característicos de sí mismo?*
> - *¿Cuáles son sus instintos y comportamientos que aún se resisten a la transformación de Jesús?*

En la próxima sección, nos maravillaremos con la experiencia de uno de los personajes más pintorescos del Nuevo Testamento, cuyos comportamientos necesitaron reeducarse hasta el día de su muerte.

La transformación de Pedro: de pescador a pastor

Todos conocemos a Pedro como el pescador de Galilea. Pero al final de su vida, se había convertido en pastor del pueblo de Dios, pueblo esparcido por toda la región. Para Pedro, fue un largo viaje. Por el camino, aprendió a ser un seguidor confiable, así como un líder respetado.

De todos los discípulos, Pedro es el que, sin saberlo, mostró la mayor necesidad de que Jesús reeducara sus comportamientos; estos

---

[5] Adapté esta idea de Erik Raymond en su blog, "Quiero reflejos bíblicos semejantes a los de Cristo", The Gospel Coalition, 13 de agosto de 2018. La declaración original dice: "Un reflejo que refleja a Jesús es un reflejo forjado en el aula de las disciplinas espirituales". https://www.thegospelcoalition.org/blogs/erik-raymond/want-christ-like-bible-reflexes/.

[6] Burge, *John: The NIV Application Commentary*, https://bit.ly/3MP6bmW.

eran desenfrenados, siempre listos, se manifiestan a lo largo de los Evangelios: en el Mar de Galilea, se hundió por miedo con la misma velocidad que había caminado sobre las aguas con fe; en el Monte de la Transfiguración, estaba dispuesto a entrar en el negocio de la construcción de cabañas para Moisés, Elías y Jesús; y en el huerto de Getsemaní, cortó con valentía la oreja del criado del sumo sacerdote, obligando a Jesús a reparar el daño. Tal vez lo más significativo es que demostró lo difícil que le resultaba distinguir entre las indicaciones del Espíritu Santo y los murmullos del Diablo: afirmó con seguridad que Jesús era el Cristo y luego, con la misma seguridad, reprendió a Jesús por declarar que debía ser crucificado en Jerusalén.

En el negocio de la pesca, se atrapa el pescado con redes o anzuelos, se clasifica, se limpia e inmediatamente se vende, se sala o se come. Los pastores no se atreven a intentar ninguna de esas técnicas con sus ovejas o pronto se quedarán sin rebaño y sin empleo. Pedro tuvo que desarrollar comportamientos y habilidades completamente distintas para cuidar de las ovejas de Jesús. Nunca tuvo que pastorear peces, ni alimentarlos. Nunca se perdieron. Y no había lobos en el Mar de Galilea.

La historia de cómo Pedro pasó de ser un pescador obstinado a un pastor fiel es una travesía tan caótica como admirable. Siempre estaba listo para la acción, incluso cuando no debía estarlo, y le costaba distinguir la diferencia.[7]

Amaba el pronombre personal singular "yo", a pesar de la presencia de otras personas en la sala (o en la montaña) (Mt 17:1–9; 26:35). Le gustaban por igual las palabras "no" y "nunca". Estaba tan seguro de sus propias convicciones que no dudó en dar instrucciones a Jesús, reprenderle o resistirse a una clara voz del cielo (Jn 13:9; Mt 16:17–24; Jn 13:8; Hch 10:9–16). Fue derribado de todas las plataformas que creó para demostrar su fe y compromiso (Lc 22:31–34, 54–62). Era absolutamente intrépido, hasta que algo o alguien le infundía miedo: las olas, la criada o los judaizantes visitantes (Mt 14:22–36; Lc 22:54–62; Gal 2:11–14).[8] Nunca se le acababan las grandes ideas,

---

7 Por ejemplo, en Juan 18:1–27, Pedro estaba dispuesto a defender a Jesús en Getsemaní, cortándole innecesariamente la oreja a uno de los siervos del sumo sacerdote, pero poco tiempo después fue tomado completamente por sorpresa por la pregunta que le planteó otro de los siervos del sumo sacerdote en su patio (el del sumo sacerdote).

8 Fue necesario que Pablo lo rescatara de su hipocresía en Antioquía.

incluso cuando no lo eran tanto. Pedro era un aprendiz dispuesto a regañadientes, que rara vez reconocía sus necesidades en la primera o la segunda vez. Pero cuando nos encontramos con él en su primera carta en el Nuevo Testamento, vemos a un Pedro escarmentado que, al igual que sus lectores, "tuvo que sufrir dolores en toda clase de pruebas" que habían demostrado la autenticidad de su fe (1 P 1:6–7).

Repasemos el encuentro más significativo de Pedro con Jesús después de la resurrección, en la playa del Mar de Galilea. Después de desayunar juntos, Jesús escogió a Simón Pedro para conversar en privado. Imaginemos que estuviéramos en el lugar de Pedro, con el recuerdo de su reciente negación todavía tan crudo, teniendo que dar un paseo a solas con Jesús. ¿Qué querría Jesús de él? ¿Iba a hacerle repetir lo sucedido con angustiosos detalles y decirle lo decepcionado que estaba? ¿Lo etiquetaría Jesús como el fracasado que ya sabía que era y le haría prometer que no volvería a hacerlo?

 Está claro que Jesús no tuvo miedo de confrontar a Pedro. Podía haberle destrozado con unas cuantas palabras de reprimenda bien merecidas. Pero no lo hizo. Jesús lo confrontó, pero no como cualquier otra confrontación que Pedro hubiera experimentado.

- *¿Por qué cree que Jesús se abstuvo de recordarle a Pedro su vergonzoso comportamiento?*
- *¿Qué lecciones de Jesús podemos aprender para cuando tenemos que lidiar con el fracaso de alguien que estamos liderando?*

En lugar de recordarle a Pedro su atroz traición, Jesús se centró en el momento presente como una introducción a las futuras responsabilidades que le pediría que asumiera. Su objetivo era restaurar a Pedro, no humillarlo. Al hacer esto, Jesús ofreció un ejemplo magistral de cumplir sus instrucciones en Mateo 18:15: "Si tu hermano peca contra ti, ve a solas con él y hazle ver su falta. Si te hace caso, has ganado a tu hermano".

Tres veces Jesús le preguntó a Pedro: "Simón, hijo de Juan, ¿me amas?". Con cada repetición, Jesús sondeaba a Pedro más profundamente. Su pregunta era más personal que teológica. *Y su sondeo no se refería a la ortodoxia de las creencias de Pedro, sino a la intensidad de su devoción.*

En el Evangelio de Lucas, cuando Jesús invitó por primera vez a Pedro a seguirle después de una pesca milagrosa, Jesús le habló en términos familiares con los que podía identificarse: "No temas, desde ahora serás pescador de hombres" (Lc 5:10). Pero en la conversación del desayuno, Jesús cambió la metáfora. Ya no le hablaba a Pedro de peces, sino de amor y de ovejas: "Apacienta mis corderos. Cuida de mis ovejas . . . Apacienta mis ovejas" (Jn 21:15–17). Jesús también repitió dos veces su invitación a Pedro: "Sígueme" (Jn 20:19,22). Jesús no estaba tratando de conseguir que Pedro le prometiera que no volvería a negarle, ni le estaba diciendo que se animara y encontrara fuerzas para ser fiel y valiente. Jesús le estaba pidiendo a Pedro que volviera a centrar su atención no en sus conocimientos o su competencia, sino en amarle (a Jesús), seguirle y apacentar sus ovejas.

Jesús no le estaba devolviendo una posición o un estatus. Estaba volviendo el corazón de Pedro primero hacia Jesús, y en segundo lugar a servir y alimentar a sus ovejas.

Las cualidades de carácter de un buen pastor son mucho más exigentes que las de un buen pescador. Los pescadores no necesitan humildad ni carácter moral para pescar; solo necesitan habilidad y perseverancia. Jesús estaba reeducando los comportamientos de Pedro para que le amara y se sometiera a él, de modo que pudiera confiarle la responsabilidad de amar y alimentar a sus ovejas.

Pedro, el aprendiz renuente, aún tenía que recibir más entrenamiento. Abandonó su rechazo a los gentiles impuros para entrar en casa de Cornelio, y más tarde tuvo que defender su acción ante los judaizantes de Jerusalén. Sin embargo, poco después, en Antioquía, retrocedió atemorizado ante los mismos judaizantes. Su hipocresía le valió una reprimenda pública de Pablo, pero en este caso, sabiamente, no intentó defenderse.

Cuando escribió su primera carta del Nuevo Testamento y apeló a los ancianos entre sus lectores exiliados, él mismo era un anciano de unos sesenta años y estaba cerca del martirio. No aprovechó esta oportunidad para relatar su gran fe: caminar sobre las aguas, declarar a Jesús Mesías, predicar a la multitud el día de Pentecostés o curar a un mendigo cojo. Tampoco llamó la atención sobre todas las veces que se equivocó sobre Jesús o sobre sí mismo.⁹ En cambio, describió lo que había aprendido sobre cómo pastorear "como Dios quiere". Y recordó a sus lectores que "Antes eran ustedes como ovejas descarriadas, pero ahora han vuelto al Pastor que cuida de sus vidas" (1 P 2:25). Esas ovejas necesitaban pastores, este era el centro de su exhortación a los ancianos al final de su carta. El impacto de su notable conversión de pescador a pastor fue inequívoco:

> A los líderes de la iglesia que están entre ustedes, yo, que soy líder como ellos, testigo de los sufrimientos de Cristo y partícipe con ellos de la gloria que se ha de revelar, les ruego esto: pastoreen el rebaño de Dios que está a su cargo, no por obligación ni por ambición de dinero, sino con deseo de servir, como Dios quiere. No sean tiranos con los que están a su cuidado, sino sean ejemplos para el rebaño. Así, cuando aparezca el Pastor Supremo, ustedes recibirán la corona inmarchitable de la gloria. (1 Pedro 5:1–4).¹⁰

¿En qué otro lugar podría haber aprendido Pedro a pastorear así sino a los mismos pies del Buen Pastor? Su reverente sumisión domó finalmente, su constante afán por ponerse a sí mismo y a su perspectiva por delante. Ahora su gran afán era transmitir a sus compañeros ancianos lo que Jesús le transmitió a él tras el desayuno de aquella mañana junto al Mar de Galilea: Demuestren su amor a Jesús apacentando sus ovejas. *El ejemplo de su servicio sacrificial como pastor, y no su posición como autoridad (anciano/líder mayor), es el camino al honor eterno: la corona de gloria del mismo Príncipe de los Pastores.* A estas alturas de su vida, Pedro era muy consciente de la gran tragedia que habría sido para estos ancianos preocuparse más por su propio honor que por el honor de Dios, o preocuparse más por el honor a los ojos de los hombres que a los ojos de Dios.

Pedro utilizó aquí una hermosa imagen para animar a sus compañeros ancianos, y por extensión, a futuros líderes, sobre la inmarcesible gloria que les aguardaba por su servicio sacrificial.

---

9 Por ejemplo, «Estoy dispuesto a ir contigo hasta la cárcel y hasta la muerte» (Lucas 22:33). Pedro finalmente siguió a Jesús a la cárcel (Hechos 12:1–11) y a la muerte, pero no como lo imaginó aquella noche en el aposento alto.

10 Kenneth Bailey señala que «Pedro usa aquí otra palabra poco común en el Nuevo Testamento. Katakyrieuō significa actuar como un kyrios (un amo, un señor de la mansión)». El Buen Pastor, 264

Esta corona de gloria no era como una de las coronas romanas que se otorgaban a los competidores triunfadores: una corona de apio marchito.[11] En su lugar, esta corona era de *amarantinos*,[12] llamada así por la flor de amaranto que nunca se marchita (símbolo de perpetuidad e inmortalidad)".[13]

La escuela de formación de Jesús para Pedro duró mucho tiempo después de la muerte de Jesús. Lo maravilloso de Pedro fue su disposición para seguir aprendiendo. A lo largo de todos esos años, Jesús continuó reeducando los comportamientos naturales de Pedro para que coincidieran con los suyos. ¿Y qué de usted?

- *¿Cómo ha sido la experiencia con Jesús al reeducar sus comportamientos para que se parezcan más a los de Él?*
- *¿Cuál de sus comportamientos está Jesús todavía trabajando para transformarlos?*

En el próximo capítulo, veremos la extraordinaria forma en que Jesús compartió su autoridad con los Doce, la cual tiene sus raíces desde Génesis 1.

---

11 Broneer, Oscar. "The Isthmian Victory Crown." *American Journal of Archaeology* 66, no. 3 (1962): 259–63. doi:10.2307/501451.
12 Griego: αμαραντινοσ.
13 Notas de NetBible de la Concordancia Strong, https://netbible.org/bible/1+Peter+5.

Capítulo 13

Jesús Comparte las Llaves

[Jesús] apostó todo su ministerio a [sus discípulos]. El mundo podía ser indiferente hacia Él y aun así no derrotar su estrategia.
—Robert Coleman, *The Master Plan of Evangelism*
(*El Plan Supremo de Evangelización*)[1]

La generosidad de espíritu de Jesús hacia los Doce fue inmensa: los incluyó en su círculo de amistad y los adoptó en su familia; los imaginó como los líderes que llegarían a ser, dando cabida a su insensatez e infidelidad en el camino; y los perdonó, modelando pacientemente su propia norma de setenta veces siete. Pero quizá lo más asombroso de todo fue la forma en que compartió su autoridad y su gloria[2] con ellos.

Listos o No

Apenas reunió Jesús a los Doce discípulos en una nueva comunidad, los envió con autoridad para predicar, sanar enfermedades y expulsar demonios. En Su Nombre, los discípulos bautizaban a otros discípulos (Jn 4:1–2), e incluso se les permitió pronunciar juicio sobre quienes rechazaban Su Mensaje a través de ellos (Lc 10:9–12). Como ya se ha señalado, Jesús confió su autoridad a sus discípulos en formas que parecían peligrosamente prematuras e irresponsables. Pero corría riesgos deliberados por el bien de su desarrollo y del futuro liderazgo que ejercerían con Su Iglesia.

Jesús los entrenó para servir, pero no los trató como siervos. Las responsabilidades que les confiaba no eran triviales ni periféricas a su ministerio; eran la esencia de lo que había venido a hacer. Ellos eran sus amigos, con los que compartía todo lo que había aprendido de su Padre (Jn 15:15). Los envió con autoridad para representarlo y actuar en Su Nombre.

---

1 Robert Coleman, *The Master Plan of Evangelism* (Revell. 1993), 31.
2 Como afirma Jesús en Juan 17:22: "Yo les he dado la gloria que me diste, para que sean uno, así como nosotros somos uno".

Cuando vemos a nuestro equipo solo como recursos humanos a nuestra disposición, los utilizamos para hacer el trabajo. Movemos estos "activos" para satisfacer las necesidades de la organización. Sin embargo, cuando vemos a las personas como seres *humanos ingeniosos*,[3] como lo hizo Jesús, nuestro rol como líderes se centra en diseñar puestos y tareas para desarrollar el potencial de nuestra gente, como un elemento esencial de nuestros objetivos colectivos. Les damos la libertad de aportar con todo su potencial, sin estar limitados a lo que dice su descripción de puesto. El expresidente de una cadena hotelera de renombre mundial construyó su negocio sobre esta idea: "No contrates a las personas para cubrir un puesto, selecciona a las personas para cumplir un sueño y servir a un propósito."[4]

Como si no fuera suficiente con que Jesús autorizara a sus discípulos a predicar, sanar, echar fuera demonios y juzgar ciudades, añadió otros dos asombrosos ámbitos de autoridad compartida hacia el final de su tiempo juntos. En *primer lugar*, Jesús prometió que todo lo que Pedro y posteriormente los Doce ataran o desataran en la *tierra* sería atado o desatado también en el *cielo* (Mt 16:15–20; 18:18). Aunque hay mucho debate sobre a qué se refería Jesús en estos pasajes, es innegable que encomendaba a sus seguidores acciones y decisiones que tendrían repercusiones tanto en el cielo como en la tierra.

Cuando se trataba de los Doce, Jesús prosiguió su declaración con la promesa de que "si dos de ustedes *en la tierra* se ponen de acuerdo sobre cualquier cosa que pidan, les será concedida por mi Padre que está *en el cielo*" (Mt 18:19, énfasis mío). Luego explicó cómo podía ser esto "Porque donde dos o tres se reúnen en mi nombre, allí *estoy yo en medio* de ellos" (Mt 18:20, énfasis mío). No es de extrañar que Jesús relacionara la autoridad de los discípulos con Su Presencia continua.

En una de sus apariciones tras la resurrección, Jesús reveló *un segundo escenario* asombroso de autoridad compartida adicional. Mientras sus discípulos se reunían en una habitación cerrada con llave, Jesús estimuló su imaginación y su fe con estas palabras:

---

3 Adaptado de Jim Plueddemann, *Liderando a través de culturas: Ministerio y misión eficaces en la iglesia global* (IVP Academic, 2009), 172.

4 Horst Schulze, expresidente de The Ritz Carlton Hotels. Equipo Trilyo, "Veinte citas inspiradoras sobre hospitalidad", Trilyo. 26 de junio de 2018. https://www.trilyo.com/blog/20-most-inspirational-hospitality-management-quotes/.

"A quienes perdonen sus pecados, les serán perdonados; a quienes no se los perdonen, no les serán perdonados" (Jn 20:23). Esta afirmación recuerda la ira ardiente de los fariseos y de los maestros de la ley cuando Jesús perdonó al paralítico traído en camilla por sus amigos: "¿Quién puede perdonar los pecados sino solo Dios?" (Mc 2:7).

Aunque algunos entienden que las palabras de Jesús a los discípulos significan que les estaba dando autoridad para determinar a quién se le perdonaban los pecados, yo me inclino por una vez a ponerme del lado de los fariseos: Solo Dios puede perdonar los pecados. En el caso de los fariseos, simplemente no se daban cuenta de que estaban en presencia de Dios. Para los discípulos, perdonar a los demás era claramente una piedra de tropiezo, como demuestra su evidente alarma en otras ocasiones en las que Jesús describió lo generoso que debía ser su perdón. Así que era muy poco probable que estuvieran dispuestos a asumir una responsabilidad tan exigente: extender o retener el perdón del Padre a través de sus palabras y acciones. Jesús se lo concedió de todos modos.

En la oración sacerdotal de Jesús en Juan 17, dijo al Padre: "Como tú me enviaste al mundo, yo los envío también al mundo" (Jn 17:18). La segunda mitad de la declaración de Jesús se reinterpreta a menudo en el sentido de: "Me *preparo para enviarlos al mundo*". Pero eso no es lo que dijo Jesús, ni creo que sea lo que quiso decir aquí. No había estado guardando esas experiencias de compartir autoridad para algún momento futuro en que estuvieran listos. Por el contrario, estaba destacando precisamente lo que hemos estado observando: ya había estado enviando a los discípulos con autoridad mientras todavía estaba con ellos.

Cuando Jesús se dirigió a los Once, encerrados en la habitación tras su resurrección, reformuló esta realidad como un encargo: "Como el Padre me envió a mí, así yo los envío a ustedes" (Jn 20:21). ¿Cómo cree que se sintieron los discípulos, escondidos por miedo a los líderes judíos, al pensar que iban a asumir una responsabilidad tan abrumadora? Eran galileos rurales que habían estado con Jesús. ¿Cómo podían imaginarse ser dignos de compararse con Él, su Maestro, el Hijo de Dios, para continuar su ministerio? Sin embargo, eso fue exactamente lo que Jesús les encomendó a sus temerosos seguidores.[5] Fue en el contexto de este encargo cuando Jesús sopló sobre los Once y dijo: "Reciban al Espíritu Santo". Solo la Presencia y el Poder del Espíritu Santo los capacitarían para afrontar los días caóticos que estaban a punto de llegar (Jn 20:21–22).

En el mundo del primer siglo, lo que distinguía a una persona como miembro honorable de la comunidad en el terreno financiero no era su riqueza, sino su generosidad al compartirla.[6] Jesús modeló esta misma generosidad honorable al compartir su autoridad. No pensaba en acumular o atesorar su autoridad. Por el contrario, buscaba constantemente oportunidades para compartirla con sus discípulos.[7] No tenía nada que temer, ni siquiera con un traidor en medio. Al compartir su autoridad, la multiplicó, y no se veía en absoluto disminuido en el proceso. Estaba preparando a los Doce para liderar el movimiento que estaba a punto de establecer.

Considere la cultura en la que ha crecido, o la iglesia u organización en la que sirve.

- *¿Qué fuerzas actúan para animarlo como líder a compartir su autoridad?*

- *¿Qué otras fuerzas actúan para desanimarlo de la idea de compartir su autoridad?*

- *¿Qué alegrías o temores tiene a la hora de compartir su poder y su autoridad personal con aquellos con los que trabaja?*

---

5 No solo esto, sino que en Lucas 22:28–30, Jesús les dijo a los Doce: «Ustedes son los que me han apoyado en mis pruebas. Y yo les asigno un reino, como mi Padre me lo asignó a mí, para que coman y beban a mi mesa en mi reino y se sienten en tronos para juzgar a las doce tribus de Israel». Debido a la referencia específica a los Doce, sería una interpretación poco convincente extender esta concesión más allá del círculo original de discípulos.

6 Bruce Malina, *The New Testament World* (Westminster John Knox, 2001), 37–38.

7 Sin embargo, se negó rotundamente a compartir cualquier poder o autoridad con la élite religiosa.

Enviado con extraordinaria autoridad

¿Cómo envió el Padre al Hijo? Para responder a esta pregunta se han dedicado dos mil años de serias reflexiones, que van mucho más allá de esta reflexión. Para los fines que nos ocupan, solo quiero ofrecer algunas ideas breves.

El Padre envió a Jesús con todo su apoyo y el respaldo del Espíritu Santo. Envió a Jesús con total confianza y autoridad. Envió a Jesús por su profundo amor al mundo, con una misión clara que no podía cumplirse sin su muerte sacrificial. Y envió a Jesús con la promesa de que Su Presencia le acompañaría.

Como resultado, Jesús entró en el mundo con una confianza suprema en el Padre. Afinó sus oídos para escuchar una voz por encima de todas las demás, y respondió con total dependencia y sumisión. Se sintió impulsado a buscar y salvar a los perdidos, por muy lejos que se hubieran extraviado. Identificó a personas para que se unieran a Él, y las desafió y las formó para que se convirtieran en hombres y mujeres piadosos que guiarían a Su Pueblo mucho después de Su Muerte. Vivió toda Su Vida a la sombra de la cruz, sin permitir que el miedo, la amargura o la rebelión se arraigaran en su corazón. Jesús solo buscó su afirmación en el Padre.

A su vez, Jesús eligió seguidores y los envió al mundo. Algunos se convirtieron en líderes a lo largo del camino. Pretendía que sus enviados experimentaran una relación con Él que reflejara su relación con el Padre, por increíble que parezca. Como herederos de esa comisión en el Aposento Alto, nosotros, junto con ellos, tenemos la oportunidad de:

Liderar con confianza suprema en Jesús.
Afinar nuestros oídos para escuchar Su Voz por encima de todas las demás.
Vivir en total dependencia y sumisión a Él.
Acercarnos a quienes se han extraviado y guiarlos hacia Jesús.
Identificar, desafiar y formar hombres y mujeres para que lideren reflejando la imagen de Jesús.
Vivir nuestras vidas bajo la sombra de la cruz, no dándole al temor, la amargura o la rebelión, la más mínima oportunidad de arraigarse en nuestros corazones.

Más allá de todo eso, significa que buscamos solo en Jesús nuestra afirmación. *Este es el liderazgo cristiano, fundamentado en el Padre y el Hijo, y guiado por el poder del Espíritu Santo.*

 Cuando el Padre envió a Jesús al mundo, lo hizo esperando que el Hijo enviara innumerables hijos e hijas al mundo. Como líderes cristianos, tenemos el inmenso privilegio de atribuir nuestra autoridad a la iniciativa de Dios y no a la nuestra. Pensando en su liderazgo a la luz de los 'enviados' descritos en el párrafo anterior:

- *¿Qué características reflejan mejor su propia experiencia?*
- *¿Cuáles características aspira desarrollar más?*

Desde Génesis 1 hasta Mateo 28 y más allá

A continuación exploraremos brevemente dos de los pasajes más conocidos de las Escrituras a través del lente de la autoridad compartida de Dios: el encargo del Dios Trino a la humanidad en Génesis 1 y el encargo de Jesús a sus discípulos en Mateo 28.

A medida que se desarrolla el relato de la creación en Génesis, descubrimos a un Dios que se deleitaba en todo lo que creaba. Esto culminó con la creación del hombre y la mujer a su imagen, seres con los que podía compartir su deleite. Pero no fue lo único que compartió. Tan pronto como creó a estos seres humanos, los bendijo y les dio autoridad sobre su dominio terrenal y sus compañeros: peces, aves y animales, junto con plantas frutales y árboles para alimentarse.

Habría sido perfectamente natural que Dios mismo gobernara el hermoso mundo que acababa de crear. En cambio, confió su cuidado al hombre y la mujer que llevaban su imagen, revelando una parte importante de Su Propósito al crearlos. Como atestigua la historia posterior, siguió estando íntimamente implicado en todo lo que hacían. Esto sigue siendo cierto hoy en día. *Desde la creación de la humanidad, nunca ha habido un momento en el que Dios no haya compartido su autoridad con hombres y mujeres.*[8]

---

8 Véase también Salmo 8:3–8, que incluye esta declaración: "Los pusiste por gobernantes de las obras de tus manos; todo lo pusiste bajo sus pies". Sin embargo, esta autoridad tiene sus límites, como aprendemos de las instrucciones de Dios al hombre y a la mujer en el jardín (Génesis 3).

Pero fue solo a Jesús a quien el Padre confió una autoridad ilimitada. Cuando los Once se reunieron con Él en Galilea justo antes de su ascensión, Jesús declaró que Él no era ni la fuente ni el dueño de tan asombrosa autoridad: "Se me ha dado toda autoridad en el cielo y en la tierra" (Mt 28:18).[9] Más bien, era un *mayordomo* de esa autoridad, totalmente de acuerdo con cómo el Padre esperaba que la usara. Conocemos a Jesús lo bastante bien como para darnos cuenta de que sus siguientes palabras a los discípulos no serían: "Hagan, pues, todo lo que yo les digo". Poco antes, cuando los discípulos estaban con Jesús en el Aposento Alto durante la Pascua, y Jesús "sabiendo que el Padre había puesto todas las cosas bajo su dominio" (Jn 13:3), les lavó los pies.

Imaginemos por un momento que el Padre confiara toda su autoridad a alguien que no fuera Jesús. Es una perspectiva aterradora. ¿Y si esa persona fueras tú?

Lo que Jesús dijo a continuación confirmó su característica disposición a compartir su autoridad: "vayan y hagan discípulos". En aquel monte de Galilea, Jesús expuso su estrategia para construir Su Iglesia y llegar a todo el mundo. Él era el más calificado para llevar a cabo esa estrategia. Su carácter era impecable. Su comprensión y sabiduría eran insuperables.

Su predicación era poderosa y perfectamente adaptada a sus oyentes y a su contexto. Había amor en su mirada y sanidad en sus manos. ¡Pero no lo iba a hacer solo!

En lugar de ello, confió esta responsabilidad a Once galileos, sin educación formal, a los que había adoptado en su familia. Había invertido su vida en ellos y los había formado como seguidores-líderes. A su vez, ellos debían invertir su vida en otros hombres y mujeres del común, algunos de los cuales, como ellos, se convertirían en seguidores-líderes. Junto con este encargo, Jesús prometió Su Presencia: "Y les aseguro que estaré con ustedes siempre, hasta el fin del mundo" (Mt 28:20b). Su presencia no finalizó con su ascensión.[10] La promesa permaneció: No hay lugar ni tiempo donde Jesús no esté presente, ni donde no ejerza su autoridad en el cielo y en la tierra.

---

9 Véase también Juan 17:2: "Le diste [al hijo] autoridad sobre toda carne, para que diera vida eterna a todos los que le diste".

10 Vemos esto claramente demostrado cuando Jesús confrontó a Saulo en las afueras de Damasco: "Saulo, Saulo, ¿por qué me persigues?" (Hechos 9:4, énfasis mío).

Jesús tenía un plan de sucesión en mente desde el principio, pero no era para un único sucesor. Por el contrario, confió su autoridad a los discípulos. Pedro, Santiago y Juan recibieron una atención especial durante los días de Jesús en la tierra. Pero Jesús no preparó a un solo discípulo para que ocupara su lugar. Lo más cerca que estuvo de hacerlo fue revelarles cómo llegar a ser los más grandes en Su Reino.

 El plan de sucesión de Jesús le exigió concentrar tres años de su vida en Doce personas, perdiendo uno al final. Pero su plan no se detuvo ahí. Su visión era multigeneracional; esperaba que estos seguidores-líderes invirtieran en otros, quienes a su vez invertirían en otros.

- *¿En quiénes está invirtiendo intencionadamente, no simplemente para que desempeñe su rol específico en el futuro, sino para prepararlos para una mayor responsabilidad de liderazgo en cualquier rol que desempeñen?*
- *¿Qué desea que las personas en las que está invirtiendo aprendan de su vida y ejemplo?*

¿Institución o Movimiento?

En su comisión, Jesús no proporcionó descripciones detalladas sobre lo que los Once debían hacer, o cómo debían hacerlo. Simplemente dijo: "Vayan y hagan discípulos . . . bautizándolos . . . y enseñándoles". A diferencia de las instrucciones específicas que Jesús dio a sus discípulos cuando los envió de dos en dos (Lc 10:1–12), les dejó mucho espacio para que descubrieran y aprendieran lo que se necesitaba para hacer discípulos de todas las naciones, como vemos en el libro de los Hechos.

A pesar de casi dos mil años de práctica eclesiástica, la intención de Jesús no era establecer una nueva institución religiosa. No dijo nada sobre quién estaba al mando. En el Reino no había directores generales ni jefes. La autoridad se basaba principalmente en el carácter y la madurez del individuo, no en el cargo.

No proporcionó un presupuesto operativo, ni organizó comités o programas. No ofreció a Mateo dirigir el departamento de finanzas ni designó a Pedro para dirigir el equipo de evangelización. Guardó silencio sobre la estructura, los títulos o la descripción de funciones. No había ningún organigrama ni ninguna categoría especial de personas con autoridad para discipular, bautizar o enseñar. Las únicas relaciones de dependencia eran directamente con Él.

Jesús estaba lanzando un movimiento, un movimiento del Reino para propagar las nuevas realidades de la vida bajo su señorío. Ya hemos señalado que no podía construir ese movimiento sobre las creencias y valores que daban origen al orden religioso judío o al sistema político romano de su tiempo. Su movimiento requería cimientos diferentes, alineados y sujetos a la cultura y los valores de Su Reino.

Las instituciones pueden gestionarse, pero los movimientos requieren líderes que actúen y cooperen sobre la base de una visión y unos valores compartidos. Los movimientos son difíciles de medir e imposibles de controlar. Tienen la capacidad de adaptarse a los cambios del contexto de una forma que una institución no resistiría. Según Günter Krallman, al prever el futuro ministerio de sus discípulos, Jesús no se limitaba a anticipar la continuación de su ministerio. Preveía "crecimiento, expansión, multiplicación; en resumen, el surgimiento de un movimiento".[11] El movimiento global que Jesús estaba imaginando requería una diversidad de líderes que crearan espacio y libertad para múltiples expresiones de su Reino, y que construyeran comunidades con la capacidad de funcionar dentro de esas libertades.

A lo largo de los siglos, los líderes cristianos se han visto tentados a abandonar los valores del Reino para ampliar su control a través de la autoridad posicional, la política y la estructura. Muchos han sucumbido. Pero Jesús no ha cedido en sus propósitos. *En lugar de tales herramientas de poder, sigue equipando a los líderes de su Reino con humildes herramientas manuales que incluyen la amistad y el amor, semillas para sembrar y toallas para lavar los pies de la gente.*

---

11 Krallman, 67.

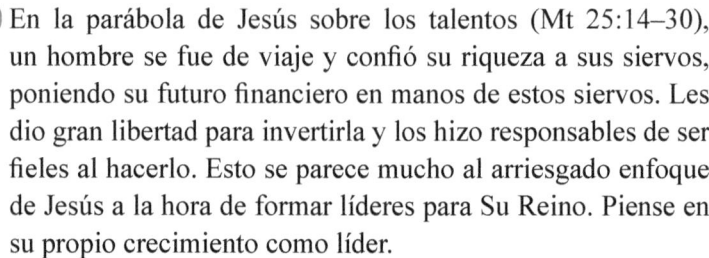 En la parábola de Jesús sobre los talentos (Mt 25:14–30), un hombre se fue de viaje y confió su riqueza a sus siervos, poniendo su futuro financiero en manos de estos siervos. Les dio gran libertad para invertirla y los hizo responsables de ser fieles al hacerlo. Esto se parece mucho al arriesgado enfoque de Jesús a la hora de formar líderes para Su Reino. Piense en su propio crecimiento como líder.

- *¿Qué autoridad significativa le han confiado los demás con el fin de desarrollarlo?*
- *¿Qué autoridad significativa confía usted a otros para su desarrollo?*

Jesús compartió su autoridad en asuntos importantes. Pero siempre se trataba de Él. Era su autoridad, nunca la autoridad de sus discípulos. En sus últimas palabras antes de ascender, Jesús le dijo a su grupo de galileos que el testimonio de ellos iba a trastornar el mundo entero, mucho más allá de Jerusalén y Judea que era lo que ellos conocían. Como observa Mark Labberton, teólogo y presidente de seminario: "Somos enviados en beneficio de otro Reino, en el nombre y el poder de Alguien más, en beneficio de los indefensos y de los olvidados. Jesús es el Señor."[12]

- *¿Qué privilegios conlleva ser enviado por Dios en Su Nombre y con Su Poder?*
- *¿Qué limitaciones impone a nuestras ambiciones ser enviados por Dios de esta manera?*

Todos los demás movimientos mesiánicos murieron cuando murió el líder. En el caso de Jesús, ocurrió lo contrario. Su movimiento cobró impulso tras su muerte. Las actitudes y el comportamiento de los discípulos dejaron mucho que desear durante su período intensivo de prácticas de tres años.

Pero Jesús tenía previsto un horizonte mucho más amplio para su ministerio posterior y el de las generaciones futuras, empezando por el valiente liderazgo de los discípulos en el libro de los Hechos.

---

12 Mark Labberton, *The Dangerous Act of Worship (El peligroso acto de adoración)* (IVP Books, 2012), 131.

Lo que me asombra es la elección característica de Jesús de trabajar a través de sus discípulos en lugar de trabajar a su alrededor, deficientes como solían ser entonces y como seguimos siendo hoy. En primer lugar, y quizá lo más increíble, cuando le seguimos nos lo confía todo, incluido Su Reino. ¿A quién da Jesús el Gran Mandamiento y la Gran Comisión? ¿A quién le comparte las llaves del Reino y le confía el mensaje del Evangelio?

En segundo lugar, cuando le seguimos Jesús pide todo de nosotros. ¿Cuál de los estándares de Dios reduce Jesús cuando es evidente que no vamos a dar la talla? ¿Qué libro de la Biblia revela atajos convenientes para el crecimiento espiritual?

Y en tercer lugar, cuando le seguimos nos promete todo y nos provee todo lo que necesitamos. ¿Qué promesas ha incumplido Dios? O más concretamente, ¿de cuántas maneras nos ha mostrado Dios, a través de nuestras experiencias felices y dolorosas, su absoluta fidelidad y nos ha permitido conocerle de manera más íntima?

Jesús nunca deja de compartir su autoridad. En el último libro del Nuevo Testamento, hace una promesa a quienes hagan Su Voluntad hasta el final. Una vez más, refleja lo que el Padre ha hecho con Él: "Al que salga vencedor y cumpla mi voluntad hasta el fin, le daré autoridad sobre las naciones" (Ap 2:26).[13]

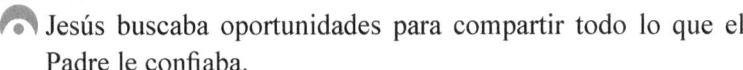 Jesús buscaba oportunidades para compartir todo lo que el Padre le confiaba.

- *¿Cómo serían nuestras comunidades si nosotros, como líderes cristianos, demostráramos esa misma generosidad inquebrantable con lo que Dios nos ha confiado?*

---

13 Jesús indicó esto en su parábola de las 10 minas (Lucas 19:11–27), en la cual un rey recompensa la fidelidad de su siervo dándole autoridad sobre diez ciudades.

Parte V

Liderando a la Imagen y en la Autoridad de Jesús

¿Qué perspectiva ha cambiado y qué acción le ha inspirado?
—Randy White, profesor y practicante urbano[1]

Hemos emprendido un viaje de descubrimiento que tengo la confianza que continuará mucho después de que usted termine de leer y digerir las ideas de este libro. Para algunos, esto marca el comienzo de un viaje para desarrollar una creciente comprensión y apreciación de Jesús como líder y como formador de líderes. Para otros, es la continuación de un viaje que ha estado en marcha durante muchos años.

---

1 Randy White, "Transformational Leadership," (Liderazgo transformacional) (lecture, Overture 1 Course, Bakke Graduate University, Seattle, 7 de Junio de 2010).

Esta sección reúne los descubrimientos e ideas de las secciones anteriores para ayudar a identificar las implicaciones prácticas de lo que hemos visto y escuchado.
- En nuestros respectivos contextos ¿qué significa liderar a la imagen y en la autoridad de Jesús?
- ¿Qué prácticas y compromisos nos permitirán avanzar hacia esta calidad de liderazgo cristiano?

El corazón de la sección y de hecho el corazón de este libro, es la descripción de una postura personal que viaja a través del tiempo, la geografía y la cultura; una postura que ningún líder en el Reino de Dios puede permitirse desestimar o ignorar.

Capítulo 14

La Postura que Transforma

La humildad es el único suelo en el que la gracia echa raíces . . . La humildad no es tanto una gracia o una virtud más. Es la raíz de todas las virtudes, porque en sí misma adopta la actitud correcta frente a Dios y le permite a Él hacer to do.
—Andrew Murray, South African author and pastor (1828–1917)[1]

Sea cual sea nuestro trasfondo, naturalmente tratamos de conservar nuestras prácticas habituales de liderazgo, agregando alguno que otro elemento de las enseñanzas y el modelo de Jesús. Pero ambas cosas no pueden fusionarse tan fácilmente. El liderazgo cristiano es fundamentalmente diferente del liderazgo tal y como se practica en cualquiera de nuestras culturas u organizaciones, o incluso tal y como se ha arraigado en muchas de nuestras tradiciones eclesiásticas.

Es demasiado fácil retocar nuestro liderazgo con vocabulario critiano para, como dice el misionólogo Timothy Tennent, "darle un fino barniz de credibilidad teológica y bíblica".[2] Sustituimos los beneficios inmediatos del pragmatismo por los costosos requisitos de la reflexión bíblica. O intentamos utilizar los valores y las prácticas del liderazgo cristiano para remendar las grietas existentes en cualquier tejido de liderazgo que sea popular en nuestro contexto. Esto solo empeora las grietas (Mc 2:21–22). No hay costurera en el mundo lo suficientemente hábil como para hacerlo funcionar, porque el enfoque de Jesús sobre el liderazgo estaba hecho con una tela profundamente diferente.

El liderazgo cristiano nunca fue concebido para servir como acompañamiento en la mesa del liderazgo. Es el plato principal.

---

[1] Andrew Murray, *Humility* (originally published in New York: Anson D. F. Randolph & Co. 1895), 6, http://faculty.gordon.edu/hu/bi/ted_hildebrandt/spiritualformation/texts/murray_humility/murray_humility.pdf.
[2] Timothy Tennent, *Invitation to World Missions: A Trinitarian Missiology for the 21st Century* (Kregel Academic, 2010), 410.

Tres características fundamentales del liderazgo cristiano

Dediquemos un momento a conectar tres características fundamentales del liderazgo cristiano: nuestra participación en la misión de Dios, nuestra proximidad a Jesús y nuestra postura ante la presencia de Jesús.

Dios, en su generosa misericordia, nos invita a ser partícipes significativos en su misión, en lugar de simples observadores. Él no tiene miedo de nuestros fracasos en Su Nombre. Es, desde la posición que Dios nos ha dado dentro de su misión y en sumisión a Él, desde donde el Padre y el Hijo nos envían como líderes al mundo. Esta, más que el rol específico que podamos desempeñar en nuestra iglesia o agencia, es nuestra principal posición de liderazgo en el Reino. No está sujeta a la política de la iglesia ni a las finanzas de la agencia. Solo Dios puede destituirnos.

Sin embargo, no somos simplemente obreros a quienes Dios coloca en posición para que se hagan las cosas. Jesús hizo palpable el Reino al hacerse presente junto a nosotros. La proximidad de Jesús al Padre le permitió conocerle y reconocer y responder a la voz del Padre. Del mismo modo, nuestra proximidad a Jesús nos permite conocerlo, reconocer y responder a Su Voz. Experimentamos su "cercanía" como la cercanía de un Buen Pastor con sus ovejas. En el mejor de los casos, nuestro liderazgo surge de todo lo que aprendemos discerniendo la voz del Pastor entre todas las demás voces que compiten por nuestra atención y le siguen.

Es Dios quien toma la iniciativa para situarnos en su misión y acercarnos a Jesús. ¿Cómo debemos responder? Seguimos el ejemplo de Jesús. En numerosas ocasiones, le dijo a las multitudes que su autoridad provenía de buscar la gloria de quien lo envió, no de buscar su propia gloria. El escritor de Hebreos reveló algo especial y sorprendente sobre cómo Jesús se sometió a Su Padre: "En los días de su vida mortal, Jesús ofreció oraciones y súplicas con fuerte clamor y lágrimas al que podía salvarlo de la muerte y fue escuchado por su *temor reverente*" (Hb 5:7). Ni siquiera Jesús presumió de su condición de hijo para ser escuchado por Su Padre. El lenguaje original evoca a alguien que se apodera de algo con cautela, manejándolo con cuidado y respeto. "Habla de un carácter piadoso y prudente", dice el erudito griego Kenneth Wuest, alguien que "considera todo, no solo su propio deseo, sino la voluntad del Padre."[3]

---

3 Kenneth Wuest, *Hebreos en el Nuevo Testamento Griego*, Licencia Creative Commons, 53, https://drive.google.com/file/d/0B6smVijz2aFdMXBFcDZxN19SR00/view.

La Postura que Transforma

Para nosotros, como líderes cristianos, ¿qué sugiere esto sobre nuestra posición ante Jesús? Juan el Bautista tenía algo que decir al respecto. En opinión de Jesús, Juan era el hombre más grande que jamás había nacido. Sin embargo, en opinión del propio Juan, ni siquiera de inclinarse para desatar las sandalias de Jesús y lavarle los pies. Sin embargo, Jesús insistió en que Juan lo bautizara (Mt 3:13–15).[4]

Todo lo que hemos descubierto observando a Jesús y escuchándole me lleva a una convicción irresistible: como líderes cristianos, *no hay mayor honor ni alegría para Dios que ejercer nuestro liderazgo como un acto continuo de adoración, realizado a los pies de Jesús*, una posición que ni siquiera Juan el Bautista se atrevió a asumir. No hay nada que pueda anclar más profundamente nuestras vidas a Jesús y que tenga mayor impacto en la forma en que seguimos a Jesús y lideramos a otros, que esta postura: atentos y reverentes a los pies de Jesús, dispuestos a responder a Su Voz, día tras día, semana tras semana, decisión tras decisión, crisis tras crisis.

Nuestro ejemplo es Jesús, quien llevó a cabo todo su ministerio desde esa postura interior del corazón ante su Padre. Ya sea que estuviera tendiendo la mano a un leproso o reprendiendo a un espíritu maligno, actuaba sabiendo quién era, a quién servía y de dónde procedía su autoridad. Jesús era el seguidor por excelencia. Nunca se desvió de su compromiso de agradar a Su Padre. A su vez, nuestra postura a los pies de Jesús nos obliga a mantener nuestras realidades enfocadas: somos sus hijos e hijas adoptivos, servimos a Su Voluntad, dentro de Su Misión, para Su Gloria, con la autoridad prestada que nos ha confiado. Esto hace maravillas, pues nos ayuda a mantener nuestro propio estatus y logros en perspectiva. Recuerdo la experiencia de Asaf cuando entró en el santuario de Dios y se reencontró con la realidad: "Allí comprendí" (Sal 73:17).

---

4 Aunque Juan no era digno de lavar los pies de Jesús, Jesús le pidió que le "lavara" todo el cuerpo en el Jordán. Más tarde, en el Aposento Alto (Juan 13), Jesús se volvió y lavó los pies de los Doce. Esta vez, sin embargo, fue Pedro quien se resistió, exigiendo (inicialmente) que Jesús le lavara todo el cuerpo, en lugar de sólo los pies. Así, aquel a quien Juan el Bautista no era digno de lavar los pies, acabó lavando los pies de sus seguidores.

Un acto continuo de adoración . . .

Tal vez se esté preguntando: ¿Qué tiene que ver el liderazgo cristiano con la adoración?. Comencemos con una observación del pastor Steve Zeisler: "La adoración es la única [respuesta] razonable a lo que descubrimos en la Presencia de Dios."[5] Si estamos comprometidos a vivir en la Presencia de Jesús, vamos a adorar y nuestra adoración nos transformará. El apóstol Pablo lo dejó claro en su carta a los Romanos: La "verdadera adoración" no era una experiencia etérea, sino una ofrenda sacrificial de nosotros mismos a Dios a su servicio, y para su gloria (Rm 12:1–2).

Siempre me ha gustado la descripción de la adoración que hace William Temple:

> La adoración es la sumisión de toda nuestra naturaleza a Dios. Es el despertar de la conciencia por su santidad, el alimento de la mente con su verdad, la purificación de la imaginación con su belleza, la apertura del corazón a su amor, la rendición de nuestra voluntad a su propósito y todo esto reunido en la adoración, la emoción más desinteresada de la que es capaz nuestra naturaleza y, por tanto, el principal remedio para ese egocentrismo que es nuestro pecado original y la fuente de todo pecado actual.[6]

Esta cualidad de la adoración, llevada a cabo a los pies de Jesús, permea y transforma quienes somos, lo que hacemos y cómo lo hacemos—transformando nuestra identidad, nuestras relaciones y nuestras interacciones con el mundo, para su gloria. "Lo que hace que la comunidad cristiana sea cristiana es su adoración"[7] afirma Brian Walsh y J. Richard Middleton en *The Transforming Vision: Shaping a Christian World View (La visión transformadora: dando forma a*

---

5 Steve Zeisler, "How Great Thou Art: Psalm 90," (sermon, Peninsula Bible Church, Palo Alto, California, November 18, 2008), https://cdn.pbc.org/Main_Service/2008/11/16/5331_WEB_Format.pdf. Eugene Peterson añade: «Si no hay centro, no hay circunferencia. Quienes no practican la adoración se ven arrastrados a una inmensa inquietud, una epidemia mundial, sin rumbo fijo ni propósito sostenible». Eugene Peterson, Reversed Thunder (San Francisco: Harper One, 1991), 60.

6 Arzobispo William Temple, *Readings in John's Gospel (Lecturas en el Evangelio de Juan)* (Macmillan, 1940), 68.

7 Brian Walsh, J. Richard Middleton, *The Transforming Vision, Shaping a Christian Worldview (La visión transformadora: dando forma a la cosmovisión cristiana).* (InterVarsity Press, 1984), 161.

la cosmovisión cristiana). También, podríamos decir que lo que hace cristianos a los líderes cristianos es su adoración. Una comunidad cristiana es por naturaleza una "comunidad radical [que] debilita la cultura dominante porque adora, sirve y ora a un Dios diferente. Su adoración marca la pauta de toda su vida."[8] Así pues, los líderes cristianos son por naturaleza líderes radicales que trastornan la cultura dominante en nuestro contexto, porque adoramos, servimos y oramos a un Dios diferente, que marca la pauta de toda nuestra vida.

... hecho a los pies de Jesús

Como líderes cristianos, ¿podemos hacer algo mejor que emular la postura atenta de Jesús ante Su Padre, que fue la fuente de su vida y ministerio? ¿De qué otra forma podría Jesús decir a sus discípulos que "estas palabras que ustedes oyen no son mías, sino del Padre que me envió"?" (Jn 14:24b)? Las palabras y las obras poderosas de Jesús surgieron de su relación intensamente íntima y de su sumisión reverente al Padre. El ejemplo de Jesús señala nuestra necesidad como líderes de resistir nuestra inclinación natural a centrar nuestra vida y ministerio en torno a lo que hacemos y decimos, o en torno a los temas importantes de nuestro día a día,[9] en lugar de mantenernos anclados a Jesús. La perspectiva que adquirimos desde esta posición privilegiada a los pies de Jesús ayuda a garantizar que nuestras palabras y acciones surjan de nuestra conexión vital con Él. Y es la mejor manera que conozco de recordarnos a nosotros mismos nuestra total dependencia de Jesús, alineados con su inequívoca declaración: "El que permanece en mí, como yo en él, dará mucho fruto; separados de mí no pueden ustedes hacer nada" (Jn 15:5).

---

8 Walsh y Middleton. Los autores continúan diciendo: "En lugar de tomar la forma del mundo, [la comunidad cristiana] es una comunidad que está siendo transformada por la renovación de su mente comunitaria, su cosmovisión."

9 Henri Nouwen: "Los líderes cristianos no pueden ser simplemente personas que tienen opiniones bien informadas sobre las cuestiones importantes de nuestro tiempo. Su liderazgo debe estar arraigado en la relación permanente e íntima con el Verbo Encarnado, Jesús, y necesitan encontrar ahí la fuente de sus palabras, consejos y orientación." "Tratar temas cruciales sin estar arraigados en una profunda relación personal con Dios conduce fácilmente a la división porque, antes de que nos demos cuenta, nuestro sentido del yo está atrapado en nuestra opinión sobre un tema determinado." Henri Nouwen, *In the Name of Jesus* (En el nombre de Jesús) (Crossroad, 1992), 38.

🔘 Piense en los líderes que ha conocido y en aquellos bajo quienes ha servido.

- *¿A quién conoce que modele esta postura continua a los pies de Jesús?*
- *¿Cómo es estar cerca de una persona así y dejarse guiar por ella?*

Hacia el final de su carta, el escritor de Hebreos dice: "Puesto que nosotros estamos recibiendo un reino inconmovible, seamos agradecidos. Inspirados por esta gratitud, adoremos a Dios como a Él le agrada, con temor reverente" (Hb 12:28). Ponga esto en el contexto de su propio servicio como líder.

- *¿De qué manera su servicio como líder está motivado por la reverencia y el temor a Dios?*
- *¿Cómo podrían aquellos a quienes dirige reconocer esto en su liderazgo?*

En este capítulo, he sugerido una postura que todo líder cristiano debería emular. En el próximo capítulo, exploraremos el impacto que dicha postura podría tener en nosotros y en quienes lideramos.

Capítulo 15

Aprendiendo a Liderar a los Pies de Jesús

Dios nos libre de comerciar con una verdad que no vivimos.
—H. A. Ironside, pastor de la iglesia Moody Bible Church
(1929–1948)[1]

Volvamos a la pregunta planteada en el capítulo anterior: ¿Qué impacto tendría en nosotros y en aquellos a quienes lideramos, el ejercicio de nuestro liderazgo como un acto continuo de adoración, realizado a los pies de Jesús? Consideraremos primero la naturaleza de esta postura. Luego, dado que las respuestas a esta pregunta son potencialmente ilimitadas, nos centraremos en el impacto potencial de tal postura en una sola área: cómo usamos nuestro poder y autoridad.

La naturaleza de esta postura

El liderazgo como acto continuo de adoración es una postura *personal*. No podemos delegarle a otra persona la responsabilidad o la oportunidad de sentarse a los pies de Jesús, ni quisiéramos hacerlo. Nos perderíamos de la Presencia de Dios y sus propósitos personales para nosotros. Imaginemos a María, la hermana de Marta y Lázaro, pidiendo a otra persona que se siente a los pies de Jesús para poder hacer algo más interesante o importante (Lc 10:38–42). Nadie más puede ocupar ese espacio ni escuchar las palabras específicas que Jesús tiene para nosotros. Debemos entrar en esta experiencia personalizada de forma intencional y voluntaria.

Como ya hemos dicho, se trata de una postura *reverente*, de adoración. Nuestra adoración, en palabras del teólogo judío Abraham Heschel, "expande la Presencia de Dios en el mundo".[2] Y añadiría, expande la Presencia de Dios en nuestras propias vidas como líderes,

---

[1] Citado en Chuck Swindoll, *The Tale of the Tardy Oxcart* (*La historia de la carreta de bueyes tardía*) (Nelson Reference, 1998), 589.
[2] Abraham Joshua Heschel, *Quest for God: Studies in Prayer and Symbolism* (Scribner's, 1983), 62.

alineando progresivamente nuestro carácter, nuestros afectos y nuestras acciones con los de Jesús. Esto requiere tiempo y atención. Aquí es donde aprendemos a afirmar con Jesús: *"Padre nuestro que estás en el cielo, santificado sea tu nombre"* (Mt 6:9).

Esta es una postura *privilegiada*. Es fácil olvidar el inmenso honor que supone tener una audiencia privada con nuestro gran Sumo Sacerdote, el Hijo de Dios. Jesús no duda en darnos tal acceso o proximidad. No tiene personas más importantes con las que reunirse o cosas más importantes que hacer. Al contrario, nos abre el camino con su invitación a "venir y ver" (Jn 1:35–39) y nos anima a permanecer en Él (Jn 15:1–8), a quedarnos para tener largas conversaciones, hoy y por el resto de nuestras vidas.

Por decir algo obvio, esta es una postura de *humildad*. Nos recuerda en qué misión estamos y quién nos ha comisionado. Desde este punto de vista no podemos mirar a nadie por encima del hombro. Cuando Jesús nos dice que nos pongamos de pie, lo hacemos reconociendo la gloria y la autoridad de Aquel en cuya presencia estamos. *No importa cuán grande sea nuestro título, estatus o renombre, nunca podremos estar más alto en el Reino que a los pies de Jesús.* Aquí es donde sometemos nuestras ambiciones personales para que se sujeten y redireccionen, especialmente cuando confundimos liderazgo y dominio, pues nos imaginamos a nosotros mismos como dueños y líderes. Cuando nos elevamos por encima de los demás o por encima de Jesús mismo, podemos contar con que Él nos traerá de vuelta a la tierra, a sus pies. Aquí es donde aprendemos a afirmar con Jesús: *"Venga tu reino. Hágase tu voluntad en la tierra como en el cielo"* (Mt 6:10).

Es una postura *atenta*. Es un lugar donde no somos dueños del podio y donde aprendemos a valorar la voz de Jesús por encima de la nuestra. Es también, donde aprendemos a reconocer la voz de Jesús entre todas las demás voces que exigen que prestemos atención. Jesús ofrece su consejo, incluso cuando no lo pedimos o no nos damos cuenta de que lo necesitamos. En este lugar, recordamos lo que es aceptar la dirección de otra persona, así como recibir su afirmación y su valentía.

Es una posición de *aprendizaje*. Jesús nos llama a acercarnos a él, a llevar su yugo y a aprender de él (Mt 11, 29). ¿Qué mejor lugar para que Jesús reeduque nuestros comportamientos que en su presencia, donde vemos un tipo de vida diferente, de un Reino diferente? Nos maravilla su paciencia con sus discípulos y su sabiduría al tratar con sus detractores. Vemos cómo se aferra a su propósito inquebrantable en medio de interrupciones interminables. Nos maravilla su negativa a tomar represalias en medio de las amenazas y el rechazo. Nos conmueve su compasión por los marginados y su disposición a dar la vida por las ovejas perdidas. A los pies de Jesús, también nos enfrentamos a nosotros mismos, con nuestros puntos fuertes y débiles. En su presencia, nuestra perspicacia no parece tan perspicaz y nuestra visión no parece tan visionaria. El propósito de Jesús no es hacernos sentir mal por lo que descubrimos de nosotros mismos, sino crear expectativa por lo que aún tenemos que aprender de Él. Aquí es donde aprendemos a suplicar: *"No nos dejes caer en la tentación, mas líbranos del maligno"* (Mt 6:13).

Se trata de una postura *receptiva*. En este lugar, al igual que en cualquier otro, no estamos al mando. No controlamos la agenda ni el resultado. No damos instrucciones. Aquí no hay nadie más a quien podamos transferir la responsabilidad. Esta postura nos recuerda que primero somos seguidores y después líderes. *La autoridad que ejercemos viene determinada por la autoridad a la que nos sometemos.*[3] No hay otra base sobre la que nosotros, como líderes cristianos, ejerzamos nuestro liderazgo. Jesús busca seguidores dispuestos a buscar su dirección, en lugar de aferrarse a sus propias convicciones o perseguir sus propios intereses e iniciativas. Busca líderes cuya confianza provenga de ejercer su poder y autoridad bajo la divina autoridad de Jesús. Como se mencionó anteriormente, los líderes cristianos que olvidan su rol como seguidores de Jesús causan un gran daño a las personas que sirven bajo su liderazgo y a las organizaciones que dirigen. Aquí es donde reconocemos nuestras necesidades: *"Danos hoy nuestro pan de cada día"* (Mt 6:11).

Esta es una postura *correctiva*. Si nos detenemos lo suficiente aquí, escucharemos palabras duras que podemos evadir en cualquier otro lugar: detente, vuelve atrás, escucha, siéntate, arrepiéntete, perdona, pide perdón, reconcíliate, levántate, deja de esconderte. Este

---

[3] Adaptado de una declaración en Phillips, *The Making of a Disciple*, 52. La cita original dice: "La autoridad que una persona ejerce está determinada por la autoridad a la que se somete".

es un lugar de inevitable rendición de cuentas. Nuestros pecados, que parecen excusables en otro lugar, se manifiestan como lo que son aquí. Si habitualmente subestimamos nuestras capacidades, nuestra pericia o nuestra importancia, característica que es a la vez causa y resultado de una falta de conciencia de nosotros mismos, aquí es donde nos encontramos con la realidad. Nuestra presencia continua a los pies de Jesús s. Él nos recuerda que nuestras palabras y nuestras obras pasarán, pero las suyas nunca. Eso nos ayuda a comprometernos con Aquel a quien servimos más que con el éxito de cualquiera de nuestros negocios. Aquí es donde aprendemos a reconocer nuestra necesidad de recibir misericordia y a extenderla: *"Perdónanos nuestras ofensas, como también nosotros hemos perdonado a nuestros ofensores"* (Mateo 6:12).

En una conferencia telefónica mientras escribía este capítulo, un colega expresó su decepción con los líderes cristianos de su país: "Todos quieren ser el obispo o el gran pastor. No hay lugar para el amor en sus corazones". Estoy seguro de que no estaba diciendo que todos los líderes cristianos se comporten así. Y estoy igualmente seguro de que ninguno de los líderes que retrataba se reconocería en su descripción. Pero estaba diciendo que este patrón, que no es exclusivo de su país o de estos líderes en particular, es lo suficientemente común como para ser preocupante. Cuando nuestra pasión por la posición, la autoridad, el reconocimiento o el honor como líderes amenaza con consumirnos, dejando poco espacio para el amor o la verdad, hay ayuda a los pies de Jesús; él nos recuerda quiénes somos, a quién pertenecemos y qué debemos hacer en Su Misión.

Por último (y sin duda hay otras cosas importantes que he pasado por alto), se trata de una postura *liberadora*. Estamos en presencia de la gracia y la verdad personificadas. Este es el único lugar del mundo donde nos encontramos cara a cara con la realidad. Jesús siempre nos dice la verdad, en todo momento. Repetidamente nos despoja de nuestras ilusiones, especialmente sobre nosotros mismos, y nos invita a renunciar a ellas en favor de caminar con Él en la luz. Y día tras día recibimos el gesto de gracia de parte de Dios, independientemente de nuestra situación de éxito o fracaso.

Hemos considerado una variedad de características que describen la naturaleza de la postura de un líder a los pies de Jesús: personal, de adoración, privilegiada, de humildad, de escucha, de aprendizaje, de respuesta, correctiva y liberadora.

- *¿Cuáles de estas características le atraen naturalmente en su relación con Jesús?*
- *¿Cuáles de estas características son especialmente desafiantes para usted?*

Sin duda, hay otras características de una postura a los pies de Jesús que ya forman parte de su práctica habitual o que sería valioso que considerara en su liderazgo.

- *¿Qué otras características importantes ve?*
- *¿Cómo las describiría y cuál sería su impacto actual o potencial en usted como líder?*

Centrémonos ahora en cómo afectaría esta postura nuestro uso del poder y la autoridad. Al igual que con las características de nuestra postura a los pies de Jesús, sin duda usted podrá identificar otras áreas importantes que vale la pena explorar.

Capítulo 16

Ejerciendo Nuestro Poder y Autoridad a los Pies de Jesús

Cuanto mayor es el poder, más peligroso es el abuso.
—Edmund Burke, político y escritor (1729–1797)[1]

Cuando observo a los líderes cristianos de todo el mundo, me fijo en lo siguiente: ¿actúan como si se les hubiera confiado su poder y autoridad o como si tuvieran derecho a ellos? Los que reconocen que Dios y los demás les han confiado el poder y la autoridad para liderar actúan con humildad y responsabilidad. Entienden su responsabilidad como mayordomos que no se apropian de su rol ni de los privilegios que conlleva. Suelen ser los líderes a los que los demás están más dispuestos a seguir.

Quienes actúan con un sentido de privilegio, basado en su posición o antigüedad, creen que se han ganado el derecho a ejercer el poder y la autoridad como mejor les parezca. Se resisten a rendir cuentas o a permitir que otros cuestionen sus decisiones o acciones. Tales cuestionamientos y retos se toman como una falta de respeto y una afrenta a su estatus de superioridad. Estos líderes suelen ser más temidos que seguidos. Con frecuencia transforman el poder en un arma para usar contra otros.

Considere su contexto y su liderazgo.

- *¿En qué medida prevalece cada uno de estos enfoques en su contexto?*
- *¿Cuál de estos enfoques dirían quienes le conocen bien que es característico de su liderazgo?*

---

1 Edmund Burke, de un discurso sobre la Elección de Middlesex, 7 de febrero de 1771, en "The Speeches (Los Discursos)" (1854), citado por Susan Ratcliffe en, *Oxford Essential Quotations (Citas Esenciales de Oxford)*, Oxford University Press, publicado en línea en 2016, https://www.oxfordreference.com/view/10.1093/acref/9780191826719.001.0001/q-oro-ed4–00002268.

¿Cómo impactaría el compromiso de colocarnos habitualmente a los pies de Jesús, la forma en que usamos nuestro poder y autoridad? Voy a sugerir varias respuestas posibles, así como a intercalar una serie de preguntas que podríamos hacernos, o escuchar que Jesús nos hace, desde una postura a sus pies.

Como líderes, nos centramos naturalmente en lo que podemos hacer con nuestro poder y autoridad. Pero a los pies de Jesús, también nos damos cuenta del daño que estos recursos pueden hacernos: distorsionar nuestra forma de pensar y corromper nuestro comportamiento.

¿A quién buscamos honrar con el poder y la autoridad que tenemos a nuestra disposición como líderes? A los pies de Jesús, nuestros verdaderos motivos quedan claros. Para mí, ha sido una tentación constante utilizar estos recursos de poder y autoridad para buscar mi propio honor junto con el de Dios, pero con la suficiente astucia para que nadie lo note. Realmente, eso nunca funciona. Dios no se deja engañar. Y no comparte su honor con nadie.[2]

Durante el tiempo que he estado escribiendo este libro, he dejado de contar el número de líderes de alto nivel que han encontrado su fin, a veces de forma espectacular. La mayoría de estos líderes tienen algo en común: han sembrado las semillas de su propia caída al concederse privilegios y permisos que nunca tolerarían en sus equipos (por ejemplo, en la forma en que utilizan o abusan de los recursos de la organización o de los integrantes o en cómo se protegen del escrutinio) Es demasiado fácil asumir que las normas que se aplican a los demás no se aplican a nosotros. Después de todo, si no hubiera sido por nuestro liderazgo visionario o nuestra gran predicación, la iglesia no habría crecido tan rápidamente ni se habría vuelto tan conocida. Si no hubiera sido por nuestra increíble habilidad para recaudar fondos, la organización no tendría una base financiera tan sólida. ¡Esto a Jesús no le impresiona!

Un día leí dos historias igualmente preocupantes. La primera, trataba sobre una directora ejecutiva que financió la compra de una casa multimillonaria empleando una táctica financiera por la que habría despedido a un integrante del personal. La segunda, trataba de

---

2 Como nos recuerda Isaías 42:8: "Yo soy el SEÑOR; ¡ese es mi nombre! No entrego a otros mi gloria ni mi alabanza a los ídolos." Incluyendo a los líderes que se autoadmiran.

un rector anglicano que malversó discretamente al menos $125.000 dólares durante cinco años. En este último caso, algunos miembros fieles de la iglesia lamentaron que se hubiera informado a la policía.

¿Qué nuevas oportunidades estamos creando para los demás al compartir con ellos nuestro poder y autoridad? Una de las mejores formas de reafirmar a las personas es compartir con ellas la responsabilidad de tomar decisiones. Esto me ocurrió en un momento vulnerable de mi propio desarrollo como líder.

A principios de nuestros treinta, mi esposa Karla y yo vivíamos en Bulsa, en la aldea rural de Sandema, al norte de Ghana. Estudiábamos Buli, su lengua materna y su cultura para ayudar a traducir la Biblia al Buli. Durante ese tiempo, enfermé repetidamente de malaria y otras enfermedades tropicales. A los seis años de estar allí, un médico me diagnosticó tuberculosis con una máquina de rayos X dental, después de haber perdido casi veinte kilos (sí, eso ocurrió de verdad, pero no hay espacio para contar esa historia aquí), regresamos a Estados Unidos para recibir atención médica y asesoramiento personal. Me sentía muy mal. Cuando nuestro médico de cabecera nos recomendó que no regresáramos a África Occidental, no sabíamos qué sería lo siguiente.

Para nuestra sorpresa, nuestro director de África se puso en contacto con nosotros y me invitó a trabajar a su lado como su asistente. Ese rol a nivel continental me dio la posibilidad de aprender sobre liderazgo a una escala mucho más amplia. Y aunque el director con el que trabajé tenía la edad de mi padre, en todos los años que le conocimos a él y a su esposa, nos trataron como compañeros que merecían respeto y como amigos cada vez más apreciados.

No todo el mundo está dispuesto a compartir semejantes responsabilidades en la toma de decisiones. Recuerdo que me invitaron a participar en una consulta con otras treinta personas para deliberar juntos sobre el futuro de una iniciativa regional. Al final de la reunión, después de que hubiéramos llegado a nuestras conclusiones colectivas, el organizador de la reunión nos dio las gracias a todos por nuestro trabajo. Entonces, para nuestra sorpresa y consternación, anunció que tomaría una dirección completamente diferente a la que habíamos acordado. Me pregunté por qué nos había convocado para decirnos al final que no teníamos nada valioso que aportar. Fue un largo viaje en avión de regreso a casa.

También hay maneras más sutiles de usar nuestra autoridad para mostrar o negar respeto a las personas. Lo observé durante una conferencia internacional en Indonesia. Uno de los expositores, un alto dirigente mexicano, dio su charla en español, que luego se tradujo al inglés, el idioma que entendía la mayoría de los participantes. Era la primera conferencia internacional en la que se le permitía dar una charla en su lengua materna. En todos los demás casos, se había visto obligado a hablar en inglés, el idioma de los organizadores de la conferencia, un idioma en el que no se sentía cómodo y que le ponía en desventaja a la hora de comunicar lo que realmente quería decir desde su corazón.

Piensa en un momento en el futuro en el que ya no estés sirviendo en el liderazgo.

- *¿Qué recordarán aquellos dentro de su círculo de influencia sobre cómo su liderazgo reflejó la vida de Jesús en usted?*
- *¿A quién habrá influenciado para que adopte esta misma postura de adoración a los pies de Jesús?*

Poder problemático

Mientras escribía este capítulo, me enteré de la caída de otro líder destacado de la comunidad cristiana global. Las descripciones de su sólido liderazgo me resultan dolorosamente familiares: "un líder eficaz y respetado" con una "profunda pasión por la misión" que puso "la vara muy alta para el discipulado". Era un popular conferencista y autor que amplió el ministerio que dirigía desde Estados Unidos a una escala global. Un líder como este sabe cómo conseguir lo que quiere y cómo impulsar a otros a hacer lo que él quiere.

Ante indicadores de éxito tan obvios, es fácil ignorar señales de peligro igualmente claras en el ambiente que el líder creó a su alrededor: acoso, intimidación, rechazo a la retroalimentación crítica, alta rotación de personal (ancianos y miembros), y una cultura de miedo. Esto equivale a abuso espiritual: Los líderes cristianos utilizan el poder de su posición o estatus para controlar o disminuir a otros y se escudan en tener autorización divina para justificar sus acciones.

Como observa el pastor y teólogo Urban T. Holmes III: "Existe una satisfacción en ejercer poder sobre los demás sin tener que enfrentar el sufrimiento, el fracaso y una evaluación honesta de nuestra propia indignidad; a diferencia del poder de la sabiduría, que exige todo esto y más".[3]

Los líderes que comprenden su identidad y la autoridad que Dios les ha dado se sienten lo suficientemente seguros y poderosos como para delegar, formar equipos y honrar las contribuciones de los demás. Solo los que se sienten impotentes intentan disminuir la potencia de los demás para aumentar la suya propia. Está claro que la atmósfera que creamos como líderes es muy importante.

El indicador más revelador del enfoque de liderazgo descrito antes, es que no rinde cuentas, ni responde a nadie. Como advierte un astuto observador: "Nadie puede sobrevivir a su indiscutible autoridad".[4] Nadie.

Aunque esta historia fue triste, lo realmente desalentador para mí fue darme cuenta de que este ministerio había destituido a su líder anterior por razones muy similares.

Jesús tenía mucho en común con líderes como el descrito anteriormente. Él también era "un orador popular" con una "profunda pasión por la misión" que puso "la vara muy alta para el discipulado". Pero a diferencia de este individuo, Jesús no creó un ambiente tóxico y de miedo a su alrededor. No dejó personas a su paso dañadas ni destruidas. No coaccionó ni manipuló a los demás ejerciendo su poder sobre ellos ni los redujo a servidumbre. No los explotó utilizándolos para sus propósitos. ¿Por qué ministerios tan explícitamente cristianos, con líderes respetados y presumiblemente piadosos en sus juntas directivas, tardan tanto y tienen tantas dificultades para reconocer y confrontar el liderazgo abusivo? Lamentablemente, las posibles razones son muchas. Permítanme destacar cinco de ellas.

El pastor Chris Davis, en su artículo "Leaders, Talk about Power to Protect the Vulnerable" (Líderes, hablen sobre el poder para proteger a los vulnerables)[5] identifica la que puede ser la razón más importante: "el abuso florece en comunidades que no pueden admitir

---
3 Holmes, *Spirituality for Ministry*, 46.
4 Neil T. Anderson, *The Bondage Breaker* (Harvest House, 1990), 164.
5 Davis, "Leaders, Talk About Power to Protect the Vulnerable."

que el abuso pueda producirse en medio de ellos". *Tanto si lideramos como si somos liderados, puede que seamos demasiado ingenuos para creer que en nuestro grupo puedan producirse abusos, o puede que seamos demasiado inseguros, tengamos mucho temor o vergüenza para reconocer cuando suceden.* Como comentó un amigo en una conversación reciente: "Saben que hay abusos. Simplemente no pueden creer que sea tan malo como realmente es".

Este es un peligro particular para los grupos cristianos teológicamente conservadores. Steve McAlpine, pastor australiano y plantador de iglesias, habla de nuestra ingenuidad: "Muchos evangélicos conservadores han asumido implícitamente que la ortodoxia teológica funciona como una garantía que previene otros comportamientos y actitudes contrarios a los principios cristianos".[6] No es así. Puede simplemente garantizar que los líderes espiritualmente abusivos tengan buenas credenciales doctrinales tras las cuales esconderse y justificar su comportamiento.

En segundo lugar, cuanto más dominantes son nuestros líderes, más impotentes y temerosos pueden hacernos sentir, y es menos probable que confiemos en nuestra intuición cuando percibimos que algo anda mal. Nos sentimos impotentes para hacer que ocurra algo bueno o para evitar que nos ocurra algo malo a nosotros o a los demás. Así que nos callamos e intentamos mantenernos al margen. El poder y la impotencia son compañeros letales, que los líderes dominantes utilizan para su beneficio.

En tercer lugar, incluso en nuestras comunidades cristianas, el éxito proporciona cierta autorización. Si los líderes obtienen buenos resultados, independientemente de cómo se midan, asumimos que deben estar haciendo algo bien para recibir la aparente bendición de Dios sobre su ministerio. Esto no es simplemente una falla personal de nuestros líderes. También, es una falla de nuestras organizaciones y comunidades a nivel colectivo y sistémico. Nos gusta ser parte de ministerios exitosos. Nos gusta estar rodeados de gente que sabe cómo hacer las cosas. Nos gusta cómo nos hacen sentir los líderes carismáticos. Los resultados y la personalidad importan mucho más

---

6 Kate Shellnutt, "Acts 29 CEO Removed Amid 'Accusations of Abusive Leadership,'" *Christianity Today*, February 20, 2020, https://www.christianitytoday.com/news/2020/february/acts-29-ceo-steve-timmis-removed-spiritual-abuse-tch.html.

que el carácter, al menos seis días a la semana. Estamos cautivados y secuestrados por su carisma.

En cuarto lugar, el poder personal e institucional también crean su propia justificación. En palabras de Davis: "Siempre es más fácil proteger a la persona con poder y a la institución en su conjunto, que a la víctima".[7] Esto es especialmente cierto cuando la persona en el poder es muy querida, muy respetada o muy temida, como continúa diciendo Davis: "Innumerables víctimas, incluso en entornos cristianos, pueden ser sacrificadas con el fin de mantener el statu quo". Lamentablemente, en muchos casos se invierte mucha más energía en encubrir pruebas, obstaculizar las investigaciones o acusar a las víctimas de inventar sus denuncias, en lugar de intentar identificar y procesar a los perpetradores, apoyar a las víctimas y llegar a la raíz de todo el asunto.

Por último, el poder transforma a quienes lo poseen. Ningún líder que yo haya conocido, incluyéndome, cree que el poder y la autoridad que conlleva el liderazgo vayan a corrompernos, por lo que no estamos preparados cuando esto ocurre. Cuanto mayor es nuestra autoridad o éxito, y cuanto más públicos sean nuestros roles, más frecuentes y peligrosas serán nuestras oportunidades de inflar nuestra propia auto admiración y disminuir el valor de los demás. Nuestro autoengaño nos permite tratar a la gente de formas que nunca toleraríamos si nos trataran de la misma manera.

El poder tiene la capacidad dañina de anular nuestros valores, socavar nuestra determinación moral y emboscar nuestra autoconciencia: cuanto más poder tenemos, mayor es nuestra tendencia a sobreestimar nuestras capacidades.[8] Nuestra falta de autoconciencia se vuelve cada vez más peligrosa, tanto para nosotros como para quienes lideramos, y esto va pasando a medida que aumenta nuestra influencia. La autoconciencia es un proyecto de toda la vida y, como advierte el pastor Holmes: *"Nunca estamos a salvo de nuestra propia oscuridad."*[9]

---

7 Davis.
8 Tasha Eurich, Insight. Kindle edition. May 2017, location 818 and 2533.
9 Holmes, 157.

A menos que se administre y limite cuidadosamente, el poder que creíamos que nos fortalecería termina debilitándonos. Creemos que podemos dominarlo, pero él nos domina a nosotros, normalmente sin nuestro conocimiento ni consentimiento. Nuestro enfoque visionario nos lleva a pasar por alto detalles importantes, nuestra orientación hacia los objetivos nos lleva a descuidar las necesidades de las personas, y nuestro optimismo nos lleva a ignorar riesgos graves. Además, nuestras ganas de poder, a menudo reducen nuestro interés por escuchar otras voces relevantes, y disminuyen nuestra capacidad para tener en cuenta las perspectivas de los demás, especialmente a la hora de tomar decisiones.[10]

Empezamos, frecuentemente y de manera sutil, a imaginar que la organización o la iglesia que dirigimos nos pertenece. Lo que queremos se convierte en lo que quiere nuestra iglesia. Lo que creemos se convierte en lo que nuestra organización cree. Cuando la gente plantea preguntas incómodas, les acusamos no solo de faltarnos al respeto, sino de traicionar a todo el grupo. Se convierten en el enemigo. Charles Spurgeon advirtió a sus aspirantes a estudiantes contra semejante pensamiento: "¿Se atreve alguno de nosotros a decir, como el rey francés, 'L'état, c'est moi' (El Estado soy yo mismo), soy la persona más importante de la iglesia?"[11]

Los líderes poderosos se caracterizan por poseer una combinación de confianza en sí mismos, carisma, posición, influencia, recursos, fuerza y estatus. La cuestión fundamental es cómo utilizan esos poderosos atributos.

- *¿Cuáles de estos atributos dirían otros que caracterizan su liderazgo?*
- *¿Cuáles de estos atributos utiliza más a menudo en su liderazgo?*
- *¿Qué tentaciones es consciente van unidas a los atributos que posee?*

---

10 Mary Slaughter y Chris Weller, "How Powerful People Slip.(Cómo resbalan los poderosos)" *Estrategia + Negocio*, Octubre 31, 2019, https://www.strategy-business.com/article/How-powerful-people-slip?gko=89703.

11 Charles Spurgeon, *Second Series of Lectures to My Students (Segunda serie de Discursos a mis estudiantes)* (Passmore y Alabaster, 1877), 17. https://books.google.com/books/about/Lectures_To_My_Students.html?id=V4FDAQAAMAAJ.

Jesús encontró a los fariseos culpables del mismo tipo de abuso espiritual descrito anteriormente, pues apelaban a la autoridad divina para justificar sus distorsionadas enseñanzas y tradiciones, así como por sus llamativas túnicas, sus oraciones en las esquinas y su manera de humillar a la gente del común. Hasta que Jesús llegó a la escena, no había nadie con el estatus o la autoridad para confrontarlos. Estos ejemplos proporcionan una advertencia sobre lo que ocurre cuando los líderes presumen de su propia autoridad y pasan por alto otras fuentes de rendición de cuentas, como las Escrituras o sus colegas.

La protección como un privilegio

En su charla titulada "Cómo estrellar un avión"[12], Nikolas Means describe una de las mejores formas en que un piloto pudiera estrellar un avión y probablemente matar a todos a bordo: insistir en que su voz prevalezca siempre que haya una crisis aérea. Tras analizar múltiples accidentes aéreos en todo el mundo, las aerolíneas se dieron cuenta de que esta práctica era un problema. En respuesta, muchas implementaron un proceso llamado "gestión de recursos de cabina". En este sistema, Means explica: "la función del capitán es asegurarse de usar su autoridad para garantizar que se escuchen todas las voces en la cabina". En un caso, siguiendo este procedimiento, la respuesta de la tripulación a una falla mecánica potencialmente catastrófica en un vuelo de United Airlines, les permitió salvar a más de la mitad de los pasajeros, pese a un increíble aterrizaje forzoso.

Imagine una charla similar titulada "Cómo aniquilar un ministerio". Tal innecesaria atrocidad, ocurre con más frecuencia de lo que nos gustaría pensar, a menudo sin que la gente se dé cuenta hasta que es demasiado tarde. Comience con un líder solo, sin una comunidad de líderes a su alrededor. Agregue un poco de levadura: tal vez un título o un cargo que eleve su estatus y su sensación de importancia, o un contrato para escribir un libro. Luego viene el éxito, por muy acertada o inapropiada que sea su medición; cuanto más éxito y visibilidad, mejor. Todo pinta bien. Con el éxito llegan seguidores cada vez más leales que confían en su líder y se comprometen a aumentar su éxito.

---
12 Nikolas Means, "How to Crash an Airplane," The Lead Developer Conference, UK 2016. Video posted April 26, 2017. https://www.youtube.com/watch?v=099cHWSbAL8&feature=youtu.be

Cuando aparecen grietas en la fachada del líder, no hay una comunidad de colegas que le proteja diciéndole la verdad y corrigiéndole con amor. A los seguidores nunca se les ha animado ni capacitado para cuestionar lo que el líder dice o hace. Los amigos y seguidores leales se transforman en leales defensores personales.[13] Los miembros de la junta directiva minimizan o niegan las afirmaciones incómodas en lugar de investigarlas. Esto continúa hasta que ya no es posible ocultar el daño y la locura.

Dos de nuestras responsabilidades de liderazgo más importantes son: asegurarnos de contar con personas en nuestro entorno que nos digan la verdad y escucharlas cuando lo hagan.[14]

- *En su mundo, ¿Quién tiene derecho a mostrarle las señales de peligro en su liderazgo sin temor a represalias?*
- *¿Quiénes son esos colegas que tienen su permiso explícito para confrontarlo?*
- *Si tiene una junta directiva, ¿cuál es su función para garantizar que use su poder de manera saludable?*

Como líderes, a menudo nos encontramos en situaciones en las que podemos utilizar las políticas y prácticas organizacionales para protegernos del escrutinio y ocultar aspectos desagradables de nuestro carácter o nuestras actividades.

- *¿De qué libertades disfruta usted como líder que no disfrutan otros en su organización o comunidad?*
- *¿Qué protección necesita para asegurarse de que no se aprovecha de estas libertades para ocultar quién es o lo que hace?*

---

13 Estoy en deuda con Paul David Tripp por esta perspectiva sobre proteger versus defender en el podcast mencionado anteriormente "Paul Tripp sobre líderes que no fracasarán".

14 Judá necesito a Tamar para exponerlo. David necesitó a Natán. En tales casos, si una persona es removida de una situación, no hay nadie que nos diga la verdad. Este análisis es de Peter Chin, "Being Seen," (Siendo vistos) (sermón, Peninsula Bible Church Palo Alto retiro de hombres, 9 de febrero 2020, en Mt. Hermon, CA).

Capítulo 17

Pastores Conforme al Corazón de Dios

No se elige a un rey para que cuide de sí mismo, sino para que prosperen los hombres que lo eligieron.
—Xenophon, Memorabilia 2:1–4[1]

Cada dos años leo toda la Biblia y siempre me acerco a Jueces, Reyes y Crónicas con una sensación de inquietud, debido a sus sórdidas historias de liderazgo fallido. Lamentablemente, no se trata de historias de líderes paganos de las naciones que rodeaban a Israel. Se trata de los propios pastores de Israel que habían abandonado al Señor y dispersado las ovejas que Dios les había confiado.[2] La misma palabra hebrea *perek* que describía la crueldad de los opresores de Israel bajo el faraón (Ex 1:1) se utilizó para referirse a la brutalidad de los propios pastores de Israel (Ez 34).

Dios se arriesgó a compartir sus responsabilidades de pastoreo con líderes humanos a lo largo del Antiguo Testamento en funciones espirituales y seculares: sacerdotes, políticos, profetas, reyes.[3] Por lo tanto, la práctica del liderazgo pastoral es pertinente tanto si dirigimos en un ámbito de gobierno, empresarial, organización sin fines de lucro o un ámbito explícitamente cristiano.

Dios sacó a David del redil de las ovejas y " lo quitó de andar arreando los rebaños para que fuera el pastor de Jacob, su pueblo; el pastor de Israel, su herencia. Y David los pastoreó con corazón sincero; con mano experta los dirigió" (Sal 78:70–72). Más tarde, luego de David muchos malos pastores pasaron por el pueblo de Israel, hasta que Dios ofreció esperanza a su pueblo desesperado: "Les daré pastores conforme a mi corazón para que los guíen con sabiduría y entendimiento" (Jr 3:15). *Los pastores se centran en las ovejas. Están*

---

1 Citado en Hedrick, 131. Jenofonte, *Memorabilia*, circa 370, ed. E. C. Marchant, http://www.perseus.tufts.edu/hopper/text?doc=Xen.%20Mem.%203#note7.
2 Bailey, 107, 87.
3 Por ejemplo, Moisés y David, pero también Ciro, gobernante de Persia. Véase Jeremías 2:8; 6:3; 12:10; 13:20.

preocupados por encontrar pastos verdes para sus ovejas, no una plataforma más amplia para su ministerio.
Integridad de corazón. Manos diestras. Conforme al corazón de Dios. Llenos de conocimiento y entendimiento. Estas cualidades, que reflejan el carácter de Dios, son las que Él busca desarrollar en sus pastores, porque son los instrumentos humanos a través de los cuales pastorea a su pueblo.[4] Estas cualidades tardan toda una vida en desarrollarse plenamente, así que nunca es demasiado tarde para empezar. Pero algunos líderes nunca lo hacen. Incluso los que empiezan bien a menudo se quedan muy cortos al final de sus vidas, y las ovejas de Dios, en vez de florecer, acaban agobiadas y desamparadas, como las multitudes que Jesús contemplaba cuando recorría las ciudades y aldeas de Galilea (Mt 9:36).

¿Por qué hay tantos pastores malos? O más concretamente, ¿por qué hay tantos líderes que se niegan a pastorear el rebaño de Dios? ¿Y cómo podría la experiencia de Israel hablarnos a nosotros hoy al dirigir nuestras organizaciones y ministerios? Exploraremos varias posibles respuestas.

El liderazgo pastoral es intensamente relacional

El liderazgo pastoral es intensamente relacional: tanto con el Padre como con su rebaño. El pastoreo requiere sumisión y compromiso: sumisión a la voluntad y a los caminos del Padre y compromiso con el cuidado y el bienestar de las ovejas del Padre. No somos libres de hacer una cosa a expensas de la otra. Y ambas son responsabilidades a tiempo completo.

Algunos aspirantes a pastores simplemente descuidan su conexión con el Padre. Sin embargo, nuestra legitimidad como pastores surge y depende de nuestra relación con el Padre, atentos y sensibles a Su Voz. Podemos guiar bien a los demás en la medida en que nosotros mismos somos guiados por el Padre. Este es el sentido de la amonestación de Pedro a sus compañeros ancianos en su primera carta del Nuevo Testamento, pastorear "con deseo de servir, como Dios quiere" (1 P 5:2).[5]

---

4 Véase Paul Alexander, Lecciones de pastoreo 1: Dios, Moisés y David, 9Marks, https://www.9marks.org/article/lessons-shepherding-1-god-moses-and-david/.

5 O, como dice NetBible, "under God's direction (bajo la dirección de Dios)." https://netbible.org/bible/1+Peter+5.

Otros descuidan a sus ovejas y se centran en sí mismos, en su trabajo o en su ministerio. Prefieren organizar programas en lugar de ocuparse de las exigencias del pastoreo. Y hay otros que se alimentan de sus ovejas en lugar de alimentarlas.

Nuestra relación con el rebaño de Dios requiere nuestra presencia, conocerlo y ser conocidos, así como nuestra vigilancia para velar por el rebaño de cerca. Al igual que Jesús y el Padre, nos identificamos con la situación de las ovejas. Lo que les sucede nos importa. Cuando los que guiamos oyen la voz del Pastor en nuestra voz, y sienten el corazón del Pastor en nuestro corazón, saben que hemos estado en Su Presencia, y les damos confianza para que nos sigan. Los pastores de confianza no necesitan gritarle a sus ovejas.

Para que no pensemos que descuidar el rebaño no es un asunto serio, la BBC publicó hace unos años un reportaje con el siguiente titular: "Ovejas turcas mueren en un salto masivo".[6] Mientras los pastores dejaban a sus rebaños para desayunar, una curiosa oveja se acercó al borde de un acantilado, se asomó y desapareció. Una a una, las demás ovejas la siguieron, hasta que todo el rebaño de casi 1500 ovejas tuvo su turno. Las primeras 400 que saltaron murieron, pero sus cuerpos lanudos amortiguaron la caída de quince metros para el resto de las saltadoras. Las ovejas perdidas, valoradas en 100.000 dólares en total, formaban parte de pequeños rebaños de veinte ovejas pertenecientes a distintas familias, este hecho los dejó completamente devastados.

 Una de las características de Jesús, el Buen Pastor, era que conocía a sus ovejas y era conocido por ellas. Hoy Él espera lo mismo de nuestra relación de pastoreo con aquellos a quienes guiamos.

- *¿Qué está haciendo para asegurarse de conocer y ser conocido por quienes guía?*

---

6 "Turkish sheep die in 'mass jump.'" BBC News, 8 July, 2005. https://bbc.in/3MOcDul

El liderazgo pastoral demanda nuestra atención y afecto sinceros

El liderazgo pastoral no es solamente una responsabilidad intelectual. Un pastor "siempre tiene al rebaño en el centro de su corazón".[7] El pastoreo no es meramente una responsabilidad profesional, como la del jornalero en la ilustración de Jesús. Tenemos que estar lo suficientemente cerca de nuestra gente como para sentir sus necesidades y expresarles la compasión de Dios, especialmente por los perdidos. No podemos evaluar el bienestar de nuestro rebaño, o de cada oveja individualmente, a distancia. No podemos atar a todo el rebaño; tenemos que hacerlo oveja por oveja. Nuestra atención a estas personas les da a quienes nos observan la confianza de que haremos lo mismo por ellos cuando lo necesiten.

Hace años, un nuevo miembro del personal entró a trabajar en un departamento que yo dirigía. No era fácil trabajar con él, pero tenía mucho que ofrecer y quería contribuir al bienestar del grupo. Le dediqué más tiempo porque creía en él y quería que tuviera éxito, sobre todo en sus relaciones con los demás miembros del departamento. Nunca olvidaré como, un viernes por la tarde, entró en mi despacho, cerró la puerta y se sentó. Después de algunos preliminares, me miró y dijo: "Si crees que es duro trabajar conmigo, imagínate lo que es ser yo". Situaciones como ésta requieren de pastores.

Los pastores sabios saben que las ovejas, que no saben nadar bien, temen a las aguas turbulentas; no beben de ellas ni siquiera si tienen sed, no sirve de nada gritarles ni golpearlas por su nerviosismo. Por eso, a menudo los pastores desvían el agua de un arroyo para crear un estanque tranquilo donde las ovejas se sientan seguras para beber. Ése es probablemente el sentido de las palabras de David: "Junto a aguas tranquilas me conduce" (Sal 23:2).

Otra forma importante en que los pastores demuestran su compasión -y su sabiduría- es guiando el paso de sus ovejas. No las empujan. Las ovejas ansiosas y apresuradas no se alimentan ni descansan. Recuerda las palabras de Jacob a Esaú cuando se reunió con él después de muchos años: " . . . debo cuidarlas. Si les exijo demasiado, en un solo día se me puede morir todo el rebaño . . . yo

---

[7] Isokari Francis Ololo, The Shepherd Leader: The Unexplored Leadership Style (CreateSpace Independent Publishing Platform, April 19, 2013). From the preface. https://amzn.to/3NAFJNL

seguiré al paso de la manada" (Gn 33:13–14). Jacob no se dijo a sí mismo: *"Si estas ovejas mueren por ser conducidas con demasiada fuerza, no hay problema. Estoy bien. Compraré otras."* A pesar de las grandes exigencias que Jesús impuso a sus discípulos, el agotamiento no fue un problema. Tampoco debería serlo con los que están bajo nuestro cuidado pastoral.

Recuerdo una tensa conversación a las dos de la madrugada en un lugar remoto del Sur de Asia. Un colega y yo estábamos facilitando una conferencia para un pequeño grupo de expatriados que servían en la región, y había sido un día difícil. El líder era un gran visionario, pero carecía de experiencia en el pastoreo, lo cual se hacía evidente en sus interacciones con el grupo. Ya llevábamos varias horas hablando con él cuando anunció sus intenciones para el día siguiente; estábamos preocupados, ya que no tomaba en cuenta las necesidades del grupo en lo absoluto. Por respeto a ellos, nos resistimos a su propuesta."Si no hacen lo que pido", nos anunció, "buscaré nuevos facilitadores". Miramos el reloj y volvimos a verlo."No conocemos otros facilitadores que te amen y estén dispuestos a quedarse despiertos hasta las dos de la madrugada para trabajar contigo". Finalmente decidió no despedirnos, y aceptó un plan alternativo que le ahorró a los miembros de su equipo mucha angustia innecesaria para el día siguiente.

Refleccione en las palabras de David: "Junto a tranquilas aguas me conduce."

- *¿Qué imágenes trae a su mente este pasaje mientras piensa en las necesidades de las personas a quienes usted lidera?*

Vivimos en una época en la que a menudo se prioriza la profesionalidad en nuestro liderazgo a expensas de la cercanía con quienes lideramos.

- *¿Cómo está usando su rol de liderazgo como una plataforma para expresar el carácter de Dios a quienes lidera?*

El liderazgo pastoral exige sacrificio

Las exigencias del liderazgo del pastor son implacables. Las ovejas cuentan con su pastor para que las guíe, provea y proteja. Se pierden con facilidad; no saben dónde encontrar comida o agua, y están indefensas ante los depredadores. Su mayor -y posiblemente única- virtud es la capacidad de reconocer la voz del pastor. Escucha a Jacob describir las exigencias diurnas y nocturnas a las que se enfrentaba: "De día me consumía el calor, de noche me moría de frío y ni dormir podía" (Gn 31:40). ¿Quién de nosotros se imaginaría enfrentándose a estas exigencias con sus propias fuerzas?

Es poco probable que alguno de nosotros sea llamado a dar la vida por sus ovejas. Pero a menudo se nos pide que pongamos las necesidades de aquellos a quienes guiamos por encima de nuestros propios intereses. Durante sus días de pastor, David no solo iba en busca de las ovejas que se habían extraviado: "Cuando un león o un oso viene y se lleva una oveja del rebaño", dijo al rey Saúl, "yo lo persigo y lo golpeo hasta que suelta la presa. Y, si el animal me ataca, lo agarro por la melena y lo sigo golpeando hasta matarlo " (1 Sm 17:34–35).

David reconoció claramente que sus ovejas no existían para su placer, para servirle; él existía para el bienestar de sus ovejas. No perdamos la importancia de esto, las personas que estamos guiando no existen para servirnos por nuestro placer o bienestar. Existimos para pastorearlas y buscar su bienestar.

La alternativa seductora, que está a nuestro alcance como líderes con poder, es sacrificar a las personas para nuestro propio beneficio: usarlas para mejorar nuestra posición o forzarlas más allá de sus capacidades debido a la urgencia de un proyecto y luego descartarlas al finalizarlo. Después de todo, siempre podemos reemplazarlas por otras y repetir el mismo proceso."Para esta creciente generación de pastores avaros", escribe Moses Owojaiye, fundador del Centro para el Cristianismo Bíblico en África, "cuanto mayores son sus bienes materiales, más evidente es el sello de la aprobación de Dios en su ministerio".[8] Sus " bienes materiales " han llegado a expensas de sus

---

8 Moses Owojaiye, "The Problem of False Prophets in Africa." *Lausanne Global Analysis*, November 2019. Vol. 8, Issue 6. https://bit.ly/3z2zZlu.

ovejas, que han sido esquiladas y dispersadas. Pero para estos pastores, eso no es un problema: siempre hay más ovejas que esquilar.

¿Dónde están la integridad del corazón y las manos diestras; la compasión del Padre, y el conocimiento y la comprensión necesarios para guardar el honor de Dios y guiar a sus ovejas? Para los líderes pastorales, en última instancia se trata de nuestras ovejas, no de nosotros. La prueba está en las personas. Hay una razón por la que David dijo en el Salmo 23: "Me guía por sendas correctas, y así da honra a su nombre." Nuestra reputación como pastores, así como la reputación de Dios, crece y disminuye con el estado de nuestro rebaño.

La mejor manera de evaluar la calidad de nuestro pastoreo es observar el estado de las personas a las que guiamos. ¿En qué aspectos están creciendo? ¿Qué estamos haciendo para que puedan realizar el propósito y el potencial que Dios les ha dado? ¿Les estamos preparando para afrontar las exigencias de la realidad? ¿Qué tan unidos están como comunidad?

- *¿Cómo respondería a estas preguntas respecto a las personas que dirige?*
- *¿Cómo podría darles la oportunidad a ellos de responder a estas mismas preguntas?*

Dios le ha confiado una parte de su rebaño como pastor.

- *¿Cómo atiende las necesidades individuales y colectivas de su rebaño?*
- *¿Cuánto le ha costado personalmente pastorear su rebaño?*

En este capítulo, hemos identificado tres implicaciones del liderazgo pastoral para nosotros como líderes: es altamente relacional, requiere nuestra atención y afecto, y tiene un costo personal. Los animo a seguir reflexionando sobre la metáfora del pastoreo, con la confianza de que descubrirán implicaciones y perspectivas adicionales para su propio liderazgo.

Parte VI

Líderes Que Caminan Juntos

No quiero ser una estrella fugaz, como he visto que sucede con otros líderes jóvenes en el ministerio. Nos ven hoy, pero dentro de unos años, hemos desaparecido repentinamente.
— Joven líder ministerial en Kenia

¿Cuántas estrellas fugaces has conocido? "Sin la atención personal y orientación de mujeres y hombres con más experiencia en el ministerio", prosiguió esta persona, "muchos líderes jóvenes simplemente pierden el rumbo y terminan de vuelta en el mundo laboral sin ninguna visión para el Reino".[1]

¿Qué se necesitaría para evitar que los líderes jóvenes de hoy se conviertan en las víctimas del ministerio del mañana: estrellas fugaces que se apagan tan rápido como aparecen? ¿Qué podríamos hacer los

---
[1] El punto aquí yace en la pérdida de una visión del Reino, no en el hecho de trabajar en el mercado laboral.

líderes con más *experiencia* en nuestros propios ministerios para crear un futuro más esperanzador y acogedor *para* estos jóvenes, hombres y mujeres, y para los ministerios que se beneficiarían de su presencia continua? ¿Y quién es responsable de que eso suceda? De eso se trata la siguiente sección.

Capítulo 18

Los Líderes Mayores Tienen las Llaves

Una escoba nueva barre bien, pero una escoba vieja conoce los rincones.
—Proverbio ghanés del pueblo Bulsa.

Una compañera de trabajo entabló amistad con un colega que trabajaba en una pequeña organización filipina y le ofreció ayuda si alguna vez la necesitaba. El individuo la miró con una mezcla de agradecimiento e incredulidad: "Perteneces a una organización grande y poderosa que tiene tantas cosas importantes que hacer. ¿Cómo podría sentir que mi necesidad es lo suficientemente importante como para molestarle? Sería arrogante de mi parte pensar que soy digno de su atención" Nunca presumiría de *ser lo suficientemente importante como para merecer el interés y la atención de una persona más importante.*

Del mismo modo, los líderes más jóvenes, especialmente en el mundo mayoritario, rara vez tienen la libertad de iniciar la interacción con líderes mayores, más poderosos y de mayor estatus. Tienen que esperar a ser invitados. Si no hay invitación, no hay interacción. Si rompen los tabúes relacionales para llamar la atención de un líder mayor, se les tacha de rebeldes, irrespetuosos y se les rechaza.

Lamentablemente, muchos líderes mayores no son conscientes de la existencia de líderes más jóvenes en su entorno; no reconocen el deseo y la capacidad de las mujeres y los hombres más jóvenes para hacer contribuciones significativas, ni se dan cuenta del profundo anhelo de los líderes jóvenes por relacionarse con ellos.

En otros casos, los líderes más veteranos niegan deliberadamente oportunidades de crecimiento a los más jóvenes. Los líderes más jóvenes están ahí para servirles, no para desarrollarse. Ellos (como líderes mayores) han tenido que luchar, a menudo durante décadas, para alcanzar su actual posición de liderazgo, junto con el poder, la autoridad y los privilegios que conlleva: "Me lo he ganado. Así que es justo que los líderes más jóvenes pasen por el mismo largo proceso por el que yo pasé". Aunque estos sentimientos son comprensibles, Jesús tiene una perspectiva muy diferente, consideremos su parábola del propietario generoso de una viña en Mateo 20.

El propietario contrató obreros temprano en la mañana, acordando pagarles el salario diario estándar y enviándoles a su viña. Siguió contratando nuevos obreros a lo largo del día, prometiendo darles lo justo por su trabajo. Al final del día, el capataz pagó a todos los obreros el mismo salario, empezando por el último. Cuando llegó el momento de que los primeros trabajadores recibieran su salario, "esperaban recibir más" y se decepcionaron. Lo que más les molestaba era que el propietario de la viña había hecho a los últimos "como a nosotros que hemos soportado el peso del trabajo y el calor del día". La respuesta del propietario revela su perspicacia sobre lo que preocupaba a estos trabajadores: "Es que no tengo derecho a hacer lo que quiera con mi dinero? ¿O te da envidia que yo sea generoso?". La generosidad del dueño de la viña guiaba su sentido de lo que era "correcto", lo cual Jesús claramente pretendía reflejar el carácter y los propósitos del Padre.

¿Qué implicaciones tiene esta parábola para los líderes mayores que han "soportado la carga del trabajo y el calor del día"?

- *¿Cómo reaccionamos ante la posibilidad de que nos igualen a líderes más jóvenes que no han trabajado tanto tiempo ni tan duro como nosotros?*

- *¿Qué nos dice esta parábola sobre la generosidad con los líderes más jóvenes de nuestro contexto, en lugar de negarles oportunidades y responsabilidades?*

Cualquiera que sea la razón que tengan los líderes mayores para no comprometerse con los líderes más jóvenes, el resultado es el mismo: una pérdida significativa de líderes y de potencial de liderazgo, junto con la pérdida de ideas e innovaciones que esto conlleva, y un futuro menos prometedor para las propias organizaciones y ministerios. Así pues, considero que *la principal responsabilidad de reducir el número de estrellas fugaces recae en quienes tienen el poder de cambiar realmente la historia: los líderes mayores.*

Cuando los discípulos invierten en hacer discípulos que hacen discípulos, el resultado es una abundancia de discípulos, a lo largo de varias generaciones. No se requiere de ningún programa. Del mismo modo, cuando los líderes invierten en otros líderes, que a su vez invierten en otros líderes, el resultado es una reserva sostenible de líderes y muchas menos estrellas fugaces. Cuando los líderes emergentes son formados por los mismos a los que van a suceder, se garantiza que aprecien la cultura y la misión de su organización, así como las competencias que necesitarán para triunfar.[1] Y aún más importante, cuando los líderes mayores son líderes del Reino, las mujeres y los hombres más jóvenes llegan a comprender la misión de Jesús y experimentan la cultura de su Reino. Repetimos, no es necesario ningún programa.

Sin embargo, sí se requiere que los líderes mayores estén dispuestos a asumir dos compromisos de alto precio: decir la verdad sobre sí mismos y asumir la responsabilidad de identificar y desarrollar a los futuros líderes.

Diciendo la verdad con nuestra vida

Mi esposa y yo nos reunimos varias veces con un grupo de líderes jóvenes en una importante ciudad internacional para idear un retiro de fin de semana con una mezcla intergeneracional de líderes cristianos de las iglesias locales. Pero la iniciativa no parecía prosperar. Cuando preguntamos a nuestros amigos más jóvenes: "¿Qué está retrasando las cosas?", nos dijeron:

> Muchos de los pastores mayores que conocemos ocultan algo: algo sobre su matrimonio, su gestión de las finanzas o cualquier otro asunto. No están dispuestos a darse a conocer completamente. Prefieren que sus congregaciones los observen desde una distancia segura, donde sus debilidades y pecados no puedan ser detectados fácilmente. Tenemos problemas para encontrar hombres y mujeres mayores que quieran pasar un

---

[1] Elaine Biech, "Developing Future Leaders: Whose Responsibility Is It Anyway? (Desarrollando Futuros Líderes: ¿De Quién Es La Responsabilidad?)", http://www.ebbweb.com/wp-content/uploads/2016/09/Developing_Future_Leaders.pdf. "This vital task ensures that leaders possess competencies to achieve the organization's strategy, continue to mature the organizational culture, and inspire the workforce (Esta tarea vital garantiza que los líderes posean las competencias necesarias para alcanzar la estrategia de la organización, seguir desarrollando la cultura organizacional e inspirar a los trabajadores.)."

fin de semana con nosotros compartiendo honestamente sus historias personales.

En otra región del mundo, escuché un diálogo entre líderes misioneros sobre las estrategias características que los líderes cristianos de su contexto utilizan para proyectar una imagen de poder. "Los líderes se aíslan para que los demás no vean quiénes son en realidad." Para uno de los participantes de una comunidad indígena, eso evocaba la imagen de un cazador: "En mi lengua, la palabra para "camuflaje" se refiere a cómo te escondes cuando cazas. Literalmente te entierras, dejando solo un poco al descubierto".[2] Eso suena peligrosamente parecido a la hipocresía.

No es de extrañar que uno de mis amigos líderes más jóvenes me dijera una vez: "¡No queremos terminar como tú!"; cuando se dio cuenta de lo que había dicho, se corrigió rápidamente. "No me refiero a ti en particular. Me refiero a los líderes que conocemos que son de tu generación". En lugar de enfadarnos por semejante acusación, animo a los que somos líderes mayores a preguntarnos: "¿Qué estamos modelando para que sea necesario hacer semejante afirmación?".

Como líderes, nuestras palabras y nuestros actos se exponen continuamente. Nuestra visibilidad, que a veces vemos como una ventaja y otras como una desventaja, nos somete a un mayor escrutinio que a los demás.

- *¿A qué tememos cuando nos escondemos o aislamos para evitar el escrutinio?*
- *¿Cómo nos perjudica eso a nosotros y a la organización o comunidad que lideramos?*

Quienes nos observan buscan desesperadamente señales de autenticidad. Son igualmente sensibles a cualquier diferencia entre lo que exigimos a los demás y lo que nos permitimos a nosotros mismos,[3] y entre lo que decimos creer y cómo nos comportamos en realidad.

---

2 La palabra en inglés para camuflaje ("camouflage") probablemente viene de camouflet, lo cual significa "pantalla de humo," dificultar que las personas vean lo que realmente está allí.

3 Compare Mateo 23:4, donde Jesús llama la atención de los escribas y fariseos por atar cargas pesadas para que otros llevarán sobre sus hombros, y "jamás mueven un dedo para aligerar la carga."

- ¿A qué tentaciones particulares se enfrentan los líderes en su contexto para fingir ser algo que no son?
- ¿Qué esperan obtener con su pretensión?
- ¿A qué tentaciones concretas se enfrenta para fingir ser algo que no es?

Identificando y desarrollando futuros líderes

¿Cuánto tiempo cree que Jesús dedicó para formar a sus discípulos y que se convirtieran en líderes? Habría sido un excelente modelo para algunos de los líderes empresariales experimentados de hoy en día, que dedican un tercio o más de su tiempo a identificar y desarrollar líderes.[4] Ese tipo de tiempo no está por ahí esperando a ser utilizado. Es una inversión costosa que hay que separar de los compromisos existentes. Los líderes mayores señalan la importancia de esta inversión dando prioridad a su participación personal, en lugar de delegar la responsabilidad a un departamento de formación. "La participación de los líderes mayores en el aprendizaje y el desarrollo de los futuros líderes es una decisión importante para toda organización", afirma la consultora y formadora Elaine Biech en su excelente artículo "Developing Future Leaders: Whose Responsibility is it Anyway (Desarrollando Futuros Líderes: ¿De quién es la responsabilidad?)." Continúa explicando que: "Los líderes mayores son la clave del éxito para formar a la próxima generación de líderes, esto garantizará el éxito de la organización".[5]

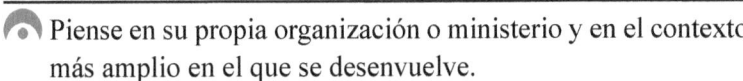 Piense en su propia organización o ministerio y en el contexto más amplio en el que se desenvuelve.
- ¿Cuál ha sido su experiencia con las estrellas fugaces?
- ¿Qué papel juegan actualmente los líderes mayores en la preparación de líderes emergentes?

---

4 Elaine Biech, "Desarrollando Futuros Líderes". "Las organizaciones exitosas creen que todos los líderes deben dedicar entre el 30 % y el 40 % de su tiempo al desarrollo de otros". "Larry Bossidy (2001) afirma que, mientras trabajaba en Allied Signal, "dediqué lo que algunos consideran una cantidad desmesurada de energía emocional y tiempo, quizás entre el 30 % y el 40 % de mi día a contratar y desarrollar líderes".
5 Biech, "Developing Future Leaders,"4.

¿Cómo se ve esa inversión? Recordemos lo que hemos visto hacer a Jesús con sus discípulos. Empezando con un grupo de Doce seguidores sin formación, consideró todo lo que necesitarían para convertirse en líderes y creó un entorno propicio para esto. Tomó en cuenta mucho más de lo que inicialmente podríamos pensar al abordar la tarea de preparar líderes, especialmente su propio papel en el proceso.

Considere los líderes actuales en su propia organización o iglesia.

- *¿Quiénes son los líderes mayores que tienen el carácter y las competencias para invertir en líderes más jóvenes?*

- *¿Quiénes son los líderes más jóvenes que se beneficiarían de una conexión significativa con estos líderes mayores?*

Construyendo Amistades

Muchas personas quieren discipularme, pero nadie quiere ser mi amigo.

—Un Cristiano del Medio Oriente de trasfondo Musulmán

Para muchos líderes, las amistades simplemente están fuera de su alcance. Cultivar amistades nunca aparece en su descripción de trabajo. Los líderes tienen asuntos más importantes que atender. Es más probable que las amistades se consideren como problemas personales que hay que evitar, en lugar de relaciones valiosas que cultivar. Afirmaciones como "es solitario estar en la cima" se interpretan como señales de buen liderazgo. Por lo tanto, cuando nos encontramos con Jesús en los Evangelios, a menudo pasamos por alto sus amistades de amor sacrificial y generosos intercambios personales. Además, rara vez apreciamos su relevancia para nuestro liderazgo.

Fui confrontado con la importancia de este tipo de amistades por primera vez por el historiador de misiones, Dr. Andrew Walls,[6] reflexionando sobre la Conferencia Misionera Mundial de Edimburgo

---

6 Dr. Andrew Walls, "Demographics, Power and the Gospel in the 21st Century (Demográficas, Poder y el Evangelio en el Siglo 21)" Conferencia Internacional de SIL y Conferencia Internacional de Wycliffe Bible Translators, Waxhaw, NC, June 6, 2002.

en 1910, Walls declaró: "Las misiones estaban ocupadas planificando la evangelización del mundo, pero el primer deseo de las llamadas iglesias nacientes no era liderazgo, ni más obreros, ni más fondos, sino la amistad." En las valientes palabras de Vedanayagam Samuel Azariah, el primer obispo indio de la iglesia anglicana, a aquella asamblea de 1910: "Ustedes han dado sus bienes para alimentar a los pobres. Han dado sus cuerpos para ser quemados. Nosotros también pedimos amor. Dennos amigos".[7]

El hambre de Azarías no era que los misioneros transculturales hicieran mayores sacrificios por la India o compartieran más información con él o le enseñaran nuevas habilidades. Anhelaba amigos. Lo que Azarías suplicaba a principios del siglo XX es lo mismo que los líderes misioneros jóvenes de diversos orígenes culturales siguen deseando a principios del siglo XXI: "Amistades del alma", especialmente con hombres y mujeres mayores, una amistad en la que ambas partes esperan aprender y ser transformadas a través de su relación.[8]

¿Cómo se construyen las amistades en su contexto cultural? ¿Es igual entre hombres y mujeres? ¿Cómo lo hacen quienes pertenecen a diferentes generaciones? ¿Qué privilegios y expectativas conlleva la amistad? ¿Qué se hace cuando esas expectativas se transgreden? Son preguntas que no me atrevería a tratar aquí, porque las respuestas serán muy diferentes según el contexto.

Pero hay una idea que me gustaría compartir, especialmente para los líderes mayores, con la esperanza de que puedan adaptarla a su contexto y cultura. Es algo que mi esposa y yo hacíamos intuitivamente cuando nos relacionábamos con personas y parejas más jóvenes. Solo más tarde desarrollamos el vocabulario para describir lo que hacíamos: ofrecer una presencia de apoyo, brindar una perspectiva experimentada

---

7 "The Problem of Co-Operation Between Foreign and Native Workers," in *World Missionary Conference, 1910: The History and Records of the Conference Together with Addresses Delivered at the Evening Meetings*, vol. 9 (Oliphant, Anderson, & Ferrier, 1910), 315.

8 Dana Robert, historiadora de la iglesia y la misión, dice: "En su forma más auténtica, la reciprocidad a través de la amistad supone que cuando las personas entran en una relación mutua, ambas cambian por el encuentro." Dana Robert, "Friendship as Incarnational Mission Practice (Amistades como Práctica de Misiones Encarnacionales)," Marzo 19, 2013, podcast, 42:07, https://emu.edu/now/podcast/2013/03/19/friendship-as-incarnational-mission-practice-dr-dana-robert/.

-cuando se nos pedía y hablar con voz profética- cuando el Espíritu Santo nos lo indicaba.[9]

Una presencia de apoyo: Esta es la puerta de entrada relacional a la amistad espiritual, que puede comenzar con una sola conversación o requerir múltiples contactos en múltiples lugares a lo largo de semanas o meses. Puede resultar bastante inusual e incómodo al principio iniciar una amistad de este tipo a través de culturas o generaciones. Recuerdo que pregunté a una joven pareja de Bengaluru (India) si podía pasar tiempo con ellos, lo que incluía invitarles a comer. En un momento dado, expresaron su incomodidad, ya que no sabían qué quería yo de ellos, porque ningún líder mayor se les había acercado nunca con el simple propósito de entablar una amistad.

Una perspectiva experimentada: Una vez que se ha establecido una relación de apoyo, la persona más joven puede invitar al líder mayor a aportar su punto de vista sobre una situación. Suele sonar algo así: "¿Qué ha aprendido sobre cómo afrontar un reto como éste?". O: "¿Cómo ha logrado perseverar al saber que las cosas se iban a poner aún más difíciles?". Una vez mantuve una conversación en Panamá con un joven compañero de misión sudafricano de unos veinte años. No se atrevía a preguntarme de manera directa qué pensaba. Así que para demostrar su respeto por mí como líder mayor, me preguntaba en varios momentos: "¿Qué pensará el tío Todd sobre tal y tal cosa?". Son oportunidades maravillosas para ofrecer perspectiva y abstenerse de dar consejos.

Hablar con voz profética: Una vez que hemos establecido una base de confianza, estamos en condiciones de hablar con lo que yo llamaría una voz profética cuando sea apropiado: hablar en la vida de la otra persona con una palabra directa de aliento, corrección o dirección, basada en un claro sentido de inspiración del Espíritu Santo. Yo no hablo con esa voz muy a menudo. Cuando lo hago, suelo empezar diciendo: "Mientras hemos estado hablando, he tenido la fuerte sensación de que el Señor me está impulsando a decir esto o aquello. Le invito a que examine lo que voy a decir y evalúe si es algo que Dios quiere que aborde".

---

9 Adaptado de Robert Wicks y Robert Hamma, *A Circle of Friends: Encountering the Caring Voices in Your Life (Un Círculo de Amigos: Encontrando las Voces Solidarias en tu Vida)* (Ave Maria Press, 1996).

Una presencia de apoyo, una perspectiva experimentada y una voz profética: tres regalos que podemos dar a los demás a través de nuestras amistades de líder a líder. Dana Robert, historiadora de la Iglesia y de las misiones, describe el poder de estas amistades:

> En el mundo actual de comunicación instantánea, poca capacidad de atención y desarrollo material como misión, las prácticas sacrificiales de la amistad [que ella describió como un "compromiso a largo plazo con personas y lugares concretos, grandes esfuerzos por comprender y respetar otra cultura o religión, y vivir y ponernos al servicio de los demás"] se erigen como prueba de la ética del Reino de Dios, y Su Amor por todas las personas . . . La amistad sigue siendo la prueba y la promesa del cristianismo como religión multicultural y mundial.[10]

Y yo añadiría que la amistad sigue siendo la prueba y la promesa de comunidades de liderazgo sostenibles que pueden reproducirse sin fin.

Hagamos una pausa y consideremos el papel que las amistades desempeñan actualmente en su liderazgo.
- *¿Cómo caracterizaría el papel de las amistades en su liderazgo?*
- *¿Con quién está siendo generoso a la hora de compartir quién es y qué está aprendiendo como líder?*

Amistades intergeneracionales

"Lo que permitirá a los líderes más jóvenes mantenerse en pie no es una sesión formal de tutoría semanal", me dijo una joven sudafricana durante una consulta en su país, *"sino una amistad significativa con un líder mayor"*. ¿Qué te dice esta afirmación sobre su anhelo? He descubierto este mismo anhelo en muchas partes del mundo. Hace poco, escuché a un miembro del German Bundestag (Parlamento) hablar de cómo Dios le llevó a la esfera gubernamental. "Te sorprenderá saber que en los niveles más altos del gobierno, la gente no necesita

---

10 Dana Robert, "Cross-Cultural Friendship in the Creation of Twentieth-Century World Christianity (Amistades Transculturales en la Creación del Cristianismo Mundial del Siglo XX)," *International Bulletin of Missionary Research (Boletín Internacional de Investigación Cristiana)* 35, no. 2 (2011): 106.

respuestas. Necesitan amigos, relaciones".

Quiero empezar reconociendo que para muchos líderes mayores, las amistades con hombres y mujeres más jóvenes son impensables. Tales amistades van en contra de todo en su contexto cultural, y, a menudo, en el contexto cristiano. Las razones son múltiples: preservar la distancia y el respeto social adecuados, proteger el propio estatus de anciano, cumplir las expectativas de los seguidores o no deshonrarse a sí mismo, a su posición social o a su comunidad al relacionarse con personas de menor estatus.

Sin embargo, esto es demasiado significativo como para descartarlo al simplemente afirmar: *Tales amistades están fuera de discusión. Yo no puedo hacerlo*. A pesar de los desafíos personales y culturales, creo que es imperativo que los líderes mayores inicien tales amistades. En primer lugar, porque Jesús hizo de la amistad con sus propios discípulos un elemento fundamental en su desarrollo como líderes. En segundo lugar, por las repetidas peticiones que he escuchado, como las de la mujer sudafricana citada anteriormente, acerca de tales amistades. Y tercero, porque he experimentado personalmente el poder y el estímulo mutuo de estas amistades interculturales e intergeneracionales. Como señaló el monje del siglo XII Aelred de Rievaulx: "Un amigo es la medicina de la vida".[11] Quizás nos sintamos como Pedro en la azotea de Jope, cuando Dios bajó una sábana llena de animales impuros y le ordenó matar y comer. En nuestro caso, podríamos decir: *Seguro que no Señor. Nunca faltaría a la honorable posición que me has confiado haciéndome amigo de hombres y mujeres más jóvenes*. La fuerza de la resistencia de Pedro, y la fuerza aún mayor de las intenciones de Dios, es sin duda la razón por la que Dios se lo repitió a Pedro tres veces. Creo que nosotros, como líderes mayores, debemos "despreciar la vergüenza" y desafiar las normas sociales, culturales y religiosas existentes en aras de un propósito mayor: invertir en el futuro al invertir en líderes jóvenes.

Daremos un ejemplo que otros podrían menospreciar en un principio, pero que Dios honrará. Como observa el historiador de la Iglesia Charles Marsh "De Ireneo a Dietrich Bonhoeffer, la teología cristiana nos recuerda que la amistad es posible porque Dios ha superado todas las barreras para crear una amistad con nosotros".[12]

---

11 Mary Eugenia Laker, and Dennis Joseph Billy, eds., *Spiritual Friendship, Classics with Commentary* (*Amistad Espiritual, Clásicos con Comentario*) (Ave Maria Press, 2008), 60.

12 Charles Marsh and John Perkins, *Welcoming Justice (Dándole la Bienvenida a la*

En su libro, *Reclaiming Friendship: Relating to Each Other in a Frenzied World* (*Recuperando la Amistad: Relacionándonos con otros en un Mundo Frenético*), Ajith Fernando, ex director nacional de Youth for Christ (Juventud para Cristo) en Sri Lanka, habla de un líder ministerial que fue amonestado por su superior por las amistades que desarrolló con su equipo. Al cuestionar esta perspectiva, Fernando señala:

> El testimonio de las Escrituras es que los grandes líderes bíblicos estaban abiertos a amistades íntimas con aquellos a quienes dirigían, siendo Jesús [el] ejemplo supremo . . . La responsabilidad no impide la amistad, pero el estatus sí . . . Respondemos a la santidad de Dios con respeto [y] . . . al amor de Dios con intimidad . . . De la misma manera, la relación entre un líder y sus liderados se caracteriza [¡o al menos debería caracterizarse!] por respeto e intimidad.

Personalicemos esto.

- *¿Qué reservas tiene sobre entablar amistad con líderes más jóvenes: personalmente, culturalmente y en su comunidad cristiana?*

- *¿Qué tendría que hacer Dios para superar sus reservas?*

Comunidades intergeneracionales de líderes

En muchas partes de África, así como en otros lugares del mundo mayoritario, los líderes no se valen por sí mismos; ellos representan a toda su comunidad, que comparte el honor de su rol de liderazgo. Como observa el Dr. Joshua Bogunjoko, director internacional de SIM International: "Del mismo modo que las expectativas de una comunidad sobre un líder pueden ejercer una presión negativa sobre él, las comunidades justas pueden influir en un líder para que sea semejante a Cristo".[13] Continúa diciendo:

Justicia) (InterVarsity Press, 2009), 106.

13 Joshua Bogunjoko, "Rethinking Leadership: How African Village Traditions and the Bible Point Toward Renewed Leadership (Repensando el Liderazgo: Como las Tradiciones Tribales Africanas y la Biblia Apuntan a Un Liderazgo Renovado)" *IFES Word and World*, December 7, 2018, https://ifesworld.org/en/journal/rethinking-leadership/.

> Los líderes cristianos de África deben crear intencionalmente una comunidad que pueda apoyar y sostener al líder que busca la rectitud . . . Dicho grupo se convierte en una comunidad que rodea a estos líderes cuando enfrentan amenazas de aislamiento de aquellos que eligen un camino menos piadoso. Una comunidad de apoyo también podría proporcionar un grupo apropiado para que tales líderes sean examinados y corregidos . . . Por lo tanto, es necesario, incluso urgente, crear una red de líderes cristianos íntegros en los países africanos.[14]

En un pequeño foro de líderes mundiales en el que participé recientemente, las personas describieron los beneficios de contar con una comunidad tan solidaria a su alrededor. Todos enfrentaban un desafío común en sus diversos contextos: cómo ser vulnerables sin perder el respeto.

"Necesito aparentar que lo tengo todo bajo control cuando en realidad no es así".

"La necesidad de tener una buena reputación puede impedirte asumir riesgos y llegar a ser quien Dios quiere que seas".

"La autoconciencia y la humildad son muy importantes para un líder. Aún así, culturalmente no hablamos de estas cosas".

Este foro proporcionó un lugar seguro para que estos líderes desarrollaran amistades, aprendieran juntos, compartieran honestamente y se apoyaran mutuamente para resistir la presión de engañar a otros sobre las realidades de sus vidas como líderes.

Las disrupciones y las crisis que caracterizan a nuestro mundo actual exigen la perspectiva y percepción colectiva de líderes jóvenes y mayores para interpretar los tiempos y discernir lo que Dios está haciendo. Estos desafíos también ponen en evidencia la necesidad de contar con otras personas con las que podamos compartir nuestro camino de liderazgo. Los líderes mayores están ahí. Y los líderes jóvenes también. El reto es cómo crear entornos apropiados para que estos líderes mayores y jóvenes se encuentren y se conecten profundamente.

---

14 Bogunjoko.

Me inspiran los hombres y mujeres jóvenes que Dios ha estado levantando, quienes comparten un deseo similar: "Anhelamos amistades profundas con líderes mayores, y oportunidades para hablar con ellos sobre temas difíciles y aprender de ellos y con ellos". Los líderes mayores que están más capacitados para entablar estas amistades y conversaciones, son los que han pasado décadas cultivando vidas de transparencia y accesibilidad.

¿Cómo podemos desarrollar comunidades interculturales e intergeneracionales donde hombres y mujeres, tanto jóvenes como mayores, puedan reunirse como amigos espirituales, servir juntos como colegas de confianza y aventurarse juntos a la incertidumbre del futuro?[15] La respuesta a esa pregunta será específica para su organización o ministerio y contexto particular. Pero me gustaría compartir un modelo desde mi experiencia.

La Alianza Global Wycliffe inició consultas en Nairobi, Kenia, y Estambul, Turquía, con el tema *Líderes que caminan juntos*. En cada consulta, se reunió un grupo diferente de más de veinte mujeres y hombres, mayores y jóvenes, de diversas regiones del mundo. El líder más joven tenía veintitrés años; y el mayor, yo, sesenta y tantos. Nuestro objetivo era crear un entorno seguro, pero a la vez estimulante, en el que los participantes pudieran interactuar entre sí como comunidad -a través de generaciones y culturas- sobre temas relevantes para su desarrollo como líderes en la misión de Dios. Nos motivó la pregunta: "¿Cómo podemos crear un ambiente positivo para construir amistades y una comunidad intergeneracional en la que los participantes no solo vivan la experiencia, sino que puedan replicar esto en sus propias organizaciones y contextos?".

Dios me perturbó.

Un gran factor entre los participantes mayores y jóvenes fue la oportunidad de compartir sus historias personales de liderazgo a lo

---

15 Además de otras razones más obvias por las que son necesarios tanto los líderes de más edad como los más jóvenes, los líderes más jóvenes suelen estar sensibilizados ante problemas y disfunciones indiscutibles de los que nadie quiere hablar, y los líderes de más edad pueden crear el espacio para hablar de ellos.

largo de la semana. Un ejercicio memorable consistió en que cada persona ilustrara un punto de inflexión significativo en su vida como líder y luego lo compartiera con el resto del grupo. Muchos de los dibujos fueron dolorosamente expresivos, incluido el que se muestra aquí de Taebum Yu, con el conmovedor título: "Dios me perturbó". Esta experiencia compartida fomentó una atmósfera de empatía y comprensión entre generaciones y culturas.

Considere las relaciones que mantiene con líderes mayores y con líderes jóvenes dentro y fuera de su iglesia u organización.

- *¿Cómo describiría la calidad de comunidad que existe actualmente entre estos líderes?*
- *¿Qué beneficios podría ver al desarrollar una comunidad más intencional entre un grupo específico de estos líderes?*

Volvamos a las palabras de dos personas citadas anteriormente. En primer lugar, el ciudadano del Medio Oriente de origen musulmán: "Mucha gente quiere discipularme, pero nadie quiere ser mi amigo".

- *¿Qué necesidades insatisfechas expresa esta persona?*

Ahora, la mujer sudafricana: "Lo que permitirá a los líderes jóvenes mantenerse en pie, no es una sesión formal de mentoría semanal, sino una amistad significativa con un líder mayor".

- *¿Qué le dice esta afirmación sobre su anhelo?*
- *¿Qué fallas cree que existen en las sesiones formales de mentoría? ¿Qué les falta?*

Capítulo 19

Desarrollo de Liderazgo Sostenible de Líder a Líder a Líder

La función del liderazgo es producir más líderes, no más seguidores.

—Consultora y entrenadora Elaine Biech[1]

Como líderes, somos llamados a interactuar con un mundo cada vez más globalizado que nos exige cosas que no podemos ignorar, ya sean nuestras responsabilidades a nivel local, nacional, regional o internacional. Ese mundo no presta atención a quiénes somos, ni a qué iglesia, agencia u organización dirigimos. Simplemente impone exigencias y amenazas, nos ofrece oportunidades y desafíos. Nos exige que seamos más conscientes de la globalidad y más comprometidos a nivel local, más colaborativos y relacionales, y más adaptables y resilientes de lo que jamás imaginamos.

Puede resultar abrumador prever lo que se nos exigirá para participar con Dios en su misión e interactuar con el contexto contemporáneo en el que nos ha colocado.[2] Cómo lograrlo está mucho más allá del alcance de este libro, aparte de la recomendación del capítulo anterior sobre el desarrollo de comunidades de líderes interculturales e intergeneracionales. Lo que intentaré hacer en este capítulo es plantear una pregunta mucho más modesta: *¿Qué podemos aprender de la forma en que Jesús preparó a sus discípulos para liderar en el mundo del siglo I que podamos imitar a la hora de formar a mujeres y hombres para liderar en nuestro mundo del siglo XXI?*

Lo que Jesús nos modeló para formar a sus discípulos como líderes fue relacional, intencional, colectivo y enfocado en su desarrollo. Requería un presupuesto mínimo y, aparentemente, ninguna infraestructura. Jesús trabajaba con materia prima ordinaria. Y su

---

[1] Biech, "Developing Future Leaders."
[2] Las prácticas de desarrollo de liderazgo que se presentan aquí son igualmente relevantes para las empresas y el gobierno, así como para los ministerios cristianos.

enfoque era eminentemente sostenible: podía transmitirse de un líder en crecimiento, a otro líder en crecimiento. Era incluso mejor que eso, porque reproducir líderes no solo hace crecer líderes, se multiplican.[3]

Relacional

Jesús construyó todo lo que hizo con sus discípulos sobre una base *relacional* de conocer y ser conocido. Ya hemos explorado este aspecto del liderazgo, especialmente al describir las exigencias del pastoreo. *El enfoque de Jesús era más personal que profesional*: no se limitaba a exhibir su inmenso poder o a impresionar con la autoridad de sus enseñanzas. Compartió su vida con su comunidad de amigos.

¿Cómo podría verse hoy ese enfoque personal y relacional? Veríamos a los líderes actuales preocuparse por garantizar que sus vidas sean instrumentos dignos para inspirar el crecimiento de los demás. Especialmente si son líderes mayores, serían los primeros en invertir personalmente en la próxima generación de líderes, en aras de sacar a relucir el potencial de estos hombres y mujeres, garantizando la viabilidad futura de sus organizaciones. Resistirían la tentación de depender de programas o planes de estudios impartidos por otras personas o departamentos bienintencionados. Y en cambio, invitarían a esta próxima generación de líderes a "venir y ver", y asumirían el costo inevitable de hacerse accesibles a ellos, para ser conocidos por ellos.

Intencional

Es difícil imaginar el ministerio de Jesús sin su grupo de discípulos. Su presencia y su formación no fueron plan B. Los llamó a estar con Él desde el principio, identificándolos *intencionalmente*, haciéndose amigo de ellos e invitándolos a participar de todo lo que Él hacía. *Sin los Doce, Jesús no habría podido cumplir todos los propósitos del Padre ni para sí mismo, ni para ellos.*

¿Cómo podríamos imitar la intencionalidad de Jesús en nuestras iglesias y organizaciones? Los líderes mayores son la clave. Sin embargo, los líderes mayores y las iglesias y agencias que dirigen, suelen definir sus funciones de liderazgo sin mencionar la formación de otros líderes. Entre todas las demandas de su tiempo y atención,

---

3 Esta idea se desarrolla por Steve Addison en, *Movements That Change the World: Five Keys to Spreading the Gospel* (*Movimientos que Cambian el Mundo: Cinco Claves para Compartir el Evangelio*) (IVP Books, 2011).

los líderes que valoran lo que Jesús hizo con sus propios seguidores encuentran formas de priorizar y participar activamente en los esfuerzos de toda la organización para identificar, entablar amistad y formar líderes prometedores. Se aseguran de que su equipo de liderazgo responda regularmente a preguntas cruciales como estas:
- ¿En quién vamos a invertir?
- ¿Qué criterios utilizaremos para su selección?

En un grupo con el que trabajé, nos centramos en personas que mostraban potencial para liderar a nivel nacional, regional o global, y que tenían un espíritu colaborador, una mentalidad misionera y una perspectiva global.
- ¿Para qué oportunidades y retos futuros estamos preparando a los líderes?
- ¿En qué nos enfocaremos?
- ¿Cómo vamos a interactuar?
- ¿Qué resultados esperamos obtener?

Su enfoque incluiría probablemente una combinación de acciones formales (como formar a los líderes actuales sobre cómo interactuar con los líderes emergentes y hacerles responsables de ello) e informales (animar a los líderes a dedicar tiempo estructurado y no estructurado en sus interacciones con los líderes más jóvenes).

Si se es un líder más joven, la falta de intencionalidad resultará dolorosamente obvia. Creo que no le será difícil identificarse con la descripción dada por un colega sobre la situación en la región donde vivía: "Los líderes mayores de nuestro movimiento misionero dicen estar interesados en los líderes más jóvenes. Pero no hay intencionalidad a la hora de invertir en nosotros". La tristeza era evidente en su voz, acompañada de la comprensión de que esto difícilmente cambiaría sin una transformación significativa en las perspectivas y prioridades de los líderes misioneros mayores.

Hace varios años, un amigo de otra agencia me contactó para decirme que su presidente acababa de cumplir setenta años, y su equipo directivo se dio cuenta de que tenían que empezar a pensar en la planificación de la sucesión y en encontrar líderes más jóvenes. ¿Hasta ahora? Me pregunté a mi mismo. Él había escuchado que yo tenía experiencia trabajando con líderes más jóvenes y me preguntó si estaba dispuesto a reunirme con el equipo directivo. "Estaría encantado de hacerlo", le dije, "pero mi mensaje sería muy sencillo: Empiecen a entablar amistades y a invertir en los líderes más jóvenes que ya están en su esfera de influencia". Al parecer, esa no era la respuesta que buscaban, ya que no volvieron a contactarme. La intencionalidad implica un compromiso tanto personal como organizacional.

La intencionalidad también significa garantizar que las necesidades de los líderes individuales y las necesidades de la organización o comunidad se mantengan en equilibrio; no se puede satisfacer una a expensas de la otra.

Desarrollo

Me pregunto si Jesús habría podido permanecer siendo paciente y dedicándose a sus volubles discípulos, si no hubiera adoptado un enfoque de desarrollo con ellos, *viéndolos desde la perspectiva de su potencial, en lugar de su competencia actual o comportamiento inconsistente*. Los propios discípulos habrían sido los últimos en creer lo que Jesús imaginaba que llegarían a ser. Empezaron siendo pescadores y recaudadores de impuestos, no filósofos ni maestros. Y ciertamente no pertenecían a la clase sacerdotal o aristocrática. Sin embargo, la confianza de Jesús en lo que llegarían a ser, quedó confirmada claramente en el resto del relato en el Nuevo Testamento, lo que confirma la sabiduría de su persistencia en moldear su visión y sus valores.

Nuestra voluntad—y capacidad—de adoptar una orientación de desarrollo hacia los líderes emergentes dice tanto de nosotros como de aquellos a los que esperamos ayudar a desarrollarse. Ver a los líderes emergentes desde esta perspectiva expectante no es algo natural para muchos, especialmente cuando tenemos que compartir las consecuencias de sus defectos actuales. Es mucho más sencillo hacer un trabajo nosotros mismos, o asignarlo a una persona ya cualificada, que utilizarlo para ampliar las capacidades de alguien.[4]

---

[4] Warren Bennis y Robert Thomas, Liderando para toda la vida: Cómo los momentos decisivos moldean a los líderes de hoy y del mañana (Boston: Harvard Business School Press, 2007), 150. Bennis y Thomas sugieren adquirir el hábito de preguntarse: "¿Ayudará esta asignación a esta potencial líder a desarrollar su capacidad de adaptación? ¿Podría ayudarla a convertirse en una mejor comunicadora? ¿Podría ayudarla a encontrar su voz única? ¿Pondrá a prueba su temple moral?".

¿Cómo podemos practicar una orientación al desarrollo? Podemos encontrar formas de integrar el desarrollo de los líderes en su trabajo diario, utilizando responsabilidades laborales específicas, proyectos, prácticas y experiencias interfuncionales para crear oportunidades de crecimiento.[5] Cuanto más desafiante sea la experiencia, mayor será el potencial de aprendizaje.[6] Los líderes mayores pueden comprometerse a acompañar a estos líderes "todavía no preparados" para apoyarlos y ayudarlos en su aprendizaje durante estas experiencias desafiantes.

Como equipo de liderazgo, tenemos que estar dispuestos a asumir costos a corto plazo en términos de desempeño o efectividad, a cambio del beneficio a largo plazo de formar personas y profundizar y ampliar nuestra experiencia de liderazgo. En el proceso, tendremos el privilegio de observar a otros crecer de maneras poderosas e inesperadas a lo largo del tiempo, como vemos en el caso de Pedro. Una de las ventajas de la edad, es la oportunidad de ver a hombres y mujeres más jóvenes madurar y convertirse en líderes sabios y confiables.

Muchos de los líderes jóvenes con los que entablé amistad cuando tenían entre veinte y treinta años, ahora desempeñan importantes roles de liderazgo a sus cuarenta y cincuenta años.

Colectivo

En los Evangelios hay muy poca evidencia de que Jesús realizara lo que hoy en día es una práctica cada vez más común y valiosa para el desarrollo del liderazgo: la tutoría y el coaching individual. Aunque Jesús nunca explicó por qué, es evidente que prefería trabajar con sus discípulos de manera *colectiva*, en lugar de uno a uno, interactuando regularmente con grupos pequeños, de tres o doce personas, en vez de hacerlo de manera individual.

---

5 "Make every major business project a leadership-development opportunity . . . [and] integrate leadership-development components into the projects themselves." Pierre Gurdjian, Thomas Halbeisen, and Kevin Lane, "Why Leadership-Development Programs Fail," *McKinsey Quarterly,* January 2014, https://www.mckinsey.com/featured-insights/leadership/why-leadership-development-programs-fail.

6 Morgan McCall, "Recasting Leadership Development", https://ceo.usc.edu/2009/08/09/recasting-leadership-development/. "Todo lo que hace que una experiencia sea desafiante—lo inesperado, lo importante, la complejidad, la presión, la novedad, etc.—es lo que la convierte en una experiencia de aprendizaje potencialmente poderosa".

Al hacerlo, creó entre sus seguidores la expectativa de que cualquier liderazgo que ejercieran en el futuro sería compartido como *líderes en comunidad*, según el modelo del Padre, el Hijo y el Espíritu Santo. Jesús prestó especial atención a Pedro, Santiago y Juan, luego a los Doce, y posteriormente, a su grupo más amplio de seguidores. Pero nunca concedió un estatus especial a los tres. *Estaba creando círculos sucesivos de intimidad, no una jerarquía de autoridad.* Cuando los discípulos ejercieron su ministerio apostólico y su autoridad en el libro de los Hechos, reflejaron esta práctica colectiva en sus consejos formales e informales y en el nombramiento de una pluralidad de ancianos en cada nueva iglesia. En palabras de Pedro a sus compañeros ancianos, *sympresbyteros* (1 P 5:1–4), afirmaba tanto el "liderazgo como el trabajo conjunto entre colegas"[7] que requería una comunidad de ancianos.

Un enfoque colectivo del desarrollo del liderazgo nos obliga a crear oportunidades significativas para que líderes experimentados y emergentes interactúen juntos, a cualquier nivel que resulte apropiado: local, regional o global. En lugar de tratar a los líderes de manera individual, de forma aislada, y a menudo solitarios; podemos asegurarnos de que los líderes tengan comunidades en las que puedan aprender y contribuir: para aprovechar sus diversas perspectivas y conocimientos, así como para abordar sus defectos y puntos débiles. Tales comunidades tienen el potencial de multiplicar la sabiduría, la energía, la pasión y el coraje que cualquier persona puede aportar a los complejos desafíos del día, además, de ofrecer grandes experiencias de aprendizaje para todos los involucrados.

Las formas específicas en que implementamos el enfoque de Jesús para el desarrollo de líderes deben moldearse según el contexto particular en el que operamos, sin comprometer las prácticas incómodas, ni las difíciles enseñanzas de Jesús sobre el liderazgo. En el ámbito de Wycliffe, esto significó evaluar las necesidades en las diferentes regiones del mundo. En la región de las Américas nos centramos en el desarrollo de líderes que fueran facilitadores, colaboradores y orientados al servicio. En África, nuestro objetivo fue equipar a los líderes para liderar en formas que fueran auténticamente bíblicas y auténticamente africanas, y capacitarlos para satisfacer las exigencias del liderazgo en un contexto local y global.

---

7 Bailey, *The Good Shepherd*, 253.

🔘 Esta sería una buena oportunidad para que su equipo de liderazgo revise lo que está haciendo actualmente para desarrollar líderes a la luz de cuatro características del enfoque de Jesús: relacional, intencional, de desarrollo y colectivo.

- *¿Cuáles de estas características están aplicando de forma individual como organizacional?*
- *¿Qué tan bien está funcionando esto para ustedes, para su organización y para los líderes en los que están invirtiendo?*
- *¿Cuál de estas características sería especialmente valiosa empezar a implementar o hay que prestarle mayor atención?*

Capítulo 20

Corriendo una Maratón Juntos

Una sociedad se hace grande cuando los ancianos plantan árboles bajo cuya sombra jamás se sentarán.
—Proverbio griego

En tres de los cuatro Juegos Olímpicos consecutivos desde el cambio de siglo, el equipo de Estados Unidos para las carreras de relevos de 4x100 metros, falló al pasar el testigo o la posta de un corredor a otro, perdiendo la oportunidad de ganar una medalla. Sin embargo, ¿cuándo fue la última vez que usted vio una carrera de relevos en la que un corredor se rehusó a pasar el testigo al siguiente corredor de su equipo? Es difícil de imaginar, ¿cierto? Podemos angustiarnos por los traspasos fallidos y los testigos caídos. ¿Pero que alguien simplemente se niegue a pasar el testigo? ¡Nunca!

Morir con la posta en la mano

Puede que no haya escuchado del Dr. Myles Munroe. Pero en Las Bahamas, donde el Dr. Munroe fundó y fue el presidente de Bahamas Faith Ministries International (Ministerios Internacionales de Fe de las Bahamas), todos parecían conocerlo.[1] Él iba de camino a una conferencia sobre liderazgo, como orador principal a finales del 2014 cuando su avión privado se estrelló. Todos los pasajeros a bordo murieron.

No mucho antes de su muerte, el Dr. Munroe había descrito a un periodista en una entrevista, un sueño que había tenido sobre el funeral de un célebre atleta de pista y campo. El corredor yacía en su ataúd vestido con su uniforme de corredor. A medida que los dolientes iban pasando, se dieron cuenta de algo inusual: su héroe aún tenía agarrado el testigo. Munroe explicó el significado de su sueño:

> Se trata de las personas que mueren con el testigo en lugar de pasarlo a otros . . . El joven que se supone que debe liderar a

---
[1] Si bien no respaldo de ninguna manera su perspectiva teológica sobre el compromiso de Dios con nuestra prosperidad, sí encuentro mucha congruencia con su perspectiva sobre la sucesión del liderazgo.

continuación [tiene] que ir al ataúd, arrebatarle el testigo de la mano al difunto solo para llevarlo a la siguiente etapa. Puede que esto sea lo que nos está pasando aquí en las Bahamas. La gente prefiere morir con el cargo que entregarlo. Y así, nos encontramos con que los jóvenes tienen que luchar para poder tomar el testigo. Los grandes líderes pasan el testigo antes de morir, y viven para ver correr al siguiente corredor. Esperemos que eso ocurra en Bahamas.[2]

En otra ocasión, el Dr. Munroe observó:

Políticamente hablando . . . nos encontramos en un dilema con el liderazgo. Nos encontramos en un punto histórico donde se está produciendo una transición. Nadie lo decide. La vida lo decide. La mayoría de los líderes mayores que formaron parte de nuestra trayectoria histórica se desvanecen en el ocaso . . . Los líderes eficaces siempre preparan a sus reemplazos. Ellos mentorean y crean la continuidad.[3]

Un compañero de doctorado de África Occidental publicó una respuesta a esta entrevista, compartiendo tanto su empatía como su indignación por la situación que describió el Dr. Munroe: "Myles dijo que esto describe a los líderes de las Bahamas. Me atrevería a decir que es igualmente aplicable a África. Esto explica la órden de marchar para la generación emergente. ¡Prepárense para arrebatar el testigo a los cadáveres que se rehúsan a soltarlo!" (paráfrasis mía).

---

2 Jessilyn Lancaster, "MIRA: Myles Munroe tiene un sorprendente sueño profético antes del accidente aéreo", CharismaNews, 12 de noviembre de 2014. http://www.charismanews.com/7-news/46115-watch-myles-munroe-s-dream-before-his-death. En otra ocasión, el Dr. Monroe observó: "Políticamente hablando . . . nos encontramos en un dilema de liderazgo. Nos encontramos en un punto histórico donde se está produciendo una transición. Nadie lo está decidiendo. La vida lo está decidiendo. La mayoría de los líderes veteranos que formaron parte de nuestra trayectoria histórica se están desvaneciendo . . . Los líderes eficaces siempre preparan a sus reemplazos. Orientan y promueven la sucesión".

3 Paige McCartney, "El Dr. Myles Munroe y otros mueren en accidente aéreo", Our News (Bahamas), Noticiero del 9 de noviembre de 2014, https://www.youtube.com/watch?v=noLu-9PauxU&feature=youtu.be. Véase también Myles Monroe, El poder del liderazgo y el principio de mentoría y sucesión: Claves para asegurar un legado, anteriormente disponible en https://www.youtube.com/watch?v=RTtXBxc7_ww. En esta misma charla, Munroe instruye a la audiencia a recitar un mensaje muy común sobre salud y riqueza: "Dile a tu vecino: 'Estoy de acuerdo. Este año será tu año sin deudas'. Dile a tu vecino: 'Estoy de acuerdo, todo lo que toques este año prosperará'. Dile a tu vecino: 'Estoy de acuerdo en que el éxito es tu nuevo nombre'".

Me parece que los escenarios imaginados por el Dr. Munroe y por mi compañero de estudio son tan preocupantes como improbables: hombres y mujeres jóvenes arrancando el testigo del liderazgo futuro de las manos de los líderes actuales que, literalmente, prefieren morir antes que pasarlo. Sin embargo, no es de extrañar que muchos líderes jóvenes luchen tanto con la resignación como con la rabia, y se conviertan en estrellas fugaces, desapareciendo o siguiendo su propio camino ante tal comportamiento de aferrarse al testigo. Un líder ministerial más joven describió cómo es este dilema en el país: "Los líderes mayores desean conectar con los más jóvenes, pero su entusiasmo no se traduce en acción. No hay urgencia. Los jóvenes encontrarán sus propios caminos y los mayores lo verán como una rebelión; qué triste".

En el ámbito organizacional, a menudo se usa la metáfora de *pasar el testigo o pasar la posta* para describir la transición de liderazgo de un individuo o de una generación a otra. Pero a diferencia de los corredores de relevo, algunos líderes ministeriales mayores o de mucha autoridad, claramente no tienen la intención de pasar la posta. Están decididos a ser los únicos corredores en la carrera. Están más dispuestos a romper el testigo, al aferrarse con tanta fuerza, que para entregarlo a otros: "Mi mano firme es necesaria en este tiempo de incertidumbre"; "Mi presencia trae confianza a la congregación (o a los donantes, socios, personal, o etc . . .)"; "Soy el único que realmente comprende las complejidades de este ministerio". Considera aquellas agencias que extienden repetidamente la edad de jubilación obligatoria de su director, de manera sorprendentemente alineada con la edad del titular en funciones, como observé en una agencia bíblica. ¿Quién del personal subalterno se atrevería a cuestionar tales decisiones? Todos conocemos diferentes versiones de esta historia.

Para algunos de nosotros, como líderes, la expectativa de ceder el liderazgo a otra persona se siente como aceptar nuestra propia muerte. Sin embargo, mientras más tardemos en reconocer nuestra propia mortalidad en el liderazgo, más difícil será para nosotros y para quienes se supone ya deberían estar liderando. La sucesión de liderazgo ocurrirá. El desafío es si participaremos en una transición saludable, o nos resistiremos a ella y crearemos una crisis en el proceso.

Cuando fui nombrado para un puesto de alto nivel en mi organización, asumí el cargo de un líder más experimentado que no estaba listo para dejar su puesto. En múltiples ocasiones, mientras conversábamos sobre el traspaso de responsabilidades, él decía: "me quedaré con eso". Vez tras vez tenía que recordarle que la responsabilidad correspondía al puesto, no a la persona. En un punto él me miró y dijo: "Estás ansioso de que salga de mi puesto, ¿cierto?". En ese momento probablemente tenía razón.

Él se aferraba tan fuertemente a sus funciones y responsabilidades que tuve que ir apartando sus manos, dedo por dedo, o la transición nunca habría ocurrido. *Los líderes que se "despiden bien" y permiten que otros asuman sus responsabilidades, comienzan a prepararse para esta transición con años de antelación.*

Como líder mayor, he tenido la oportunidad de interactuar con jóvenes y prometedores líderes misioneros en África, Asia-Pacífico, América y Europa. Muy pocos de ellos simplemente quieren que los líderes mayores les entreguen la posta y se hagan a un lado. Los que sí desean ésto, son los más inmaduros e impacientes en el grupo, o son aquellos que han luchado por años bajo líderes mayores que se han resistido a soltar las riendas y a hacer espacio para alguien más.

 Si usted es un líder mayor (de acuerdo a su criterio), tome un momento para escribir los nombres de líderes jóvenes que ha invitado a ser parte de su vida.

- *¿Cuánto invierte actualmente en la vida de los líderes más jóvenes?*
- *¿Qué experiencias ha tenido como líder que valdría la pena transmitirles?*

Si usted es un líder joven (de acuerdo a su criterio), tome un momento para escribir los nombres de líderes mayores que le han invitado a ser parte de su vida.

- *¿Cuánto invierten en usted los líderes mayores?*
- *¿Qué anhela en una relación con un líder mayor?*
- *¿En qué líderes más jóvenes está usted invirtiendo?*

¿Puedo superarte?

La mayoría de los líderes jóvenes que conozco *no piden* realmente que se les pase la posta. Lo que *están pidiendo* es algo mucho más sutil y difícil de ofrecer que simplemente pasarles la posta.

Vayamos al país de Etiopía para conocer al corredor de larga distancia Haile Gebreselassie y a su protegido, Kenenisa Bekele. Gebreselassie, quien rompió veinticinco récords mundiales en carreras de distancia y ganó numerosos títulos olímpicos y de campeonatos mundiales, es considerado uno de los mejores corredores de distancia de todos los tiempos. Él fue la inspiración de Bekele para convertirse en corredor.

Llegó el momento en que Bekele comenzó a competir en las mismas carreras que Gebreselassie. Cerca del final de una competencia crucial en 2003, Bekele se posicionó al lado de Gebreselassie, y ambos corrieron uno al lado del otro. Es poco probable que hayan intercambiado palabras en un momento tan decisivo de la carrera. Pero al mirar Bekele a su héroe, no es difícil imaginar que silenciosamente le haya preguntado con la mirada: "*¿Puedo superarte?*" Y Gebreselassie respondiendo: "*Sí, adelante. Yo seguiré corriendo contigo*".

Llegó el momento para que Kenenisa Bekele superara a Haile Gebreselassie, quien seguía siendo su mentor y héroe. Ambos sabían que ese momento llegaría y lo recibieron con agrado. Ambos continuaron corriendo y terminaron la carrera. Pero Bekele se llevó el oro.

No se pasó ninguna estafeta entre ellos. Pero a partir de ese momento, Gebreselassie asumió un nuevo papel: marcar el paso para Bekele y darle la libertad de correr adelante cuando estuviera listo.

Qué hermoso retrato nos ofrecen estos dos hombres: el mayor y el joven corriendo juntos, con el mayor eventualmente sirviendo al joven. Aquellos de nosotros que somos líderes mayores ya hemos tenido nuestro tiempo, nuestra temporada para enfrentar desafíos y ganar carreras. Y si aún no hemos ganado ninguna, ahora no es el momento de tratar de recuperar oportunidades perdidas. Dios tiene un papel diferente para nosotros ahora.

Volvamos al Aposento Alto donde Jesús lavó los pies a sus discípulos. Después de volver a su lugar en la mesa, Jesús se dedicó a un largo tiempo de enseñanza y a responder preguntas. Su traición y muerte eran inminentes. Su liderazgo estaba a punto de pasar a manos del grupo reunido. Mientras esperaba ese momento, dijo a los Once: "Les aseguro que el que cree en mí también hará las obras que yo hago y aun las hará mayores, porque yo vuelvo al Padre" (Jn 14:12). Es poco probable que los discípulos comprendieran en ese momento la magnitud de lo que Jesús estaba diciendo, y mucho menos que lo creyeran. Pero su mensaje era claro: cualesquiera que fueran las obras maravillosas que él había hecho, ¡incluido lavarles los pies!, sus discípulos harían obras aún mayores. Dejemos de lado por un momento los debates teológicos sobre cuáles podrían ser esas obras mayores. *En lugar de sentirse amenazado por el favor de Dios hacia sus seguidores, Jesús se alegró de que sus obras superaran las suyas.* Había pasado los últimos tres años preparando a sus discípulos para esto. En lugar de sentirse menospreciado por comparar sus obras con las de ellos y quedarse corto, Jesús estaba deseando compartir su éxito.

¿Qué hay de nosotros?¿Dónde están los que "marcan el ritmo" entre nosotros, que encuentran su mayor alegría en ayudar a que otros ganen carreras, tan activamente como solíamos buscar oportunidades para enfrentar esos retos nosotros mismos? ¿Dónde están los líderes de nuestras iglesias y organizaciones que viven para ver triunfar a los demás? ¿Puede imaginar una mejor forma de multiplicar su impacto y dejar un legado que perdure en la vida de los demás?

Al igual que el jardinero que planta árboles, bajo cuya sombra sabe que nunca se sentará, necesitamos liderar con la perspectiva de que nuestra influencia como líderes no se revelará plenamente hasta mucho después de que hayamos desaparecido de escena. Esa influencia se dejará sentir a través de aquellos a los que hemos ayudado a desarrollarse a lo largo del camino, mientras ellos influyen en otros dentro de sus propias esferas de influencia.

Concluyo esta sección con un recordatorio del Dr. Munroe. Los grandes líderes, al igual que los grandes corredores, son aquellos que "viven para ver a otros corredores correr".[4]

---

4 CharismaNews, http://www.charismanews.com/7-news/46115-watch-myles-munroe-s-dream-before-his-death.

🔵 Mi esposa contó una vez cuántas parejas mayores habían invertido su vida en nosotros. Le salieron 28 parejas diferentes, ¡Somos de los más afortunados! Muchos líderes jóvenes que conozco no pueden señalar a un solo líder mayor en su entorno que esté invirtiendo en ellos.

- *¿Quiénes son las personas en su vida que más disfrutaron ayudándole a triunfar?*
- *Dondequiera que se encuentre en su camino hacia el liderazgo, ¿qué puede hacer ahora para prepararse para ser un marcador de ritmo de los líderes que vengan detrás suyo?*

A nivel organizacional, la transparencia y la intencionalidad de nuestro enfoque para desarrollar líderes es un buen indicador del éxito de nuestros procesos de transición y sucesión en el liderazgo. Nuestra generosidad a la hora de identificar e invertir hoy en mujeres y hombres prometedores dice mucho de nuestra disposición a dar cabida a sus contribuciones en el futuro.

- *¿Hasta qué punto es generosa su iglesia u organización a la hora de identificar e invertir en hombres y mujeres prometedores?*
- *¿Qué tan suaves o traumáticas han sido las transiciones de liderazgo en su organización?*

En mis treinta y cuarenta años, estaba consumido por miedos de no haber hecho lo suficiente para agradar al Señor. Repetidamente le pedí que me permitiera vivir lo suficiente para hacer más. Cuando cumplí cincuenta, comencé a darme cuenta de cuán vano y tonto era imaginar que podía hacer lo suficiente para agradar al Señor. Ahora que estoy en los sesenta, mi atención se centra en los sentimientos del escritor del Salmo 71:18: "Aun cuando sea yo anciano y peine canas, no me abandones, oh Dios, hasta que anuncie tu poder a la generación venidera, y dé a conocer tus proezas a los que aún no han nacido". No quiero perder la oportunidad de declarar la bondad y el poder del Señor a las generaciones venideras, y no necesito un cargo o título para hacerlo. Estoy seguro de que los años que me quedan pueden ser los más fructíferos de mi vida.

Sería triste empezar bien con las palabras iniciales del versículo 18, pero acabar en un lugar muy distinto del que el salmista imaginó:

> Aunque envejezca y tenga canas, no me abandones, oh Dios, pero déjame aferrarme al poder hasta el final. Rodéame de personas leales que apoyen mis decisiones y nunca me deshonren cuestionando mi juicio. Haz grande mi nombre, para que las personas reconozcan lo poderoso e influyente que soy, y que mi memoria continúe mucho después de mi partida.

El Salmo 71:18 no es solamente para líderes mayores. Es para todos los líderes, sin importar la edad. Hoy, es el momento adecuado para prepararnos bien para los días cuando seamos viejos y tengamos canas. Las decisiones que hacemos en nuestros veintes y treintas dan forma a la persona en la que nos convertiremos en nuestros cincuentas y sesentas.

Cerraré con una de mis oraciones favoritas del libro *Leadership Prayers* (*Oraciones de liderazgo*) de Richard Kriegbaum, escrito cuando era presidente de una universidad:

> Protégeme de preservar mi propia posición o poder o perspectivas a expensas de los futuros líderes. Cuando me señalen dónde no he liderado bien, cierra mi boca y abre mi corazón. Ayúdame a hacer que sea seguro para ellos intentar cosas nuevas. Permíteme tocar el espíritu de aquellos que poseen un corazón de siervo. Quiero conocerlos, amarlos y ver cómo su energía fluye hacia otros a su alrededor. Quiero reclamarlos para esta obra y orar para que ocupen mi lugar.

> No tendré el privilegio de elegir quién dirigirá después de mí. Eso lo decidirán otros. Pero puedo ayudar a preparar líderes, y puedo ayudar a la organización a estar preparada para ellos.

> Muéstrame a los que me desafían, a los que tienen más libertad y una fe más fuerte que la mía. Señálame a los que aman mejor que yo, a los que lideran porque realmente se preocupan por la gente. Déjame ver a los que son gigantes espirituales. Haz que me fije en los que atraen a amigos leales y de calidad.

Ayúdame a distinguir entre el seguro de sí mismo y el arrogante, entre el humilde y el indeciso. Saca a la luz a los fuertes que pueden llevar sus propias cargas y también las cargas de los demás. Permite tiempos difíciles que conduzcan al éxito a quienes se niegan a rendirse. Ayúdame a impulsar a los líderes del futuro.

Oh Dios misericordioso, no permitas que permanezca en este trabajo un día más de lo necesario. Y no dejes que todo esto se desmorone después de que me haya ido. No duraré para siempre, Dios: ¿Dónde están mis sustitutos?[5]

No perdamos las oportunidades que Dios nos da para preparar a nuestros sustitutos, con la esperanza de que nos superen.

Una última reflexión. Dios no solo nos invita a distintos escenarios de liderazgo en su sabiduría y tiempo, también nos llama a bajarnos de esos escenarios. Para muchos de nosotros, ésta es una invitación mucho más difícil, e incluso más importante, de aceptar. Las personas que Dios utiliza para pedirnos que demos un paso al costado pueden no hacerlo de la mejor manera, lo que hace que sea aún más crucial que busquemos la mano invisible de Dios en esas situaciones y confiemos en que Él está llevando a cabo sus grandes propósitos para nosotros.

"Si deseamos que Dios nos use en un escenario santo, nunca debemos olvidar que la principal cualidad que nos recomienda ante los demás no es la autoridad, sino la humildad."[6]

---

5 Richard Kriegbaum, *Leadership Prayers* (Tyndale, 1998), 38–39.
6 Brian Morgan, *Where Is My Stage? (Dónde está mi escenario?)* (1 Samuel 16:14–23) (sermón, Peninsula Bible Church Cupertino, 31 de octubre, 2010), https://pbcc.org/sermon-archive/?sermon_id=1423.

Continuando el Viaje

Jesús condujo a sus discípulos al corazón de Dios . . . [y hacia] un reino que exigía y prometía más de lo que ellos podían imaginar.
—Susan Van Wynen[1]

Participar en la misión de Dios siempre ha sido una aventura arriesgada: emprender un viaje para comprometerse deliberadamente con un mundo lleno de perversidad y posibilidades a partes iguales. Nuestro mundo contemporáneo no avanza con elegancia hacia el futuro, sino con tropiezos, generando cada vez más incertidumbre con cada nueva crisis. Este es un mundo perfectamente diseñado para, y desesperadamente necesitado de auténticos líderes cristianos. Se trata de líderes dispuestos a seguir y liderar a los pies de Jesús, a su imagen y con su autoridad, buscándolo y sometiéndose a Él en lugar de intentar seguir un plan, una receta o un conjunto de principios.

Siguiendo las temáticas de este libro, ofrezco un conjunto de preguntas para reflexionar, como el inicio de lo que podría convertirse en una práctica fructífera para toda la vida:

A los pies de Jesús: ¿Con qué regularidad busca la presencia de Jesús y se pone a sus pies en reverente sumisión?

Mirando a Jesús: ¿Con qué intensidad observa a Jesús y permite que su vida y mensaje penetren profundamente en su alma y permeen su perspectiva y práctica como líder?

Expresando gracia: ¿Hasta qué punto está cultivando a propósito el tipo de relaciones y el entorno interpersonal que Jesús creó a su alrededor?

Tratar con la verdad: ¿Con qué valentía permite que Jesús redefina la realidad para usted, como seguidor y líder de Su Reino?

Influyendo en otros: ¿Con qué determinación, a través de su vida y liderazgo, transmite esa realidad a quienes están dentro de su esfera de influencia?

---
1 Susan Van Wynen, "Looking to Jesus: Lessons in Becoming a Reflective Practitioner," unpublished document, 2008.

Creando una comunidad y una cultura positivas: ¿Qué tipo de cultura y comunidad necesita crear en su agencia, iglesia o red para desarrollar y sostener un liderazgo cristiano eficaz? ¿Qué prácticas y compromisos permitirán que florezcan en esa cultura y comunidad?

Invirtiendo en otros: ¿Quiénes son las mujeres y los hombres que Jesús le ha confiado para que les ayude a desarrollarse como líderes? ¿Cómo está invirtiendo en conocerlos y dejarse conocer de ellos? ¿Qué hace para ayudarlos a descubrir sus dones y asegurarse de que estos se expresen, utilicen y valoren? ¿Cómo utiliza el poder y la autoridad que le ha sido confiada, para ayudarles a desarrollar su competencia personal y su autoridad espiritual?[2]

Viendo impacto en otros: ¿Con cuánta frecuencia veo evidencia de la gracia y la verdad de Jesús en las vidas de quienes dirijo, especialmente entre los líderes en los que invierto?

Que las personas a las que usted dirige y los líderes en los que invierte, se vean tan positivamente impactados por la presencia de su liderazgo y la vida de Jesús que irradia a través de usted, que se sientan motivados a ponerse a los pies de Jesús y seguirle más de cerca, y con más entusiasmo.

---

2 Comparemos con Pablo en su carta a la iglesia de Corinto: "la autoridad que el Señor me dio para edificación, no para destrucción" (2 Co 13:10).

Epílogo

Mi epitafio favorito silenciosamente proclama: "Dios es mi gloriosa aventura". Espero que este libro le haya ayudado a escuchar de nuevo la voz de Jesús y a unirse a Él en esta aventura. Su Voz de Pastor compasivo nos invita a venir y seguirlo. Su desafiante Voz profética nos llama a dejar de lado nuestras ilusiones y enfrentar las exigencias de la realidad. En Jesús, la gracia y la verdad fluyen juntas en lugar de chocar.

Escribir este libro ha sido un viaje personal y esclarecedor para mí. Las ideas que tenía cuando empecé han sido superadas en múltiples ocasiones por las revelaciones que Dios me ha proporcionado a lo largo del camino. He sido deleitado con nuevos descubrimientos sobre Jesús y consternado por mi propia ignorancia de estas realidades, a pesar de ser un estudiante serio de la Biblia durante casi cinco décadas. Para mí, ha sido una revelación ver cuán fácilmente Dios ha compartido su autoridad con las personas a lo largo de la historia, estuvieran o no preparadas, comenzando con Adán y Eva en el jardín. De alguna manera, había pasado por alto la absoluta centralidad de la dependencia de Jesús del Padre; para mí siempre había sido más una nota a pie de página que el fundamento de su ministerio. Nunca me había dado cuenta de la coherencia con la que Jesús redefinía la realidad para sus seguidores, no solo en el mensaje radical del Sermón del Monte, sino en todo su modelaje y enseñanza. Si no lo captamos, no estamos prestando atención.

Luego está Pedro, cuyo comportamiento me ha inspirado y desconcertado alternativamente a lo largo de los años. Nunca me había dado cuenta de la radical transformación que experimentó al pasar de ser pescador a pastor, cuando Jesús reeducó sus comportamientos, un proceso que le llevó la mayor parte de su vida adulta.

Confío en que hayas encontrado un deleite similar en tus propios descubrimientos, y que continúes experimentando ideas desafiantes para la vida y el liderazgo, que te impulsen a vivir y liderar más como Jesús, en honor a Dios, cumpliendo sus propósitos y fomentando el bienestar de aquellos a quienes lideras.

Les dejo con las palabras intemporales del profeta Isaías:

> Sí, en ti esperamos, Señor, y en la senda de tus juicios;
> tu nombre y tu memoria son el deseo de nuestra vida
> (Is 26:8).

Reconocimientos

Estoy en deuda con muchas personas por la oportunidad y la inspiración para escribir este libro. Entre ellas:

Amigos líderes de misión más jóvenes de África, Asia, el Pacífico, Europa y las Américas, quienes son la razón por la que escribí este libro en primer lugar.

Kirk Franklin y el equipo de liderazgo de la Alianza Global Wycliffe, por animarme a tomarme el tiempo para escribir este libro mientras servía con ellos.

Apoyos en oración, tanto personales como grupos dentro de la Alianza Global Wycliffe e International Partnering Associates (Asociados Internacionales), quienes ofrecieron muchas palabras de ánimo junto con sus oraciones.

Las talentosas editoras Carol Brinneman, Laurie Nichols y Mary Lederleitner, quienes ayudaron a eliminar lo innecesario para revelar lo mejor de lo que intentaba comunicar.

A mis buenos amigos y colegas Deinis Mall y David Cárdenas por su cariño, trabajo y apoyo que han hecho posible esta traducción al español.

Mi fiel y comprensiva compañera de vida, Karla Poulter, quien me conoce mejor que nadie y aun así me animó a escribir un libro sobre liderazgo cristiano.

Bibliografía

Addison, Steve. *Movements That Change the World: Five Keys to Spreading the Gospel*. Downers Grove: IVP Books, 2011.

Agosto, Efrain. *Servant Leadership*. St. Louis: Chalice Press, 2011.

Alexander, Paul. *Lessons in Shepherding 1: God, Moses and David*. 9Marks. https://www.9marks.org/article/lessons-shepherding-1-god-moses-and-david/.

"Amnesty International Staff Well-Being Review." The Konterra Group, January 2019. https://www.amnesty.org/download/Documents/ORG6097632019ENGLISH.PDF.

Anderson, Neil T. *The Bondage Breaker*. Eugene: Harvest House, 1990.

Bailey, Boyd. *Learning to Lead Like Jesus*. Eugene, OR: Harvest House Publishers, 2018.

Bailey, Kenneth. *The Good Shepherd: A Thousand-Year Journey from Psalm 23 to the New Testament*. Downers Grove, IL: IVP Academic, 2014.

Bailey, Kenneth. *Jesus through Middle Eastern Eyes: Cultural Studies in the Gospels*. London: SPCK, 2008.

Baldwin, James. "Mass Culture and the Creative Artist: Some Personal Notes." *Daedalus 89*, no. 2 (1960): 373–76. http://www.jstor.org/stable/20026579.

Barnes, M. Craig. "The Law of Gravitas." *Christianity Today*, September 2005. https://www.christianitytoday.com/pastors/2005/september-online-only/cln50912.html.

BBC News. "Turkish Sheep Die in 'Mass Jump.'" 8 July, 2005. https://bbc.in/3MOcDul.

Bediako, Kwame. "Biblical Exegesis in Africa: The Significance of the Translated Scriptures." In *African Theology on the Way*, edited by Diane Stinton, 10–20. Minneapolis: Fortress Press, 2015.

Bennis, Warren. "An Interview with Warren Bennis." Interview by James Nelson. http://first.emeraldinsight.com/interviews/pdf/bennis2.pdf (site no longer live).

Bennis, Warren, and Robert Thomas. *Leading for a Lifetime: How Defining Moments Shape Leaders of Today and Tomorrow*. Boston: Harvard Business School Press, 2007.

Biech, Elaine. "Developing Future Leaders: Whose Responsibility Is It Anyway?" http://www.ebbweb.com/wp-content/uploads/2016/09/Developing_Future_Leaders.pdf.

The Ken Blanchard Companies. SLII®. Powering Inspired Leaders™. https://www.kenblanchard.com/Products-Services/Situational-Leadership-II.

Bogunjoko, Joshua. "Rethinking Leadership: How African Village Traditions and the Bible Point Toward Renewed Leadership" *IFES Word and World*, December 7, 2018. https://ifesworld.org/en/journal/rethinking-leadership/.

Bonhoeffer, Dietrich. *Letters and Papers from Prison.* New York: MacMillan, 1959.

Bossidy, Larry. "The Job No CEO Should Delegate." *Harvard Business Review*, March 2001. https://hbr.org/2001/03/the-job-no-ceo-should-delegate.

Broneer, Oscar. "The Isthmian Victory Crown." *American Journal of Archaeology* 66, no. 3 (1962): 25–63. doi:10.2307/501451.

Burge, Gary. *John: The NIV Application Commentary*. Grand Rapids: Zondervan, 2000.

Burke, Edmund. Speech on the Middlesex Election, 7 February 1771, in "The Speeches" (1854), quoted in Susan Ratcliffe, *Oxford Essential Quotations*, Oxford University Press, published online 2016. https://www.oxfordreference.com/view/10.1093/acref/9780191826719.001.0001/q-oro-ed4-00002268.

Calvin, John. *Commentary on Matthew 23*, translated by the Rev. William Pringle, 1845. https://www.ccel.org/ccel/calvin/calcom33.ii.ix.html.

Carretto, Carlo. *The God Who Comes.* New York: Orbis Books, 1976.

Chesterton, G. K. *The Everlasting Man.* London: Hodder & Stoughton, 1925, published by Project Gutenberg Australia, August 2020. http://gutenberg.net.au/ebooks01/0100311h.html.

Cheung-Judge, Mee-Yan. "The Self as an Instrument–A Cornerstone for the Future of OD," *OD Practitioner* 44, no. 2 (2012). https://bit.ly/3MEOYwh.

Chin, Peter. "Being Seen." Sermon, Peninsula Bible Church Palo Alto men's retreat, Mt. Hermon, CA, February 9, 2020.

Coelho, Paulo. *The Alchemist.* Translated by Alan R. Clarke. San Francisco: HarperOne, 1993.

Coleman, Robert. *The Master Plan of Evangelism.* Grand Rapids: Revell. 1993.

Crabb, Larry. *Inside Out.* Colorado Springs: NavPress, 1988.

Crouch, Andy. *Playing God.* Downers Grove: InterVarsity Press, 2013.

Dalberg-Acton, John Emerich Edward. *Letter to Archbishop Mandell Creighton, 1887.* https://history.hanover.edu/courses/excerpts/165acton.html.

Davis, Chris. "Leaders, Talk about Power to Protect the Vulnerable." *The Gospel Coalition*, April 27, 2018. https://www.thegospelcoalition.org/article/leaders-talk-power-protect-vulnerable/.

Deming, W. Edwards. *Out of the Crisis.* Cambridge, MA: MIT Press, 1982.

Depree, Max. *Leadership Is an Art.* New York: Doubleday, 1989.

Edmondson, Amy. *The Fearless Organization: Creating Psychological Safety in the Workplace for Learning, Innovation, and Growth.* Hoboken, NJ: Wiley, 2019.

Edmondson, Amy. "Psychological Safety and Learning Behavior in Work Teams." *Administrative Science Quarterly* 44, no. 2 (June, 1999): 350–83.

Ettlinger, Marc. "What's the Difference between a Dialect and a Language?" *SLATE*. https://slate.com/human-interest/2014/02/what-s-the-difference-between-a-dialect-and-a-language.html.

Eurich, Tasha. *Insight.* Kindle edition. May 2017.

Ford, Leighton. *Transforming Leadership.* Downers Grove, IL: InterVarsity Press, 1991.

Frick, Don. "Robert K. Greenleaf Biography." *Robert K. Greenleaf Center for Servant Leadership*, undated. https://bit.ly/3GdNPJE.

Fussell, Chris. *One Mission.* New York: Portfolio / Penguin, 2017.

Gorman, Christine. "Bridge Builder." *Time*, Vol. 166, No. 18. October 31, 2005. http://content.time.com/time/magazine/article/0,9171,1124322,00.html.

Greenwold, Doug. "Being a First-Century Disciple." Bible.org, February 28, 2007. https://bible.org/article/being-first-century-disciple.

Gurdjian, Pierre, Thomas Halbeisen, and Kevin Lane. "Why Leadership-Development Programs Fail." *McKinsey Quarterly*, January 1, 2014. https://www.mckinsey.com/featured-insights/leadership/why-leadership-development-programs-fail.

Hamilton, Craig. *Wisdom in Leadership.* Sydney: Matthias Media, 2015.

Hedrick, Terry. "Jesus as Shepherd in the Gospel of Matthew." PhD diss., Durham University, 2007. http://etheses.dur.ac.uk/2536/.

Helgesen, Sally. "Best Business Books 2019: Talent and Leadership." *Strategy + Business,* November 5, 2019, Winter 2019. https://bit.ly/3wP8yiC.

Herold, J. C. *The Mind of Napoleon.* New York: Columbia University Press, 1955.

Heschel, Abraham Joshua. *The Prophets I.* Peabody, MA: Prince Press, 2000.

Heschel, Abraham Joshua. *Quest for God: Studies in Prayer and Symbolism.* New York: Scribner's, 1983.

Holmes, Urban T., III. *Spirituality for Ministry.* San Francisco: Harper & Row, 1982.

Horton, Michael. *The Gospel Commission: Recovering God's Strategy for Making Disciples.* Grand Rapids, MI: Baker Books, 2011.

Iarocci, Joe. "Why Are There So Many Leadership Books? Here Are 5 Reasons." *Cairnway,* October 26, 2018. https://serveleadnow.com/why-are-there-so-many-leadership-books/.

Kahn, William. *Holding Fast the Struggle to Create Resilient Caregiving Organizations.* New York: Brunner-Rutledge, 2005.

Kellerman, Barbara. *The End of Leadership.* New York: Harper Business, 2012.

Khoury, Peter. "5 Simple Ways to Own the Room." *Magnetic Speaking.* Undated. https://magneticspeaking.com/5-simple-ways-to-own-the-room/.

Krallman, Günter. *Mentoring for Mission.* Hong Kong: Jensco Ltd., 1994.

Kriegbaum, Richard. *Leadership Prayers.* Wheaton, IL: Tyndale, 1998.

Labberton, Mark. *The Dangerous Act of Worship.* Downers Grove: IVP Books, 2012.

Laker, Mary Eugenia, and Dennis Joseph Billy, eds. *Spiritual Friendship: Classics with Commentary.* Notre Dame, IN: Ave Maria Press, 2008.

Lancaster, Jessilyn. "WATCH: Myles Munroe Has Startling Prophetic Dream before Plane Crash." *CharismaNews,* November 12, 2014. http://www.charismanews.com/7-news/46115-watch-myles-munroe-s-dream-before-his-death.

Leadership Journal. "The Apprentices." Interview with Dallas Willard. *Leadership Journal,* Summer 2005. http://old.dwillard.org/articles/artview.asp?artID=112.

Lewis, C. S. *The Four Loves.* New York: Harcourt, Brace & World, Inc., 1960.

Malina, Bruce. *The New Testament World*. Louisville: Westminster Knox Press, 2001.

Marsh, Charles, and John Perkins. *Welcoming Justice*. Downers Grove: InterVarsity Press, 2009.

McCall, Morgan. "Recasting Leadership Development." *USC Center for Effective Organizations*, August 9, 2009. https://ceo.usc.edu/2009/08/09/recasting-leadership-development/.

McCartney, Paige. "Dr. Myles Munroe and Others Die in Plane Crash." *Our News* (Bahamas), Newscast, November 9, 2014. https://www.youtube.com/watch?v=noLu-9PauxU&feature=youtu.be.

Means, Nikolas. "How to Crash an Airplane." The Lead Developer Conference, UK 2016. Video posted April 26, 2017. https://www.youtube.com/watch?v=099cHWSbAL8&feature=youtu.be.

Merritt, Jonathan. "Palm Sunday and the Gift of Disillusionment." *Christianity Today*, April 12, 2019. https://bit.ly/3LNlElU.

Moldoveanu, Mihnea, and Das Narayandas. "The Future of Leadership Development." *Harvard Business Review*, March–April, 2019. https://hbr.org/2019/03/educating-the-next-generation-of-leaders#the-future-of-leadership-development.

Moltmann, Jürgen. *The Trinity and the Kingdom of God*. London: SCM Press, 1981.

Monroe, Myles. *The Leadership Power and Principle of Mentoring and Succession: Keys to Securing a Legacy*. https://www.youtube.com/watch?v=RTtXBxc7_ww.

Morgan, Brian. *How Does the Kingdom Grow?* (Mark 4:26–29). Sermon. Peninsula Bible Church Cupertino, August 5, 2018. https://pbcc.org/sermons/how-does-the-kingdom-grow/.

Morgan, Brian. *Where Is My Stage?* (1 Samuel 16:14–23). Sermon. Peninsula Bible Church Cupertino, October 31, 2010. https://pbcc.org/sermon-archive/?sermon_id=1423.

Murray, Andrew. *Humility*. New York: Anson D. F. Randolph & Co., 1895. http://faculty.gordon.edu/hu/bi/ted_hildebrandt/spiritualformation/texts/murray_humility/murray_humility.pdf.

Murray, Donald. *A Democracy of Despots*. Montreal: McGill Queens University Press, 1995.

Neill, Stephen. *A Genuinely Human Existence*. London: Constable, 1959.

NetBible, https://netbible.org/.

Neudecker, Reinhard. "Master-Disciple/Disciple-Master Relationship in Rabbinic Judaism and in the Gospels." *Gregorianum* 80, no. 2 (1999): 245–61. http://www.jstor.org/stable/23580264.

Niemandt, Nelus. *Missional Leadership*. Cape Town: AOSIS (Pty) Ltd., 2019.

Nouwen, Henri. *In the Name of Jesus*. Chestnut Ridge, NY: Crossroad Publishing, 1992.

Ololo, Isokari Francis. *The Shepherd Leader: The Unexplored Leadership Style*. CreateSpace Independent Publishing Platform, April 19, 2013. https://amzn.to/3NAFJNL.

Owojaiye, Moses. "The Problem of False Prophets in Africa." *Lausanne Global Analysis* 8, no. 6 (November 2019). https://bit.ly/3z2zZIu.

Peterson, Eugene. *Reversed Thunder*. San Francisco: Harper One, 1991.

Phillips, Keith. *The Making of a Disciple*. Eastbourne: Kingsway, 1982.

Plueddemann, Jim. *Leading across Cultures: Effective Ministry and Mission in the Global Church*. Downers Grove, IL: IVP Academic, 2009.

Prokopeak, Mike. "Follow the Leader(ship) Spending." *Chief Learning Officer*, March 21, 2018. https://www.chieflearningofficer.com/2018/03/21/follow-the-leadership-spending/.

Punch, Samantha, Stephen Bell, Lauren Costello, and Ruth Panelli. "Power and Place for Rural Young People." In *Global Perspectives on Rural Childhood and Youth: Young Rural Lives*. Edited by Ruth Panelli, Samantha Punch, and Elsbeth Robson, 205–18. New York: Routledge, 2007.

Raymond, Erik. "I Want Christlike, Bible Reflexes." *The Gospel Coalition*, August 13, 2018. https://www.thegospelcoalition.org/blogs/erik-raymond/want-christ-like-bible-reflexes/.

Robert, Dana. "Cross-Cultural Friendship in the Creation of Twentieth-Century World Christianity." *International Bulletin of Missionary Research* 35, no. 2 (2011): 100–7.

Robert, Dana. "Friendship as Incarnational Mission Practice." Augsburg Lecture Series, Eastern Mennonite University. March 19, 2013. Podcast: 42:07. https://emu.edu/now/podcast/2013/03/19/friendship-as-incarnational-mission-practice-dr-dana-robert/.

Schulze, Horst. "Twenty Most Inspirational Hospitality Quotes." *Trilyo*, June 26, 2018. https://www.trilyo.com/blog/20-most-inspirational-hospitality-management-quotes/.

Shellnutt, Kate. "Acts 29 CEO Removed amid 'Accusations of Abusive Leadership.'" *Christianity Today*, February 20, 2020. https://bit.ly/3wF60EV.

Slaughter, Mary, and Chris Weller, "How Powerful People Slip." *Strategy + Business*, October 31, 2019. https://www.strategy-business.com/article/How-powerful-people-slip?gko=89703.

Spurgeon, Charles. *Lectures to My Students*. London: Passmore & Alabaster, 1877.

Stedman, Ray. "The Unfolding Pattern, Hebrews 9:24–10:18." *Ray Stedman Authentic Christianity*, May 23, 1965. https://www.raystedman.org/new-testament/hebrews/the-unfolding-pattern.

Stott, John. *Involvement: Social and Sexual Relationships in the Modern World*. Ada, MI: Revell, 1985.

Strong, James. *Strong's Exhaustive Concordance of the Bible*. Cincinnati: Jennings & Graham, 1890. https://www.biblehub.com/strongs.htm.

Swindoll, Chuck. *The Tale of the Tardy Oxcart*. Nashville: Nelson Reference & Electronic Publishing, 1998.

Taylor, William. "The Leader of the Future." *Fast Company* 25, June 1999. https://www.fastcompany.com/37229/leader-future.

Temple, William. *Readings in John's Gospel*. London: Macmillan, 1940.

Tennent, Timothy. *Invitation to World Missions: A Trinitarian Missiology for the 21st Century*. Grand Rapids: Kregel Academic & Professional, 2010.

Tripp, Paul. "Paul Tripp on Leaders Who Flame Out." *Gospel Coalition*, September 8, 2020. Podcast, 38:45. https://www.thegospelcoalition.org/podcasts/gospelbound/leaders-who-wont-flame-out/.

Van Wynen, Susan. "Looking to Jesus: Lessons in Becoming a Reflective Practitioner." Unpublished document. 2008.

Vincent, Marvin. *Word Studies in the New Testament*. New York: Scribner's, 1900. https://www.studylight.org/commentaries/eng/vnt.html.

Walls, Andrew. "Demographics, Power and the Gospel in the 21st Century." Address at SIL International Conference and Wycliffe Bible Translators International Convention in Waxhaw, NC, June 6, 2002.

Walsh, Brian, and J. Richard Middleton. *The Transforming Vision, Shaping a Christian Worldview*. Downers Grove: InterVarsity Press, 1984.

Warner, Charles Dudley. "About the Weather." *Hartford Courant*, Hartford, Connecticut, July 20, 1912. From *Quote Investigator*. https://quoteinvestigator.com/2010/04/23/everybody-talks-about-the-weather/.

Wead, Doug. *All the Presidents' Children: Triumph and Tragedy in the Lives of America's First Families*. New York: Atria Books, 2003.

Westfall, Chris. "Leadership Development Is a $366 Billion Industry: Here's Why Most Programs Don't Work." *Forbes*, June 20, 2019. https://bit.ly/3wQaWWk.

White, Randy. "Transformational Leadership." Lecture. Overture 1 Course. Bakke Graduate University, Seattle. June 7, 2010.

Wicks, Robert, and Robert Hamma. *A Circle of Friends: Encountering the Caring Voices in Your Life.* Notre Dame, IN: Ave Maria Press, 1996.

Willard, Dallas. *Hearing God: Developing a Conversational Relationship with God.* Downers Grove, IL: InterVarsity Press, 2012.

Woodyard, Chris. "Boeing Reveals New 'Very Disturbing' Documents on 737 Max Jetliner to FAA, Congress." *USA Today*, December 24, 2019. https://bit.ly/3lJwJtD.

Wuest, Kenneth. *Hebrews in the Greek New Testament*, Creative Commons License. https://drive.google.com/file/d/0B6smVijz2aFdMXBFcDZxN19SR00/view.

Xenophon. *Memorabilia*. Circa 370. Edited by E. C. Marchant. http://www.perseus.tufts.edu/hopper/text?doc=Xen.%20Mem.%203#note7

Zeisler, Steve. "How Great Thou Art: Psalm 90." Sermon. Peninsula Bible Church, Palo Alto, California, November 18, 2008. https://cdn.pbc.org/Main_Service/2008/11/16/5331_WEB_Format.pdf.

www.ingramcontent.com/pod-product-compliance
Lightning Source LLC
Chambersburg PA
CBHW060557080526
44585CB00013B/598